JACQUES LANGUIRAND

Le cinquième chemin

Édition : Liette Mercier
Infographie : Johanne Lemay
Correction : Ginette Choinière

www.alineapostolska.com

**Données de catalogage disponibles auprès de
Bibliothèque et Archives nationales du Québec**

DISTRIBUTEURS EXCLUSIFS :

Pour le Canada et les États-Unis :
MESSAGERIES ADP inc.*
2315, rue de la Province
Longueuil, Québec J4G 1G4
Téléphone : 450-640-1237
Télécopieur : 450-674-6237
Internet : www.messageries-adp.com
* filiale du Groupe Sogides inc.,
 filiale de Québecor Média inc.
Pour la France et les autres pays :
INTERFORUM editis
Immeuble Paryseine, 3, allée de la Seine
94854 Ivry CEDEX
Téléphone : 33 (0) 1 49 59 11 56/91
Télécopieur : 33 (0) 1 49 59 11 33
Service commandes France Métropolitaine
Téléphone : 33 (0) 2 38 32 71 00
Télécopieur : 33 (0) 2 38 32 71 28
Internet : www.interforum.fr
Service commandes Export – DOM-TOM
Télécopieur : 33 (0) 2 38 32 78 86
Internet : www.interforum.fr
Courriel : cdes-export@interforum.fr
Pour la Suisse :
INTERFORUM editis SUISSE
Case postale 69 – CH 1701 Fribourg – Suisse
Téléphone : 41 (0) 26 460 80 60
Télécopieur : 41 (0) 26 460 80 68
Internet : www.interforumsuisse.ch
Courriel : office@interforumsuisse.ch
Distributeur : OLF S.A.
ZI. 3, Corminboeuf
Case postale 1061 – CH 1701 Fribourg – Suisse
Commandes :
Téléphone : 41 (0) 26 467 53 33
Télécopieur : 41 (0) 26 467 54 66
Internet : www.olf.ch
Courriel : information@olf.ch
Pour la Belgique et le Luxembourg :
INTERFORUM BENELUX S.A.
Fond Jean-Pâques, 6
B-1348 Louvain-La-Neuve
Téléphone : 32 (0) 10 42 03 20
Télécopieur : 32 (0) 10 41 20 24
Internet : www.interforum.be
Courriel : info@interforum.be

10-14
© 2014, Les Éditions de l'Homme,
division du Groupe Sogides inc.,
filiale de Québecor Média inc.
(Montréal, Québec)

Tous droits réservés

Dépôt légal : 2014
Bibliothèque et Archives nationales du Québec

ISBN 978-2-7619-3852-5

Gouvernement du Québec – Programme de crédit
d'impôt pour l'édition de livres – Gestion SODEC –
www.sodec.gouv.qc.ca

L'Éditeur bénéficie du soutien de la Société de développement des entreprises culturelles du Québec
pour son programme d'édition.

Nous remercions le Conseil des Arts du Canada de
l'aide accordée à notre programme de publication.

Conseil des Arts **Canada Council**
du Canada **for the Arts**

Nous reconnaissons l'aide financière du gouvernement du Canada par l'entremise du Fonds du livre
du Canada pour nos activités d'édition.

ALINE APOSTOLSKA

JACQUES LANGUIRAND

Le cinquième chemin

LES ÉDITIONS DE
L'HOMME

Une société de Québecor Média

Le souvenir des faits extérieurs de ma vie s'est, pour la plus grande part, estompé dans mon esprit ou a disparu. Mais les rencontres avec l'autre réalité, la collision avec l'inconscient, se sont imprégnées de façon indélébile dans ma mémoire. Il y avait toujours là abondance et richesse. Tout le reste passe à l'arrière-plan.

CARL GUSTAV JUNG, *Ma Vie*

C'est moi… C'est moi que je vois comme dans un miroir. Ah! Que je suis vieux. Je ne pensais jamais que j'allais un jour avoir l'air de ça. Et comme c'est irréversible… Le vieillissement, oui, quel naufrage, en effet!… C'est le dévergondage des cellules. Ah! Maudites cellules! Qui se reproduisent toutes de travers. Tenez: le poil dans les oreilles… On perd ses cheveux mais des poils poussent dans les oreilles. C'est l'horreur. Et pourtant, le poil dans les oreilles, ce n'est rien auprès de ce que j'éprouve en dedans. Le sentiment de n'avoir pas vécu, vous comprenez? D'avoir existé seulement. De n'avoir pas agi, mais réagi seulement — aux événements, aux circonstances, aux conditions, à tout quoi! Mais maintenant, j'ose le dire! Oui, j'ose enfin exprimer le fond de ma pensée […]. J'ose enfin m'exprimer et dire ce que jamais je n'ai encore osé dire…

JACQUES LANGUIRAND,
Faust et les radicaux libres

Prologue

« Je veux tout dire », me dit-il, pendant que Nicole peint. Elle ne l'avait jamais fait auparavant. N'avait même jamais imaginé le faire. En septembre 2013, ses toiles sont apparues avec la fulgurance de la foudre, la puissance intempestive de la lave. De grandes toiles colorées, habitées, intenses, qui forment souvent des diptyques ou des triptyques, dans des harmonies de violet, de bleu, de rouge, de jaune ou de noir, striées de projections lumineuses. De ses pinceaux surgissent des villes, des galaxies, des tempêtes électriques ou des éruptions solaires. Des colères. Des chaos. Et des horizons. Des émotions par paquets, texturées, détournées, sublimées, mais incontournables.

Quoi que l'on voie dans ses toiles, quelle que soit l'interprétation que chacun peut en faire, une évidence s'impose : Nicole peint. Elle résiste. Elle dispose de peu de temps, mais, quand elle s'y met, elle peint vite, dans l'urgence. Quand la vie est en question, la résistance ne peut attendre. On ne peut lambiner. Ni y aller par quatre chemins.

Elle avait acheté du matériel de peinture, un équipement complet, voilà plusieurs années. C'était pour Jacques, qui avait émis le souhait de peindre. Il ne s'y est essayé qu'à l'automne 2013. Il a réalisé quelques petites toiles, puis les a abandonnées. Il ne veut plus les voir. « Elles m'angoissent », dit-il. Il est vrai qu'elles sont dérangeantes. Saturées de fantômes grimaçants et de confusion émotive que même l'entrelacs de couleurs vives ne parvient pas à alléger.

Il n'en a plus envie. Un comble pour un homme qui, tout au long de sa longue vie plus grande que nature, a carburé à l'envie. L'envie, ce dard proche du non-choix comme une sœur siamoise. Envie malgré tout, et parfois, souvent, malgré tous. Envie de vivre la vie avec ses miracles, ses turpitudes, ses gouffres et ses sommets, ses illuminations et ses effondrements, ses échecs cuisants et ses douleurs dévastatrices, grâce à soi seul ou à cause des autres, grâce aux autres ou à cause de soi seul. Sa vie ressemble à une route au soleil, mais bien plus ombragée qu'on ne le pense ou qu'il ne l'a laissé soupçonner, par pudeur ou à cause de l'indicible. À l'instar de beaucoup de communicateurs et d'écrivains, il a appris très tôt, trop tôt peut-être, que l'essentiel demeure incommunicable. Sa vie lui a appris cela, mais il ne s'y est jamais résigné.

On ne réussit que ce qu'on n'a pas raté. Comme tous les gens exigeants, Jacques l'a d'abord été avec lui-même. Et puis, tout ce que l'on dit n'est jamais que ce que l'on ne dit pas. Jacques est un grand communicateur armé pour rouler vite et bien, sans rater trop de courbes. Il a roulé dans les paysages sans cesse contrastés de sa vie, beau temps, mauvais temps, ici comme là-bas, faisant presque le tour du monde. Il a roulé sur la terre ferme autant que dans les contrées évanescentes de la création — littéraire, théâtrale, cinématographique — et de la communication — à la télévision et à la radio, mais aussi à l'université.

Toujours, il a été poussé par le désir impérieux de transmettre par l'écrit — onze pièces de théâtre, dix-sept essais, un roman, un opéra — mais aussi par la parole. Il n'aurait pu se passer ni de l'un ni de l'autre. Sa parole est incarnée, connectée aux sens et à la chair, porteuse du savoir de l'intellect, mais aussi de la connaissance du vécu, de propositions bâtisseuses, éducatives, élévatrices. La pensée écrite et la parole incarnée, telles sont ses armes. D'autoroutes en fossés, de chemins de campagne en escarpements, puis en plages, Jacques a roulé. Lui qui a tant aimé les voitures, presque autant que les chiens, la nature, le sexe tous azimuts, les drogues et le bon scotch…

«J'ai tellement travaillé…», répète-t-il souvent. Toute sa vie, jusqu'à ce que, en janvier 2014, la maladie l'empêche de le faire, la passion du travail acharné et bien fait l'a habité. Mais c'est une passion qui use. «Servir les autres, dit-il, ça aura été le sens de ma vie, mais je suis épuisé.» Il aura travaillé sur lui-même comme sur une matière vivante modelable, friable, destructible et remodelable à l'infini. Et cela dans le but de s'améliorer lui-même tout en donnant aux autres. Au bout du compte, peu importe que l'on ait donné par envie ou par non-choix, du moment que cela a fonctionné. Rien n'énerve tant Jacques que ce qui ne fonctionne pas. Toute sa vie il a fait, refait, travaillé sa matière première comme on fouette des blancs d'œufs pour qu'ils montent et ne retombent pas.

Longtemps écartelé entre de puissantes pulsions charnelles et une non moins impérieuse tension spirituelle, il n'a cessé de chercher l'équilibre. «Le bonheur, c'est l'équilibre», affirme-t-il. L'a-t-il trouvé? «Personne ne le trouve, répond-il. Le bonheur, c'est la recherche.» La quête. La vie de Jacques en fut une, vitale. Nécessaire pour lui-même, autant peut-être que pour le Québec.

Il est triste, alors, de constater qu'au moment où le Québec semble fatigué, il l'est lui aussi. «Je suis fatigué. Je vous aime et je ne vous oublierai jamais. Mais je m'en vais.» Ce sont ses mots, ses derniers mots à l'antenne lors de la dernière de son émission *Par 4 chemins*. Paroles bouleversantes, qui ont sans doute plongé ses auditeurs dans un certain sentiment d'abandon. Lui qui a été porté par l'envie inaltérable, comme par des braises ardentes, n'a plus envie.

Maintenant, il préfère s'asseoir dans son grand fauteuil à oreilles et tirer tranquillement sur sa pipe en regardant sa femme peindre. Les chiens Isis et Charlie, les chats et les chattes aussi, ne sont jamais loin, le verre de bon scotch non plus. Avant, les murs de la grande maison à étages étaient couverts de photos, de portraits et des distinctions de Jacques. Les tableaux de Nicole se sont désormais immiscés dans cette galerie kaléidoscopique d'autoportraits.

Ce bureau qui, jusqu'à tout récemment, fut le sien, son antre de travail, son espace de recherche, de lecture et de réflexion, sa forge d'Héphaïstos, sa caverne d'Ali Baba ouverte sur la terrasse, en haut, au troisième étage de cette maison d'architecte située dans le sud de Westmount, est devenu l'atelier de Nicole. Ses livres, ses dossiers, ses carnets de notes, ont été rangés. Des dix mille livres qu'il possédait, il n'en reste que deux mille. Les huit mille autres constituent désormais, avec ses archives, le fonds Jacques Languirand, conservé dans le réseau des bibliothèques de la Ville de Montréal.

Nicole dort désormais sur le divan, où Jacques aimait à rêvasser entre ses séances de travail intensif, après avoir lu, annoté, sélectionné et décortiqué des livres, mais aussi des journaux et des revues, dont la presse quotidienne dans laquelle il découpait des articles à conserver. Lui dort seul dans sa chambre du premier étage, face au grand bureau de Nicole, où les ordinateurs, les classeurs et les étagères vidées et bien rangées semblent s'ennuyer. Autant que lui.

Quand des amis viennent manger, que ses enfants et petits-enfants lui rendent visite, il est gai tout à coup, heureux et volubile. S'il est confus quant à certains aspects de la vie quotidienne, que de toute façon il n'a jamais beaucoup aimés, toute sa vivacité revient quand on aborde un sujet qui l'intéresse ou qu'on lui pose une question. Alors, soudain, il est *là*, entièrement, et, comme si l'on avait appuyé sur un bouton, sa pensée et sa parole se déploient.

Il est encore possible d'avoir de belles conversations avec Jacques, même si elles sont plus rares et moins longues qu'il y a à peine un an. En douze mois, sa santé cérébrale a beaucoup décliné… Alors, tranquille dans son fauteuil, il regarde Nicole qui peint et dit: «C'est très beau», admiratif autant qu'étonné. Avisant un tableau un peu à part, noir avec au centre trois larges taches rouges striées, il l'observe en fronçant le sourcil et dit: «Ça, c'est moi.»

Je n'ai pas rencontré Languirand l'insolite ou Languirand le flyé, Languirand le sage, Languirand le fou, Languirand le romancier, le dramaturge, le comédien, le metteur en scène. Languirand vedette de la radio, de la télévision, du théâtre et du cinéma, icône de *Par 4 chemins*. Le Languirand que certains appellent «notre Languirand», utilisant ce nous inclusif pourtant si opposé à son caractère… Non pas que ces Languirand-là n'existent plus ou ne soient pas intéressants. Ce personnage public, vaste et humaniste, impossible à réduire ou à découper en tranches, reste unique et irremplaçable dans l'ensemble de son parcours, de 1949 à 2014. Les éléments factuels de sa carrière sont connus.

De janvier 2013 à juillet 2014, j'ai rencontré Jacques. Ce livre est celui de Jacques, mon livre sur Jacques. C'est une vision, évidemment, subjective et engagée, même si j'ai essayé de la rendre vaste, contrastée comme un clair-obscur, complexe, mais toujours étonnante, ouverte, hors-norme et «tripative», à son image et à l'image de sa vie vécue par les deux bouts, à vive allure, sur des routes ensoleillées ou enténébrées. Il ne s'agissait pas d'écrire un livre de plus pour répéter ce qui est déjà connu. Ni Jacques ni Nicole ne le souhaitaient, évidemment, lorsque notre éditeur leur a proposé cette biographie, et qu'ils m'ont choisie pour l'écrire.

De janvier à août 2013, nous nous sommes rencontrés tous les lundis. Puis nous nous sommes revus sporadiquement de mars à juillet 2014. Jacques avait quitté Radio-Canada et, pendant tout l'automne 2013 où nous ne nous sommes pas vus, sa santé s'est beaucoup dégradée. Trois démences cérébrales, ça ne pardonne pas.

Ce livre est le fruit de nos conversations tous azimuts et d'un travail méticuleux de journaliste. Lire tous les livres, regarder des émissions, des films, écouter des archives. Interviewer les enfants et quelques amis de Jacques, des personnages importants de sa vie, Nicole bien sûr, mais aussi plusieurs témoins et analystes de son parcours d'homme de théâtre ou d'homme de la communication.

Je partais d'un point de vue neutre avec Jacques. N'étant pas d'ici et l'ayant peu écouté, je n'étais au départ ni fascinée, ni réticente, ni admirative, ni négative. Je ne voulais ni répéter ce que l'on savait déjà ni donner telle ou telle orientation *a priori*, et encore moins écrire une hagiographie. J'ai ouvert mon micro et mes oreilles. J'ai écouté. Découvert. Fait des liens. Rencontré des témoins divers et contradictoires. J'ai tenté d'approcher l'homme et de trouver, au fur et à mesure de l'écriture, ce que Nicole Dumais a appelé «une sorte de cinquième chemin».

Quant à Jacques, il n'a cessé de répéter qu'il voulait «enfin tout dire». Mais quel est ce «tout» que nous voudrions tous dire, et qui demeure, pour reprendre la phrase de la romancière Geneviève Brisac, «un échec annoncé»? «Tout dire» est-il accessible à l'être humain, et en particulier aux communicateurs? Ne reste-t-il pas toujours, selon les mots du philosophe Vladimir Jankélévitch, l'indicible, dont on ne dit rien parce qu'il n'y a rien à en dire, et l'ineffable, dont on ne dit rien parce qu'il y a trop à en dire?

«Tout dire», dit Jacques, désireux à cette étape de sa vie de révéler ce qu'il n'a pu exprimer tant qu'il était pris par sa vie professionnelle et publique. «C'est bien de dire les choses telles qu'elles sont et de l'assumer, revendique-t-il à présent. Toute ma vie, j'ai cherché à devenir quelqu'un de correct et d'utile, et je pense que j'y suis arrivé. Toute ma vie, j'ai fait ce que j'étais. Avec le recul, ma vie prend son sens. »

Un autre chemin, alors. Un nouveau chemin. J'ai ouvert mon micro et mon carnet de notes. J'ai écouté cet homme qui, au bout de la route, aspire à réintégrer l'entièreté de sa vie, sans atours ni ambages. Ce livre est celui du cœur, comme dans « avec le cœur », mais aussi « sur le cœur ». Celui du cinquième chemin.

CHAPITRE 1

Fleurs de printemps

Jacques Walter Languirand, dit Dandurand, naît à Montréal le 1er mai 1931. Fleur de printemps, enfant d'une autre fleur de printemps, Marie Marguerite Leblanc, née le 7 juin 1905 à Montréal. Tout ce que cette comparaison augure de primesautier et de bucolique s'arrête cependant là.

Par trois fois, de 25 à 28 ans, Marguerite défie la mort pour donner la vie. La première fois, en 1930, on la sauve de justesse, mais l'enfant, un garçon, succombe. La deuxième fois, en 1931, après de longues souffrances, elle survit à la césarienne qui donne naissance à Jacques. Et puis, deux ans et demi plus tard, le 7 novembre 1933, malgré une nouvelle césarienne pratiquée d'urgence, l'enfant, de nouveau un garçon, et la mère, décèdent. Ce n'est pas le printemps, non. La terre, au lieu de s'ouvrir pour laisser fleurir la joie, emporte Marguerite dans son obscurité utérine.

Quelques années plus tard, Jacques a à peine 7 ans, son père Clément l'emmène à pied jusqu'au cimetière du mont Royal. Devant la tombe de Marguerite, il dit: « Sa mort nous a jetés toi et moi en enfer. » Cela résonne comme une promesse aux oreilles de l'enfant, une menace ou une condamnation à vie. Il s'agit pour Jacques d'entendre que la mort tragique de sa mère condamne sa vie. Il ne faudrait pas que le jeune Jacques pense que, ayant survécu alors que ses deux frères et sa mère sont trépassés, il s'en tirera sans dommages. Sans expier. Et, en effet, si Marguerite n'a pas voulu léguer l'enfer, Clément s'arrangera, volontairement ou inconsciemment, avec une incompétence mêlée de désarroi, voire de désespoir, pour tenir sa promesse.

Dès le printemps de la vie du petit Jacques, il donnera les violons de l'automne. L'automne, fatal aux fleurs de printemps.

On peut ici entendre l'écho de la *Chanson d'automne* de Paul Verlaine. Mais surtout l'écho de la pièce de théâtre *Les Violons de l'automne*, la quatrième signée Jacques Languirand, créée en mai 1961 au studio du Théâtre-Club et publiée en 1962 avec une autre pièce, *Les Insolites*. Il y parle déjà, certes de façon loufoque et «légère» — mais en empruntant à la gravité du théâtre de l'absurde cher à Eugène Ionesco —, de la peur de la mort et du désir de surmonter cette peur. «Ma mère est partout dans mon œuvre, me dit Jacques aujourd'hui. Jamais directement, bien sûr, mais néanmoins partout.» Et d'abord dans la morsure originelle des *sanglots longs* [qui] *blessent* [son] *cœur d'une langueur monotone* (Verlaine).

Devant la tombe de Marguerite, la parole du père résonne donc comme une sentence à laquelle il s'agit de demeurer fidèle. Définitivement? En tout cas, Jacques a bien entendu et retenu cette sentence. Encore aujourd'hui, cette parole paternelle signe l'histoire de sa vie, telle qu'il la raconte, se demandant encore, à 83 ans, et alors que, selon ses mots, il s'apprête «à rejoindre enfin Marguerite», si sa vie aurait été la même si sa mère n'était pas morte si jeune...

Marguerite a-t-elle vraiment laissé la souffrance en héritage à son fils? Elle lui a légué, certainement, l'inexorable présence de son absence. Le manque, le questionnement sans réponse, le sentiment d'abandon aussi. «Le syndrome d'abandon est très fort chez lui», me confirme Nicole qui, sur le plan personnel, sait parfaitement de quoi elle parle. C'est ce que la brutale disparition de la mère a sans doute imprimé en Jacques. En a-t-il gardé un sentiment d'injustice devant un sort si terrible? Durant sa jeunesse, peut-être, mais pas aujourd'hui. «Ça fait longtemps que je vois les choses autrement», dit-il. Jamais, au fil de nos entretiens, je ne l'ai entendu se plaindre d'un sort qui lui serait tombé dessus, ni se poser en victime des autres ou de la vie. À l'inverse, je l'ai souvent entendu chercher, dans chaque domaine ou à propos de multiples événements personnels comme professionnels, sa propre part de responsabilité.

Quant à la souffrance, elle fut énorme, forcément, mais semble avoir été, sinon construite, du moins augmentée par d'autres. Principalement, peut-être, par la souffrance du père qui n'a pas su, ou pas pu, ou pas voulu l'éviter à son fils unique.

Si, à l'enfant de deux ans et demi qui avait subi cette perte fondatrice, on avait raconté une autre histoire, une histoire consolatrice sinon réparatrice, une histoire qui aurait été un tremplin de vie plutôt qu'une chaîne de souffrance, alors, conformément à la question que se pose toujours Jacques, sans doute sa vie eût-elle été différente. Comment savoir? D'après ce que Jacques en rapporte, et là encore il est impossible aujourd'hui de confronter d'autres interprétations à la sienne, on comprend qu'après sa mort, Marguerite a existé pour lui à travers la parole, les récits et l'interprétation de Clément. Clément, veuf de Marguerite à vie, malgré son remariage avec Gabrielle Gauthier deux ans après la tragédie, un remariage finalement malheureux, ou du moins insatisfaisant, qui, au final, aura confirmé Marguerite dans sa position imprenable et incomparable de femme unique, ravie à 28 ans en martyre de la maternité.

Lors d'un entretien au cours duquel Jacques me parlait de sa mère, j'ai griffonné dans mon cahier une phrase de Lacan à laquelle ses propos m'ont fait penser instantanément: «Dieu est la femme totale.» Car l'enfer que Clément promet à son fils, il se le réserve d'abord à lui-même. Lui qui jamais plus ne rencontrera une femme si extraordinaire, une déesse, une sorte d'Aphrodite libre et surpuissante comme seule l'est Aphrodite qui, le temps d'un éclair, a daigné illuminer sa vie, sa chair, avant de disparaître, lui laissant cet enfant, ce fils fin et sensible comme une fille, ce fils qui, affirme-t-il, ressemble tant à sa mère.

« Si je ne reviens pas, tu prendras bien soin de Jacquot », lui dit-elle le 7 novembre 1933, alors qu'on l'emporte sur une civière pour la césarienne qui se révélera fatale. Elle lui laisse leur enfant, mais Clément aurait sans doute préféré qu'elle restât en vie, elle et non ce fils qui demeure l'incarnation vivante, inéluctable et définitive de la perte de la femme totale. Qu'est-il alors véritablement en mesure de transmettre, cet homme blessé, terrassé, qui avait entrevu un coin de paradis avec Marguerite et qui, avec la mort de celle-ci, se sent condamné à expier les rêves qu'il avait osé faire, le désir et le plaisir sexuel qu'elle lui avait révélés, lui qui, avant de la rencontrer, se destinait à la prêtrise ? Peut-il transmettre autre chose que l'abîme dans lequel la vie l'a précipité ?

Jacques entend bien la parole du père, la condamnation issue du désespoir, mais il ne cessera jamais, avec sa force et son talent, avec son énergie de fleur de printemps, de vouloir s'en libérer. Pour ce faire, il se réfère à l'autre voix, une voix de vie qui contrebalance la voix du père, la voix de Marguerite qui, par-delà la mort, ne s'est jamais tue. Cela s'appelle aussi l'intuition, voire la médiumnité. « Je me souviens très bien d'elle », affirme Jacques encore aujourd'hui. Comment un enfant de deux ans et demi se souvient-il de *tout* ? « C'est étonnant, n'est-ce pas ? remarque-t-il. Et pourtant, c'est vrai. Je sais tout d'elle. D'une certaine façon, je suis elle. Le lien entre nous ne s'est jamais rompu. »

Tout ce qu'il sait d'elle court sous sa peau, tapisse son estomac fragile, bruisse à son oreille gauche souvent prise d'otite, jusqu'à perdre l'ouïe avec l'âge. Tout ce qu'il sait d'elle gonfle son cœur et résonne sous ses pas, particulièrement le pied gauche, très fragile, qui, depuis sa jeunesse, est atteint de vascularite, une mauvaise circulation sanguine, un problème grave qui, à plusieurs reprises, a failli lui faire « pourrir » le pied.

C'est un enfant malingre, pleurnichard, que son père juge trop faible. On dira qu'il somatise, qu'il porte l'absence maternelle comme une blessure multiforme dans son corps qui, lui aussi, se souvient de tout. Mais il ne porte pas que cela. Il porte aussi la force de Marguerite. Comme elle l'a porté neuf mois durant, partageant ensuite la dyade fusionnelle que partagent les petits enfants avec leur mère, surtout avant la période du langage. Depuis la mort de Marguerite, cette force, c'est Jacques qui la porte en lui. Qui l'entend en lui, dans une communion fusionnelle qui semble ne s'être jamais rompue. Entre eux, le lien médiumnique originel, qu'on nomme « stade précognitif », n'a pas eu le temps de se dénouer, d'autant que Jacques, tout au long de sa vie, l'a entretenu et cultivé. Un lien sourd et aveugle, mais pour lui parfaitement distinct.

Il en témoigne à plusieurs reprises dans ses journaux intimes, en particulier ceux des années 1973 à 1976. Ces années-là, il multiplie l'étude des spiritualités orientales, de la philosophie et de la psychologie autant que des nouvelles technologies, certes pour en parler dans son émission *Par 4 chemins*, qui a débuté en 1971, mais peut-être surtout pour se sortir de la profonde dépression qui l'afflige depuis 1968. Il m'a confié vingt-cinq journaux, ses cahiers noirs remplis de sa petite écriture nerveuse et sinueuse, aux lettres étirées. Il écrit surtout la nuit, ou en état de vide, ou en état de vacance, et quasi exclusivement pour faire état de ses recherches pour lui-même et sur lui-même, tout en travaillant sur cette matière pour décider de ce qu'il en communiquera à ses auditeurs, et de la manière dont il le fera. Il y inscrit et analyse ses tirages de Yi King, certains passages de livres, et surtout ses rêves, qu'il tente d'analyser grâce à une grille symbolique, se demandant parfois s'il s'agit réellement de rêves ou bien plutôt de projections astrales, c'est-à-dire des captations médiumniques durant le sommeil.

Plus souvent encore, il relate ses séances de communication avec des morts, par l'intermédiaire notamment de son guide Bakard. Souvent le lien est établi pendant le sommeil, ou pendant un changement d'état de conscience provoqué par l'absorption de drogues psychédéliques, ou pendant une séance de yoga et de méditation. Il le fait la plupart du temps seul, mais aussi, de plus en plus souvent apparemment, avec sa première femme Yolande, tout comme il l'a fait avec son fils Pascal durant l'adolescence de celui-ci, et avec son ami Placide Gaboury, rencontré en 1973, puis avec Nicole, sa seconde épouse, après leur union en 1998. Nicole et Jacques disent d'ailleurs communiquer encore avec Placide, par l'intermédiaire d'un médium, recevant notamment de lui des courriels, depuis son décès survenu en mai 2012.

À la page du 30 août 1975, en pleine nuit, Jacques écrit que son guide dit avoir communiqué avec une femme. Jacques reconnaît sa grand-mère paternelle qui l'a en partie élevé, à Acton Vale. Il reconnaîtra aussi Alfred, son grand-père paternel qui l'adorait, et qu'il adorait, Alfred qui a incarné dans sa vie une figure paternelle de valorisation et de reconstruction.

Au fil des pages, Jacques confirme surtout être branché sur une femme qu'il reconnaît comme étant Marguerite, et qui lui parle. C'est là la trace écrite du fait que Jacques, à partir de la quarantaine, armé des nouvelles connaissances et des nouvelles croyances acquises à partir de la fin des années 1960, a entrepris une démarche consciente et volontaire pour perpétuer la communion supraterrestre qui l'a uni à sa mère, depuis toujours et sans doute pour toujours. Par-delà la mort, il a développé, puis perfectionné le lien suprasensitif qui les fusionnait tous deux depuis l'origine.

Nous avons tous connu ce stade précognitif, ce premier lien quasi archaïque établi par la communion de l'inconscient, par l'intuition et l'empathie, qui prévaut durant la vie utérine et les premiers mois, voire les premières années de la vie. Il est censé s'atténuer, parfois jusqu'à disparaître avec les années, au profit d'une communication parfaite au fil des contacts extérieurs et de l'acquisition du savoir intellectuel. Il semblerait que Jacques, pour sa part, ait conservé, puis perfectionné les habiletés précognitives afin de ne jamais rompre ce lien primaire et de préserver intact en lui l'état de communion avec Marguerite. À cette intuitivité littéralement paranormale se sont ajoutés ses remarquables capacités cognitives, de réflexion, d'assimilation et de vulgarisation, ses connaissances empiriques, tout le savoir intellectuel acquis ainsi que sa curiosité. Cette curiosité qui est à la source de sa culture éclectique et inclusive, autant que son besoin de progresser, de s'ouvrir et de croître avec le souci d'aider autrui à le faire aussi.

La voix de Marguerite n'a donc pas été seulement à la source de ses somatisations douloureuses. Cette voix maternelle lui a été vitalement nécessaire. Ce «tout sur sa mère» qu'il dit connaître et dont il a conservé le souvenir (même aujourd'hui, alors que sa mémoire factuelle flanche et qu'il s'est retiré de la vie publique et de la communication extérieure pour retrouver l'état de communion intérieure et intuitive qu'il connaît bien et continue de maîtriser) repose en effet sur un «presque rien» réel. La réalité de ce qu'il sait de Marguerite se résume à très peu de choses, de surcroît transmises par d'autres.

Marie Marguerite Leblanc est née le 7 juin 1905 à Montréal. Ses parents Omer Leblanc et Marie Huot se sont mariés à Chambly en 1904, mais ils étaient déjà décédés lorsque Marguerite a épousé Clément Languirand, dit Dandurand, en 1929. À 24 ans, cette fille unique était orpheline. Dans quelles circonstances l'est-elle devenue? On ne sait pas. Que faisaient ses parents? On ne sait pas. Pourquoi sont-ils venus à

Montréal? Où vivaient-ils? Quel genre d'enfant était Marguerite? On ignore tout cela. Comment Clément et elle se sont-ils rencontrés? Jacques ne s'en souvient plus, mais m'assure qu'il tente de se le rappeler, ce à quoi Nicole ajoute qu'il va donc «faire appel à son imagination». Ce que l'on sait, ce que l'on a dit à Jacques, qui me l'a répété, à moi comme à de très nombreuses personnes (n'est-ce pas ainsi que l'on bâtit une légende?), ce n'est certes pas qui elle était, mais comment elle était. Et l'on connaît l'influence qu'elle a eue sur plusieurs personnes de sa propre famille, comme sur les Dandurand-Languirand, à commencer bien sûr par Clément.

D'emblée, Jacques me dit: «Ma mère était une déesse. Elle était très belle, blonde, avec de grands yeux bleus pareils aux miens et une plastique sculpturale. Mon père en était totalement fou. Il me racontait tout le temps qu'il ne se lavait pas pendant des jours pour conserver son odeur sur sa moustache.» Quand son père lui a-t-il raconté cela? «Continuellement, répond Jacques. Toute mon enfance, il disait qu'elle était très portée sur la chose.» Une déesse du sexe, alors? «Oui, d'autant qu'avec Gabrielle [la seconde épouse du père], c'était l'inverse, mon père ne parvenait pas à avoir des rapports avec elle, elle était fermée, trop étroite. Il n'a jamais retrouvé une femme comme ma mère.» Et pourtant, ce ne sont pas les aventures sexuelles qui ont manqué à Clément.

À l'adolescence, Marguerite Leblanc passait ses étés à Cape Cod, dans le Massachussetts, chez ses cousins dont on ne sait rien non plus. C'est là qu'elle serait devenue parfaitement bilingue, mais aussi qu'elle aurait découvert les jeux sexuels, apparemment très librement et joyeusement. Où sont les parents Leblanc à ce moment-là? Sont-ils déjà morts? Jacques l'ignore, mais il décrit Marguerite comme une jeune fille drôle, vive, qui a beaucoup de repartie et un goût pour la mode.

À 20 ans, son bilinguisme lui permet de devenir une des premières téléphonistes de Bell à Montréal. Bien sûr, elle

« éblouit » Clément, qui a eu une enfance triste et qui a passé son adolescence au séminaire. Mais elle éblouit aussi Alfred, le père de Clément, qui est « subjugué » par sa belle-fille autant qu'il semble mépriser son fils, lui répétant qu'il ne comprend pas comment une femme comme Marguerite a pu s'intéresser à un homme comme lui. Alfred méprisera aussi Gabrielle. D'ailleurs, après l'avoir reçue une première fois chez lui et lui avoir parlé, il la jugea « stupide » et ne lui adressera plus jamais la parole. Il faut dire que le flamboyant Alfred, qui a lui-même fait fortune aux États-Unis, où il a vécu dès l'âge de 12 ans, devait trouver quelque ressemblance entre Marguerite et lui. À la mort de celle-ci, il est littéralement catastrophé. « Lui non plus ne s'en remettra pas. Mais il m'adorait, moi, le fils de Marguerite. »

Le fils de Marguerite. Voilà qui est nettement plus valorisant que d'être le fils de Clément. Il est vrai qu'elle est « parfaite », tandis que Clément est un homme complexe, douloureux, frustré, et violent de surcroît. Un homme qui avait promis l'enfer à son fils, là où sa mère lui avait donné non seulement la vie, mais aussi l'énergie vitale qui l'accompagnera, une énergie puissante et atypique, extravertie et audacieuse. C'est cette voix-là, propulsive et positive, une voix qui lui a donné de l'assurance et ce qu'on appelle l'estime de soi, que Jacques a conservée en lui toute sa vie durant ; c'est ce « tout » qui semble l'avoir porté tout au long de ses jours, sur sa route, par-delà les ravins, les échecs, les douleurs et les embûches. Ces forces-là, incommensurables, constituent le legs de Marguerite. La voix de sa mère lui a insufflé le courage de la révolte, contre la violence et les diktats du père à l'adolescence, contre la totale incompréhension qui a marqué leur relation tout au long de leur vie, jusqu'à la mort de Clément en 1980. Cette voix-là l'a autorisé à croire en lui-même et à briguer une destinée exceptionnelle, par-delà ce que le père, mais aussi ses échecs scolaires, et le Québec dans son ensemble, lui proposaient *a priori*.

À l'écho porteur de l'admiration d'Alfred pour sa belle-fille s'est ajoutée celle des cousins de Marguerite à Chambly. «Quand j'allais passer des fins de semaine chez mon grand-oncle à Chambly, j'étais traité comme un prince. Ma mère était aimée comme une princesse.» Cela lui donnait un répit dans la douleur du silence et des punitions que lui a infligés son père, dès qu'ils se sont retrouvés seuls après la mort de Marguerite. Avant de battre son fils avec une règle, Clément dressait la liste des récriminations mensuelles qui justifiaient cette correction, et signait: *Ton pauvre père*. Pendant que celui-ci le battait, Jacques se répétait dans sa tête: «Tu vas voir ce que tu vas voir...» Mais qui parlait ainsi en lui? Lui-même, ou bien sa mère révoltée, désireuse de voir son fils échapper à ce traitement?

On ne peut faillir lorsqu'on est fils d'une déesse extraordinaire. Cela confère des responsabilités. On se doit d'être à sa hauteur et de ne pas la décevoir. «Toute ma vie, j'ai essayé de faire des choses dont elle serait fière, confirme Jacques. Et chaque fois que je me suis égaré, j'ai tenté de me remettre dans ce droit chemin-là. Je pense que j'y suis finalement parvenu. Elle serait assez contente de moi, je pense.»

En revanche, il faudra attendre la fin des années 1990 pour que Jacques commence à pardonner à son père. Ce faisant, il s'est mis à le considérer différemment, plus réellement dirait-on, distinguant l'ensemble des facettes qui composaient son être. Au point de désirer à présent le réhabiliter.

Dès lors, en l'absence d'éléments tangibles, on peut se demander si l'entourage de Jacques n'a pas exagéré cette image maternelle pour, d'une certaine façon, consoler l'enfant. Comment savoir? Il reste que, consciemment ou inconsciemment, la voix et l'image de Marguerite auront porté son fils unique plus haut et plus loin. D'autant qu'à ses legs médiumniques ou magnifiés s'est ajouté un autre héritage, bien réel cette fois. À la mort de ses parents, Marguerite avait hérité du produit de la vente de la maison familiale, et son fils en a finalement été l'héritier. Lorsque à 18 ans, Jacques décide de partir pour Paris, en juin 1949, Clément propose de lui donner cet argent. Non pas tout d'un coup, mais sous forme d'allocations mensuelles. Maigres sommes de cinquante dollars par mois, et irrégulièrement expédiées, mais tout de même, matériellement autant que symboliquement, c'est bien Marguerite qui donne des ailes à son fils.

Mais qu'est-ce qu'il lui a pris, à Marguerite, de vouloir ainsi braver l'impossible, puisqu'elle a su, dès son premier accouchement, que donner la vie leur faisait encourir la mort, à elle et à ses enfants ? « Je n'ai jamais réfléchi à cela, me dit Jacques, mais je pense qu'elle n'avait pas le choix. Il fallait avoir des enfants. Quand on était une femme mariée, il fallait avoir des enfants. » Sinon, quoi ? On n'était pas une « vraie femme » ? Et devait-on mourir de n'être pas une vraie femme ? Alors, quoi ? Marguerite, qui était une « surfemme », aurait donc failli à son devoir d'être une « vraie femme » ?

En 1928, Alexander Fleming a déjà découvert la pénicilline, mais il faudra attendre les années 1940 pour que la molécule soit stabilisée, purifiée et mise en marché par deux autres chercheurs, Howard Florey et Ernst Chain. Au début des années 1930, lors des trois grossesses de Marguerite (qu'aujourd'hui on qualifierait de « grossesses à risque »), il n'existe donc pas de défenses médicamenteuses. Une femme sur cinq mourait en couches, de septicémie, ou carrément d'incapacité à accoucher, en l'absence de ces médicaments qui, aujourd'hui, provoquent l'ouverture du col de l'utérus. Dans le « non-choix » qu'évoque Jacques, n'entend-on pas tout le poids de la condition féminine de l'époque, grevée par l'obligation d'enfanter édictée par le dogme catholique que la médecine n'est pas encore armée pour contrer et renverser ?

Au cours de sa vie relativement courte, Marguerite semble avoir aimé prendre des risques. Mais ceux-là lui ont coûté la vie. Néanmoins, elle a transmis à Jacques le goût du risque et de la désobéissance, l'audace de se jeter malgré tout dans le vide en bravant interdits, impossibilités et conventions de ces années de l'entre-deux-guerres qui, au Québec, n'étaient pas des années si folles.

Et puis le goût du plaisir, des expériences et du sexe. Sans limites ni garde-fous. « Pour Jacques, la sexualité, c'est tout », me dira Martine, sa fille, en écho à une phrase que Jacques a inscrite dans son journal intime : « La sexualité est la spiritualité. » Beau pied de nez à la religion et à la réduction de la sexualité au devoir conjugal et à l'obligation de perpétuer l'espèce (qui, en l'occurrence, correspond à une effective nécessité de pérennisation de la petite communauté canadienne française). Les valeurs qui paraissent avoir fondé la courte vie de Marguerite semblent bien au cœur du fonctionnement intime et irréductible de Jacques, sinon de sa vision du monde. C'est la *Marguerite's way*, la voie de Marguerite. Marguerite éternelle. Rêvée, irréelle et mythifiée, femme totale, jamais là donc toujours là, pas ici et donc partout, tout le temps.

Alors que Jacques et moi parlons de cette Marguerite-là, Nicole nous propose de regarder des photos de la vraie Marguerite. Trois photos, en vérité. Sur la première, datée de 1929, un groupe d'amis, dont Marguerite et Clément, sont appuyés sur une Ford T noire. Ces gens semblent vivre dans l'aisance. Ils sourient, un rien délurés. Elle, les cheveux châtains (mais la photo est en noir et blanc), le visage en pointe, les yeux rieurs, le sourire avenant, un bob noir enfoncé sur les sourcils, roulée dans un manteau cintré à col de fourrure. À côté d'elle, Clément, droit comme un if, mince sinon maigre, regard pénétrant, beau ténébreux dans un costume droit, cigarette aux lèvres. Sur les deux autres photos se tiennent Marguerite et Jacques : lui, petit et blond dans un short clair, assis sur une marche de leur maison de la rue Lajeunesse (ou est-ce à la campagne, à l'orée d'un champ ?) ; et assis sur ses genoux à elle, ronde, assez quelconque et presque grosse. Pas des photos avantageuses, disons.

Jacques connaît ces photos, mais semble les redécouvrir. Il les regarde attentivement, puis relève la tête : « Je suis déçu. Je la voyais beaucoup plus belle que ça, elle est laide. » Pas laide, non. Et puis enceinte, sur les photos où ils sont ensemble. « Ah bon ? » s'étonne Jacques. Nicole fait remarquer que les photos datent de juillet 1933. Marguerite est donc enceinte de cinq mois et demi. Il ne lui reste plus que trois mois et demi à vivre. De fait, c'est leur dernière photo ensemble. Cette confrontation avec les photos attriste et bouleverse Jacques. « Non, je ne la voyais pas comme ça », répète-t-il, mettant un terme à notre entretien du jour.

Mal me prend quelques mois plus tard, alors que nous débattons philosophie karmique, de lui dire que, à mon avis, il nourrit une vision judéo-chrétienne du karma. Il fronce ses célèbres sourcils. « Et pourquoi tu dis ça ? » Je pense candidement que, sur ce point comme sur beaucoup d'autres, nous pouvons ne pas être d'accord et discuter. Je réponds donc : « Penser que ta mère t'attend quelque part dans l'au-delà, c'est une conception judéo-chrétienne qui n'appartient pas à la conception orientale. Selon la loi karmique, ta mère se serait déjà réincarnée depuis longtemps. » Il me regarde, interloqué. « C'est le dharma », insisté-je, moi qui ne crois pas au karma, surtout depuis que je l'ai vu à l'œuvre en Inde, mais qui l'ai un peu étudié au Men-Tsee-Khang de Dharamsala durant l'été 1997. Il réfléchit. « Ça ne me plaît pas du tout, tranche-t-il. Je n'aime pas qu'elle ait fait ça sans me le dire. » Pensif, il finit par ajouter : « Mais elle est où, alors ? »

La semaine suivante, je suis à peine arrivée qu'il m'engueule. Est-ce que je pense tout savoir ? Est-ce que je veux imposer ma façon d'interpréter le karma ? Je m'apprête à

argumenter, puis j'y renonce. Nous reparlerons des lois kar-
miques, mais pas à propos de Marguerite. Marguerite n'est pas
un sujet de conversation philosophique ou métaphysique.
Marguerite, c'est Marguerite.

Nous sommes en avril 2013. Sur la terrasse du dernier
étage, il fait beau et chaud. Dans les bacs, les fleurs ont
repoussé. C'est la loi du printemps.

CHAPITRE 2

Fleurs d'automne

Si les legs et l'influence de sa mère ont toujours été évidents pour lui et l'ont porté dès le printemps de sa vie, l'héritage de son père n'a été révélé à Jacques qu'à l'automne de ses jours. De cette relation douloureuse, ce clair-obscur, le côté positif et déterminant ne lui est progressivement apparu qu'il y a une quinzaine d'années, soit vingt ans après la mort de son père.

Clément Languirand naît le 19 novembre 1902 à Saint-Théodore-d'Acton. Sa mère a eu douze enfants, mais quatre sont morts en bas âge. D'emblée, Clément apparaît comme le mouton noir de la famille. Sa relation avec son père Alfred est difficile. Pourquoi ce dernier considère-t-il ce fils comme un incapable, sans dessein ni caractère? Jacques ne sait pas l'expliquer, et personne n'est plus en mesure d'en témoigner aujourd'hui. Il faut cependant dire qu'Alfred, et Jacques insiste là-dessus, est «un sacré bonhomme» qui a construit sa vie et sa fortune à la force du poignet, avec une intrépidité, une détermination, une énergie et un bon sens hors du commun. Quand Jacques parle de son grand-père paternel, ses pupilles brillent d'enthousiasme. L'épopée d'Alfred constitue une légende familiale dont Jacques aime à se souvenir et sans doute à s'inspirer pour lui-même, d'autant qu'Alfred adorait ce petit-fils, fils de Marguerite qui bénéficiait de toute son admiration respectueuse.

Pourtant, l'enfance d'Alfred se révèle tout aussi difficile et malheureuse que celle de Clément et de Jacques. La patrilinéarité des Languirand est uniformément saumâtre, et c'est cela que les hommes de cette famille se transmettent de génération en génération, même si, bien entendu, chacun d'eux, Alfred, Clément, Jacques, jusqu'à Pascal, le fils de Jacques, réagit différemment à cette donne transgénération-nelle, selon son caractère et la réalité spécifique de sa vie.

À 12 ans, le jeune Alfred est jeté hors de chez lui par sa mère et son second mari, qu'elle a épousé après la mort du père. Le beau-père d'Alfred, un cultivateur de la région de Sainte-Rosalie, est également veuf et père. Après ce remariage, la famille recomposée compte treize enfants. C'est trop pour le nouveau couple qui décide que les enfants de 12 ans et plus iront vivre ailleurs. Alfred est le plus jeune parmi ceux qui doivent partir. Le cœur sans doute lourd, mais le pied ferme, il dirige ses pas droit vers New Bedford, au Massachusetts, où vit une de ses sœurs aînées.

On est en 1861, la guerre de Sécession vient d'éclater et la sœur d'Alfred travaille pour un des nombreux tisserands qui confectionnent les uniformes des Nordistes, les fameuses tuniques bleues. Les temps sont propices pour œuvrer dans cette région dont la guerre favorise l'essor économique. Après avoir travaillé un certain temps avec sa sœur, le jeune Alfred se fait embaucher par la Transcontinental Railroads devenue l'Amtrak. À cette époque, le réseau des chemins de fer des États-Unis est en plein développement. Ambitieux et travailleur, Alfred y gravit les échelons, jusqu'à devenir ingénieur en chef de l'ensemble des travaux. Un authentique leader. Après la fin de la guerre de Sécession en 1865, il faut développer le réseau vers le sud pour favoriser le commerce, notamment la ligne Chicago-Austin, au Texas.

Après avoir fait fortune, Alfred décide de rentrer au Québec. C'est un homme qui a roulé sa bosse, voyagé, travaillé ; qui s'est aguerri à l'inconnu, aux dangers et aux défis sans faillir, sans peur et sans reproche. À 33 ans, il revient dans sa famille tel un messie. Parti en Petit Poucet, il rentre en ogre, de l'or plein ses bagages ; c'est le fils prodigue, glorieux et désormais adulé. Il lui faut une épouse compatible. Il la trouve en Julie Saulnier, la plus jeune fille de cette famille aisée de la région de Saint-Hyacinthe. Il l'épouse alors qu'elle a 17 ans et lui, vingt ans de plus. Alfred, hiératique et autoritaire, très conscient de sa valeur et de sa réussite, sombre et malcommode; et Julie, légère, joyeuse et malléable, douée pour le bonheur. Les deux font la paire.

À Acton Vale, Alfred a acheté des hectares de terre à perte de vue et fait construire une grande maison blanche, qui devient la maison familiale des Languirand. Il vivra en rentier prospère le reste de sa vie. Jacques garde un souvenir ému autant qu'ébloui de cette maison, où il habitera quelques années à l'adolescence, ainsi que de ce grand-père qui constitue une image-père, un re-père, valorisant et motivant. Partir à l'étranger, faire fortune, jouir de l'estime de tous: Alfred l'a fait; c'est donc possible. Marguerite, à sa manière, l'a fait aussi, et Jacques n'a pas à chercher loin les figures qui lui donneront foi, le moment venu, en sa capacité à forger son avenir à son image.

Lorsque Alfred et Marguerite se rencontrent, ils doivent certainement constater qu'ils ont des atomes crochus; ils doivent se reconnaître dans leur tempérament, leur bilinguisme, leur mémoire des États-Unis. Au point qu'on peut se demander jusqu'à quel point Clément, en montrant à son père qu'il a réussi à lui donner une pareille belle-fille, n'a pas espéré se réhabiliter dans le jugement paternel qui pesait sur lui de tout le poids du dédain. Il ne peut être si nul, s'il a séduit Aphrodite en personne! Alfred le reconnaît en effet, mais peut-être pas comme le souhaitait Clément: «Je ne comprends pas ce qu'une femme si extraordinaire fait avec un pauvre type comme toi.» Le verdict s'abat sur la tête de Clément dès qu'il présente Marguerite à Alfred. C'est une condamnation dont la charge mortifère ne semble pas moins pétrifiante que celle que Clément fera tomber sur Jacques quelques années plus tard, devant la tombe de Marguerite, la mort de celle-ci foudroyant Alfred autant que Clément et Jacques. Sauf que Clément, en plus du désespoir, semble ici porter le poids d'une responsabilité tacite, mais hurlante à ses oreilles : comment une femme pareille a-t-elle pu épouser un pauvre type comme lui ? Eh bien, à la vérité, il ne sera pas « capable » de la garder.

Clément déçoit à nouveau Alfred lorsqu'il épouse Gabrielle Gauthier, institutrice comme lui, deux ans après le décès de Marguerite, alors que Jacques a 4 ans. Il espère qu'elle leur apportera, à Jacques et à lui, la stabilité au sein du foyer dont ils ont besoin après le cataclysme que l'on sait. Malheureusement, dès le départ, Gabrielle n'a presque aucune chance de se faire valoir. La marche est trop haute et elle peine à la franchir pour se faire une place dans cette cosmogonie patrilinéaire. Alfred lui parlera seulement lors de leur première rencontre, le temps de se persuader qu'elle n'en vaut décidément pas la peine. Clément n'arrivera jamais à la cheville d'Alfred, pas plus que Gabrielle ne viendra à la cheville de Marguerite. Alfred et Marguerite sont des héros triomphants ; Clément et Gabrielle, de simples mortels ordinaires.

Pauvre Gabrielle. En plus d'être « idiote », comme l'a jugé Alfred, elle est bigote, et ce n'est vraiment pas le genre de la maison Languirand, du moins pas du côté des hommes. Sans être athée, Alfred n'est pas porté sur l'obéissance aux dogmes catholiques. Jacques pense que son père non plus. « Le sexe était bien trop important pour lui », dit-il en éclatant de rire. Voilà qui lui plaît. C'est à première vue ce qu'il accepte le mieux chez son père. Près de soixante-dix ans lui seront nécessaires pour se reconnaître « totalement fils de Clément » et accepter le déterminisme de cette filiation paternelle sur sa vie, son esprit, son entregent ; sur sa faculté de persuasion et son habileté d'orateur influent ; sur son intérêt pour la philosophie, la psychologie et la spiritualité hors de l'église, ainsi que dans son rapport aux femmes. En revanche, l'influence du tempérament quelque peu lubrique et décomplexé de son père lui semble évidente depuis longtemps. Depuis, on l'a vu, les confidences intimes que Clément a faites à son fils dès sa prime enfance.

La sexualité est d'ailleurs à la source de la mésentente qui s'installe dès le départ entre Clément et Gabrielle. Tout comme il a confié à Jacques que Marguerite était une déesse du sexe, Clément s'est plaint auprès de lui de l'absence d'affinités sensuelles avec sa seconde épouse. « Elle était très gentille avec moi, se souvient Jacques. Elle s'occupait bien de la maison et de moi, c'est la raison pour laquelle mon père l'a épousée. » Il précise qu'elle s'est mariée vierge, mais qu'après plusieurs années de tentatives, Clément a désespéré de jamais trouver une harmonie sexuelle avec elle. En revanche, c'était une bonne maîtresse de maison, très pointilleuse sur l'ordre et la propreté, et attentive à la santé fragile de Jacques.

Des photos de Jacques au milieu des années 1930 montrent un garçonnet bien mis, très bien habillé, les culottes courtes au pli impeccablement repassé, la chemisette blanche à col bateau parfaite, de fines chaussettes ourlées sur les chevilles ou montant jusqu'aux genoux, les chaussures bien cirées, et les cheveux bruns bien coupés et lissés, avec une raie sur le côté. Images lisses d'un garçon à la peau diaphane et aux traits fins, un enfant sage et tranquille qui sourit devant l'objectif avec un petit air doux et timide. D'autres photos montrent Jacques avec Gabrielle qui le tient contre elle dans un geste très tendre. Elle affiche un air affable, un visage rond avec de petites lunettes cerclées et un menton volontaire. Sur d'autres portraits, Clément apparaît toujours droit et l'air décidé, le regard franc derrière ses lunettes d'écaille et la petite moustache carrée sur la lèvre supérieure, comme le voulait la mode de l'époque.

De 1935 à 1940, ils vivent tous les trois dans la maison que possède Clément, rue Lajeunesse, dans le nord de

Montréal. Le dimanche, le frère adoré de Gabrielle, un prêtre, leur rend visite et, de sa voix de stentor, il discourt interminablement, quand il ne prononce pas de puissants sermons. Gabrielle est adepte de la branche féminine des Rédemptoristes et sa famille est extrêmement pieuse. « Je me souviens très bien de cet homme, dit Jacques. Il m'impressionnait beaucoup. J'enviais son éloquence et je voulais être comme lui. Dans mon lit, tout seul, je l'imitais. » Mais dans son lit d'enfant, il fait aussi des cauchemars et des otites à répétition. Gabrielle passe des nuits blanches auprès de lui, le soigne, le calme, le rassure. Jacques est pleurnichard et cela finit par exaspérer son père qui le juge mou, « fifille » et sans caractère. C'est dans ces moments que se révèle son côté sévère et intransigeant.

Au printemps 1938, Clément décide d'éloigner son fils de la maison et, pour l'aguerrir, l'inscrit au pensionnat du collège Notre-Dame, réputé pour sa discipline. « Mon père avait ses idées sur la manière de faire de moi un homme », commente Jacques, laconique. Il est admis dans une classe spéciale réservée aux enfants de parents divorcés ou en difficulté matérielle. Au directeur du pensionnat, Clément donne l'ordre de dresser l'enfant sans indulgence. Jacques est souvent puni ou battu avec la fameuse *strap*, alors couramment utilisée dans les écoles. Il déteste ce lieu qui, se souvient-il, « sentait mauvais et où l'on mangeait peu et mal ». Il se réfugie fréquemment à l'infirmerie où le frère infirmier le garde au chaud et soigne ses otites. Seule Gabrielle vient le visiter, et Jacques se plaint à elle, s'accrochant à son cou en hurlant quand elle doit repartir. Cette neuvième année de sa vie marque le début des années noires de son enfance et de sa préadolescence.

Au cours de cette année-là, alors que Jacques est au pensionnat, son grand-père Alfred décède. Cette figure tutélaire disparaît. Alfred lui lègue une pièce d'or de cinq dollars, mais pas la montre en or qu'il lui avait pourtant promise. La montre va à Clément et deviendra ainsi le premier objet tangible de la révolte de Jacques contre son père — non pas leur pomme, mais leur montre de discorde —, et le coup d'envoi de sa désobéissance et de sa délinquance juvénile.

Quant au pensionnat Notre-Dame, s'il n'en dit rien à l'époque, c'est dans ce lieu que pour la première fois Jacques subit des attouchements sexuels. Ce sera à nouveau le cas plus tard au collège Saint-Laurent. «C'était monnaie courante, analyse-t-il aujourd'hui. Franchement, je ne me souviens pas que ça m'ait traumatisé. À vrai dire, je trouve qu'on en fait bien trop de cas de nos jours. À cette époque-là, on n'en parlait pas, mais on ne s'en portait pas plus mal. Et puis rien de ce qui concerne la sexualité ne m'a jamais choqué, non, pas du tout.»

En 1940, Clément et Gabrielle déménagent rue Chambord, entre l'avenue du Mont-Royal et la rue Marie-Anne, ce qui sonne le glas de leur couple. «Mon père a mis Gabrielle dehors», affirme Jacques. Clément, en effet, a expliqué cette rupture par le fait que leur vie sexuelle aurait été désastreuse et que Gabrielle se serait plainte des besoins intempestifs de son mari. Là aussi, comment savoir la vérité? Quoi qu'il en soit, elle part. Elle reviendra vivre avec Clément quelques années plus tard, lorsque Jacques aura 15 ans, pour peu de temps, ensuite ils divorceront.

Lorsqu'ils se retrouveront tous de nouveau sous le même toit, la tendresse et la protection que Gabrielle avait manifestées envers Jacques enfant disparaîtront totalement à cause du motif du renvoi de Jacques du collège Saint-Laurent. Un autre élève et lui ont été pris non pas la main dans le sac, mais dans leurs pantalons respectifs, en train de se masturber mutuellement dans une salle d'études. Clément est presque amusé par l'événement et accueille le renvoi sans colère. Gabrielle, en revanche, plutôt compréhensive à l'égard de la délinquance de Jacques, alors que Clément était furieux, ne peut admettre ce qu'elle appelle sa «luxure révélée». «Une Rédemptoriste, dit

Jacques. Elle était gentille, mais il ne fallait pas lui parler de ces choses-là. C'est sûr que ça ne pouvait pas convenir à mon père. »

Des trois dernières années qu'il a vécues avec Gabrielle et Clément rue Chambord, jusqu'à l'âge de 18 ans, Jacques dit qu'elles furent « plates à mort ». Le couple fait chambre à part. Du coup, Jacques dort dans le salon et doit se lever tôt le matin, alors que le couple d'instituteurs se prépare pour aller enseigner. Le soir, ils rentrent, mangent et écoutent *Un homme et son péché* à la radio avant de se coucher. « C'est bien certain que je ne voulais pas vivre cette vie-là ! » s'exclame Jacques.

A-t-il revu Gabrielle Gauthier après son divorce d'avec Clément ? « Oui, on s'est revus quelques fois. Nous avions des choses gentilles à nous dire, mais naturellement, on ne parlait pas de sujets qui fâchent. Elle adulait son frère, le curé, et elle-même aurait peut-être dû entrer au couvent. Elle n'a pas eu d'enfants et elle a fini seule de toute façon. » Clément aussi a fini seul, très seul même, mais pour d'autres raisons.

Revenons un peu sur les premières années de Clément. En cette deuxième décennie du vingtième siècle, les Languirand forment une famille aisée et respectée à Acton Vale. Au sein de sa nombreuse fratrie, Clément est le mouton noir. Pourquoi ? Jacques se contente de répondre que « c'était un original ». Il sait bien que l'excentricité que Clément manifestera de plus en plus à l'âge adulte ne s'était pas encore révélée dans sa jeunesse et qu'elle ne peut donc expliquer le rejet parental, tout comme il sait que ce rejet n'a pas été que le fait du père de Clément.

Lorsque Clément a 12 ans, âge auquel son propre père avait autrefois été mis à la porte par sa mère et son nouveau mari, Alfred Languirand décide d'éloigner son fils d'Acton Vale en le plaçant chez les Frères de Saint-Gabriel. Brillant, discipliné et travailleur, il y fera de bonnes études. Se destinait-il vraiment à la prêtrise ? Jacques ne le croit pas. « Mon père a étudié *comme pour la prêtrise*, parce que ça lui donnait la possibilité de s'instruire. C'est comme ça qu'il a pu devenir enseignant. Mais je ne crois pas qu'il voulait vraiment devenir prêtre. Avec deux amis, il a quitté le séminaire dès son cours classique terminé. »

Jacques dit que Clément n'a « pas revu une femme », ni ses sœurs et encore moins sa mère durant toutes ses années au séminaire. Pour lui, son père « a beaucoup aimé étudier, il l'a fait autant que nécessaire, mais rendu homme il voulait vivre ». Se référant à l'acte de mariage de Clément et Marguerite, il ajoute que Ferdinand Crépeau, le témoin de Marguerite, était l'un de ces deux amis qui avaient quitté le séminaire avec Clément.

Clément voulait vivre. Un bon vivant, alors ? Jacques tique sur ma question. « Trop tourmenté pour être vraiment un bon vivant, répond-il. Avec ma mère, il l'a été, oui, mais après elle… moins. » Et il répète : « Mais c'était un original. Il avait un côté fou, mais aussi génial. » Qu'est-ce que cela signifie ? « Lui et moi, on ne s'est pas compris, explique Jacques. On n'a pas réussi à se réconcilier et je l'ai fui jusqu'à sa mort. Quand je le voyais, j'avais honte de lui. Il s'habillait avec des chemises de couleurs vives et n'importe comment, il avait l'air d'un clochard. Il se déplaçait en patins à roulettes à une époque où personne ne le faisait. Il ramassait des bouteilles et des boîtes dans les rues, ou il volait dans les magasins. Il était devenu cleptomane avec l'âge. Il apportait son butin à ma femme Yolande qui ne le supportait pas et avait peur de lui, comme mes enfants. »

Pascal et Martine me parleront en effet de l'excentricité de leur grand-père paternel. « Il portait des chemises à fleurs et des chapeaux de femme, me dira Pascal. Il nous mettait tous mal à l'aise. » Finalement, très seul, et bien qu'il ait toujours gardé son appartement de la rue Chambord et bénéficié de sa retraite d'instituteur, Clément, délaissé par Jacques, mourra dans une chambre louée, à Montréal, le 29 août 1980, après avoir choisi de léguer ses biens à ses petits-enfants, et non pas à son fils.

« Ce n'était pas énormément d'argent, me dira Pascal. Vingt mille dollars chacun. » Martine le confirme : « Je m'en suis servie pour acheter ma maison. » Martine, qui aimait bien son grand-père, me dira aussi qu'à son avis « Jacques aurait pu se rapprocher de Clément à la fin de sa vie, s'il n'y avait pas eu Yolande [sa mère] ». Yolande qui, toujours selon Martine, est la seule qui se serait insurgée contre le fait que Clément ne donne rien à Jacques. « Tout à coup, elle s'est mise à avoir des principes ! ironise Martine. J'ai compris qu'il n'y a qu'un seul principe : dans la poche de qui va l'argent ? L'argent de Clément n'allait pas dans la sienne, c'est clair ! »

Les héritages ne sont jamais faits que de lait et de miel. Il s'agit toujours d'un amas de matière nucléaire qui, comme l'uranium ou le plutonium, peut produire tout et son contraire, selon la façon dont on le comprend et l'utilise. Jacques trouve « bien correct » que son père ait choisi de donner son argent à ses petits-enfants. Mais le constat de répétition, en revanche, le touche : Alfred n'a pas donné d'héritage sonnant et trébuchant à Clément ; et le moment venu, Clément a fait de même. Alfred avait promis sa montre en or à Jacques, mais l'a donnée à Clément, et Jacques a décidé de la lui voler, entrant ainsi dans une spirale de révolte.

Conscient de cette chaîne de douleur, de déception et de révolte qui a poussé les hommes Languirand à s'éloigner les uns des autres dans une tentative d'affranchissement, Jacques a essayé de la rompre. « Mon père, c'est une blessure, dit-il. Je me rends compte que je suis devenu ce que je suis beaucoup par rapport à lui. Son influence a été considérable et déterminante. Au fond, je suis pas mal comme lui. J'ai mis trop de temps à m'en rendre compte. Toute ma vie j'ai nourri une haine immense contre lui, une haine que je n'ai pu guérir que très récemment. L'apaisement vient avec l'acceptation, et l'acceptation vient avec l'âge. » Acceptation et guérison sont des fleurs d'automne.

Comment a-t-il fait pour accepter les sévices et les propos offensants de son père, son incompréhension et son jugement sévère à son encontre, la jalousie que Clément a nourrie en le voyant réussir, sans jamais l'encourager ou le féliciter, et puis la honte que Jacques a ressentie chaque fois que Clément s'est ridiculisé, et les a donc ridiculisés, lui et sa famille ? « Je me rends compte que j'ai passé ma vie à occulter mes souffrances, dit Jacques. J'en étais arrivé à un point mort où, anesthésié, je ne ressentais plus aucune souffrance. Pour moi, la vie est une épreuve, c'est le sens de la vie. On est tous sur cette planète pour vivre des épreuves et les dépasser. C'est la clef centrale pour moi. »

Voilà une idée bien chrétienne, non ? Une vision de la vie selon laquelle on souffre sur terre, on aide son prochain, on se guérit en guérissant les autres, et on pardonne avant de partir dans un au-delà nirvanique. « Peut-être bien, après tout, me répond Jacques. C'est parce que je me rapproche désormais de la fin de ma vie que j'espère être finalement capable de tout accepter, tous les éléments de ma vie, et d'en guérir. » Il tire sur sa pipe et ajoute : « Mais je crois en la réincarnation. Hélas, je devrai sans doute revenir dans une autre incarnation ! »

Alors sa vision serait-elle plutôt bouddhiste, puisque, selon cette philosophie, on s'affranchit de ses souffrances d'une vie à l'autre ? Ou serait-ce plutôt une sorte de syncrétisme entre christianisme et bouddhisme ? « Ça me parle, dit-il, oui. Le christianisme et le bouddhisme sont proches. » Bouddhisme et christianisme ont en commun l'empathie, la compassion, l'amour de tout être vivant sur la terre, le désir de traverser les sources de la souffrance terrestre pour les nettoyer, le détachement matériel, le désir de prendre sur soi les souffrances d'autrui pour évoluer individuellement tout en favorisant l'évolution collective. Des points communs que le dalaï-lama aime beaucoup mettre en exergue à ses enseignements. «Mais ce sont d'abord des valeurs universelles», me dit Jacques.

Toujours est-il que son besoin de se réconcilier avec toute sa vie pour en finir avec la souffrance, la sienne et celle héritée des autres ou infligée à autrui, pour «faire l'équilibre entre tous les éléments de sa vie», selon ses mots, même à titre posthume en ce qui concerne Clément, lui est essentiel. «Il faut balayer devant sa porte avant de partir?» lui dis-je. «C'est ça, faut pelleter de gros tas!» répond-il en éclatant de rire. Un rire comme une explosion de vie. Ou, comme l'a écrit Victor Hugo, «un rire comme une révolte contre le malheur».

Pascal Languirand est tout aussi conscient d'avoir hérité de beaucoup plus que le peu d'argent de son grand-père paternel. Chanteur du groupe Trans-X et musicien talentueux devenu une star au Mexique, où il vit, mais aussi en Californie et en Europe, il sait que le génie de la musique de Clément lui a été transmis. Jacques explique: «Le génie musical de mon père est clairement allé à mon fils, ça a sauté une génération.» Car Clément, chez les Frères de Saint-Gabriel, a révélé un don naturel et spontané pour la musique. D'abord tourneur de pages, ce qui lui a permis d'apprendre les notes, Clément s'est vu un jour intimer l'ordre de remplacer l'organiste au pied levé. Il a alors 15 ans. Il a deux jours pour apprendre à jouer de l'harmonium pendant la messe. Qu'il se débrouille! Clément n'a d'autre choix que de s'y mettre, à l'oreille et sans jamais avoir pris une seule leçon de musique. Deux jours plus tard, il tient la place de l'organiste, et avec brio. Nul n'aurait pu soupçonner qu'il n'était pas musicien de longue date.

Lorsqu'il raconte cette histoire, qui tient dans la légende familiale une place aussi importante que l'épopée d'Alfred, Jacques ne boude pas sa fierté. Mais s'étonne tout de même que la musique ne fasse pas partie de ses dons. Au cinéma, dans *Mars et Avril*, Martin Villeneuve lui donnera pourtant le rôle d'un musicien. « Oui, mais dans ce film mon personnage joue du corps des femmes, ironise-t-il, et ça je sais faire ! » Jacob Obus, le personnage principal du film, joue d'instruments de musique en forme de corps de femme. « Clément, lui, savait jouer des deux », lui dis-je. Nouvel éclat de rire : « C'est vrai, tiens, je n'y avais pas pensé ! »

Ce premier rôle qu'il avait attendu toute sa vie établit en effet un pont entre Clément, Jacques et Pascal. Ce n'est pas fortuit. Martin Villeneuve me dira qu'il l'a fait exprès, après ses conversations avec Jacques. Quant à Pascal, il trouve ça « bien vu ». Héritier du génie musical de Clément, il a lui aussi 15 ans lorsque la musique se révèle à lui et qu'il se met à en jouer spontanément. Voyant cela, Jacques l'encourage en lui achetant des instruments ainsi que tous les ordinateurs nécessaires pour l'aider à faire ses recherches électroacoustiques. « Mon fils a énormément de talent, dit Jacques. Il me semble qu'il croit que je suis déçu, parce qu'il a pris une tangente plus commerciale dans sa création musicale. Mais ce n'est pas vrai. Je suis très fier de lui. Il est parvenu à faire quelque chose de grand avec son talent. » Pascal Languirand, néanmoins, se définit aujourd'hui comme « un homme qui apprend à souffrir moins ».

Déception, éloignement, souffrance, incommunicabilité. Les pavés de la patrilinéarité Languirand portent ces noms, même si c'est beaucoup moins vrai aujourd'hui que jadis. La réparation du lien entre Jacques et son père, et plus encore entre Pascal et Jacques, est en cours. Pascal et Jacques ont chacun œuvré pour y parvenir. Mais Clément, lui, ne s'est jamais réconcilié avec Alfred. Aurait-il seulement pu le faire ? Clément s'est contenté de tourner la page, à moins que, là encore, il n'ait pas eu le choix.

En quittant les Frères de Saint-Gabriel, Clément ne retourne pas à Acton Vale, préférant s'établir à Montréal. Il devient instituteur et sort beaucoup avec ses deux amis échappés avec lui du séminaire. Ensemble, ils découvrent la vie. La vraie vie, enfin. Et puis il rencontre Marguerite. Mais avant tout cela, il fait un geste à la fois majeur et symboliquement fondateur : il change de patronyme. Exit Clément Languirand, bonjour Clément Dandurand. Ce faisant, il n'invente pas un pseudonyme de toutes pièces. En vérité, il « saute par-dessus son père » pour se rattacher au nom originel de la lignée paternelle. Une manière de dire qu'il ne vient pas que d'Alfred, mais de plus loin que lui.

Les ancêtres de Jacques Languirand sont originaires du Gers, dans le sud-ouest de la France. Plus exactement de Condom-sur-Baïse, ce qui réjouit beaucoup Jacques : « Venir de condom sur baise, ça ne s'invente pas ! J'étais prédestiné ! » Que Condom se trouve à une quinzaine de kilomètres d'une commune appelée Montréal ne s'invente pas non plus. Il y a là beaucoup de matière pour l'imagination, et celle de Jacques est fort prolixe...

L'ancêtre arrive en Nouvelle-France en 1711 à l'âge de 18 ans. Il s'appelle Pierre d'Andirand. Comme toujours, avec les siècles le nom originel évolue, de d'Andirand en Landirans, Landyrand, jusqu'à Achille Languiran, père d'Alfred et arrière-grand-père de Jacques, et finalement Alfred Languirand, avec qui le nom se fixe.

À 18 ans, Clément choisit donc Dandurand, en écho à l'ancêtre débarqué dans le Nouveau Monde au même âge que lui. C'est son nouveau monde à lui. Ce qui est très intéressant, c'est que Jacques fera exactement la même chose lorsque, à 18 ans lui aussi, il partira pour la France — une « Nouvelle-France » à l'envers. Durant toute son enfance, Jacques s'est appelé Dandurand, parfois Dandurand, dit Languirand, ou Languirand, dit Dandurand. Partant pour Paris vivre sa vie, il choisit définitivement Languirand, biffant à son tour son père pour se relier plutôt à Alfred.

Comment aurait réagi Jacques si Pascal ou Martine avaient décidé de renier leur patronyme ? « J'aurais parfaitement compris ça, dit-il. Languirand, c'est un nom difficile à porter. » J'y entends l'écho de ce que me dira Martine plus tard : « Toute ma vie j'ai entendu "Que ça doit donc être extraordinaire d'être la fille de Jacques Languirand !". J'aurais voulu tuer tellement ça me révoltait. »

Comment Clément a-t-il réagi lorsque son fils a repris le patronyme auquel il avait renoncé ? « Il l'a mal vécu, se souvient Jacques. Il ne comprenait déjà pas que je parte pour Paris, il ne voyait pas ce que j'allais faire là-bas. Ça l'a beaucoup attristé, je ne m'y attendais pas. Au moment de l'embarquement, il n'est pas venu me dire au revoir. Ni lui ni Gabrielle. »

C'est à la radio que Clément apprend que son fils a choisi de reprendre ce qu'il considère comme son « vrai nom », Languirand. Jacques est en effet correspondant à Paris de la revue *Radio 49* et du service international de Radio-Canada. Clément lit les articles et écoute les chroniques culturelles de son fils. Il lui envoie un peu d'argent, presque chaque mois, nous l'avons vu.

À Paris, Jacques fait la connaissance d'Hubert Aquin qui, lorsqu'ils seront de retour à Montréal, l'aidera beaucoup sur le plan professionnel et deviendra un grand ami. Clément et Hubert se rencontrent, fraternisent, chacun se reconnaissant dans l'autre, et bientôt ne se quittent plus. Ils débattent et refont le monde des journées entières. Jacques raconte : « Je rentrais et je les trouvais attablés au milieu de la fumée de cigarette et des bouteilles vides. "Ton père est un être extraordinaire", me répétait Hubert. Mon meilleur ami était le meilleur ami de mon père ! Je n'y comprenais rien. » En France, Hubert Aquin avait fait, à l'attention de Clément, une série de photos mettant en scène Jacques : *Ton fils à l'abreuvoir* ; *Ton fils au travail* ; etc. Le suicide d'Hubert sera un cataclysme intime, autant pour Jacques que pour Clément. Pour autant, ils ne se consoleront pas mutuellement.

Un autre épisode douloureux revient à l'esprit de Jacques. Dans les années 1960, alors que Jacques était une vedette de la radio et de la télévision, Clément, alors dans la cinquantaine, décide de tenter lui aussi sa chance à Radio-Canada. Il pense qu'il peut faire tout aussi bien que son fils, sinon mieux. Précédé du renom de Jacques, il se présente aux studios de la radio et demande une audition. Les gens qui le reçoivent veulent-ils se moquer de lui, ou bien sont-ils vraiment intéressés ? Toujours est-il que Clément passe cette audition. Et il échoue.

Apprenant l'affaire, Jacques est consterné. « On s'est moqué de moi. Cette histoire m'a beaucoup nui. Après tout ce qu'il m'avait fait, en plus il était jaloux de mon succès. J'étais furieux. » Aujourd'hui, cela le ferait presque rire : « J'ai beaucoup de peine pour lui, quand j'y pense. C'est quelqu'un qui avait énormément de potentiel et qui aurait pu mener une tout autre vie. Mais il n'a pas eu la chance de le faire. Il n'a pas eu la chance de se réaliser. D'une certaine façon, il s'est détruit. »

À cet instant, la mémoire lui revient. Le souvenir de Clément enfant, délaissé et en mal d'amour et d'attention. D'un coup, les choses lui apparaissent avec une limpidité implacable : « Mon père n'a jamais connu l'amour maternel. Julie, ma grand-mère, n'a jamais eu le moindre geste maternel, ou simplement affectueux, envers lui. Il attendra de rencontrer ma mère pour découvrir la tendresse et l'amour. Forcément, il en a été subjugué. Mais il a aussi déifié Marguerite, parce qu'elle est morte en héroïne. S'ils avaient fait leur vie ensemble, il se serait tanné, comme tout le monde. Ma mère serait devenue une simple femme. »

Mais comment expliquer la froideur de Julie ? « Alfred avait épousé Julie pour lui seul. Il l'exploitait à son seul profit. Julie était une petite vierge dans les mains d'un cochon. Elle était totalement soumise au *père colossal* qu'était Alfred. Il l'a choisie parce qu'elle était joyeuse et malléable, mais aussi parce qu'elle ne lui tiendrait jamais tête. Et elle était bilingue elle aussi, c'était un critère positif pour mon grand-père. Julie a eu douze enfants, quasiment l'un après l'autre. Elle avait vingt-trois ans quand Clément est né, pourtant il était le cinquième. Les quatre premiers enfants, qu'elle appelait sa "première branche", sont tous morts petits, de maladie. Julie ne s'en est jamais remise. Elle n'a pas aimé les suivants. Elle disait que seuls les premiers étaient "les plus forts, les plus beaux", parce qu'ils avaient du poil sur la colonne vertébrale! Elle a rejeté Clément dès la naissance. » On est loin de l'admiration que Jacques vouait autrefois à son grand-père. Néanmoins, il l'aime toujours, mais cela n'empêche pas la lucidité. Jacques conclut : « Mon père est mort de désespoir. »

Clément n'a cependant pas rendu les armes facilement. Jusqu'à sa mort à 78 ans, il aura lutté, tombant et se relevant sans cesse, pour forcer sa route. Cela ressemble très exactement à Jacques, qui dit : « Je resterai en action jusqu'à la toute fin. Je ne me vois pas vivre autrement. » Je me risque à dire : « Clément a annoncé la couleur. Dandurand. Endurant. » Jacques dodeline de la tête, avec une moue amusée : « L'endurance à la souffrance, c'est bien l'histoire de la famille. » Mais n'est-ce pas celle de toutes les familles ? « Un peu plus dans la nôtre, peut-être… Enfin, on croit tous ça. »

Clément a laissé un livre. Le petit livre rouge de Clément Languirand, patronyme qu'il a repris pour l'occasion, pour bénéficier de la notoriété publique dont Jacques jouissait déjà au début des années 1950 à Montréal, de même qu'il le fera en tentant, une décennie plus tard, de se faire embaucher à la radio de Radio-Canada. Le recueil s'intitule *Le petit vademecum*[1] *du petit psychologue. Dictionnaire de pensées par Clément*

---

1. Aide-mémoire, guide, manuel.

Languirand, orienteur. Orienteur ? Oui, au sens d'orienteur de conscience, d'éducateur. Un livre de psychologie appliquée dans lequel, sur des sujets déclinés dans l'ordre alphabétique, l'auteur expose ses points de vue par des phrases courtes et souvent très bien tournées. Il cite également divers penseurs du monde entier, ce qui prouve au passage qu'il a lui-même beaucoup lu, principalement les philosophes et les sages. On peut aussi y lire des phrases en anglais, Clément ayant appris cette langue tout seul au séminaire, en lisant la presse anglophone montréalaise. Clément, un intellectuel en quête de sagesse, mais aussi d'un auditoire, est-ce possible ? « Le rapprochement est curieux, n'est-ce pas ? dit Jacques. Ce livre est aussi stupéfiant que le bonhomme. Il y a des choses remarquables dans ce livre. »

Évidemment, le lien avec le travail de Jacques dans *Par 4 chemins* est sidérant, d'autant que Clément Languirand s'est autopublié en mars 1954 (il avait 51 ans), presque vingt ans avant la célèbre émission de son fils sur les ondes de Radio-Canada. « Il m'avait montré ce livre qu'Hubert [Aquin] admirait beaucoup, mais je crois que je n'y ai pas vraiment fait attention à l'époque. » Cela s'explique peut-être aussi par le fait qu'en 1954, Jacques repart à Paris dans une deuxième tentative pour s'y implanter.

Il se souvient bien des « effets secondaires » de ce livre. « Mon père allait de maison en maison pour vendre son livre un dollar. En habile orateur et beau séducteur qu'il était, il savait que l'après-midi les femmes étaient seules chez elles. Alors il leur parlait du livre, le leur vendait, et trouvait toujours un stratagème, comme "auriez-vous un verre d'eau ?", pour qu'elles le fassent entrer. Il a couché avec beaucoup de femmes comme ça. » Paroles de sagesse et de séduction, donc. Clément non plus n'y allait pas par quatre chemins...

Ces changements de patronyme, de Languirand en Dandurand, en Languirand, dit Dandurand, ou Dandurand, dit Languirand, ont-ils provoqué chez Jacques des troubles ou des questionnements identitaires ? « Pas du tout, répond-il. Pour moi, mon nom a toujours été Languirand. J'ai toujours su qu'un jour je le reprendrais. »

On l'aura bien compris néanmoins, la notion même de filiation n'a vraiment rien d'évident pour Jacques Languirand. Maternité, paternité, parentalité, éloignement et proximité, transmission aussi, ont été pour lui des continents à conquérir. Des terres à défricher. Des roues à réinventer.

Une dernière question semble s'imposer : « Et toi ? Quel genre de père as-tu été ? » « Moche », répond-il aussitôt. Le mot est tellement tranchant et sans réplique que j'en reste interloquée. « Il faudra bien que nous en parlions », me dit-il. Nous le ferons.

CHAPITRE 3

Un adolescent en colère

Selon Clément Dandurand, la mort de Marguerite les avait jetés Jacques et lui en enfer. Dans les faits, il semble que ce soit plutôt le départ de Gabrielle Gauthier, seconde épouse de Clément, qui envoie le petit Jacques au purgatoire. En effet, la séparation du couple coïncide avec le retrait de Jacques du collège Notre-Dame et son retour auprès de son père. Ce rapprochement physique donne le coup d'envoi de l'éloignement qui inexorablement s'installera entre père et fils.

Récupérant son fils, dont il se trouve seul responsable pour la première fois de sa vie, Clément développe une vision singulière de sa monoparentalité. Il veut faire de Jacques un homme. Dérangé par l'allure « trop féminine » de l'enfant de 9 ans et conscient qu'il lui revient de transmettre une identité masculine, il a cependant de celle-ci une conception extrêmement caricaturale et il utilise des méthodes extrêmes.

Clément inscrit Jacques à l'école primaire située presque en face de l'appartement, au coin des rues Marie-Anne et De Lanaudière. Au frère directeur de l'établissement, il fait la même recommandation qu'à celui du collège Notre-Dame : être strict avec son fils, ne rien lui laisser passer et ne pas hésiter à se servir de la *strap*. Le directeur ne se le fait pas dire deux fois. Cela n'incite cependant pas Jacques à être ponctuel ni à bien étudier. Ses notes sont en effet médiocres, bien que les enseignants s'accordent pour le juger brillant et plein de potentialités.

À la maison, les règles de conduite ne sont pas plus souples. Clément établit un régime alimentaire qui vise à fortifier l'organisme de son fils. Beaucoup de viande rouge, de légumes et de laitages, mais aucune sucrerie, et le tout en quantités strictement mesurées qu'il s'agit de respecter scrupuleusement. À propos de la consommation de viande, Jacques me raconte un souvenir, alors qu'il était dans la quarantaine : « Attablé devant deux énormes steaks dans mon assiette, je me suis dit "c'est assez". J'étais dégoûté. J'en avais bien assez mangé comme ça. » Devenu végétarien du jour au lendemain, il l'est resté.

Levé à six heures du matin pour se préparer, Clément, avant de partir enseigner dans le nord de Montréal, ouvre brusquement la porte de la chambre de son fils et la claque violemment contre le mur. « Debout, c'est l'heure ! » Pas un mot de plus. De toute façon, il ne parle presque jamais à Jacques. Le silence fait partie de sa méthode de redressement. Tous les matins, à cause du « bruit de fou » qui règne chez lui, Jacques est réveillé avant que son père n'ouvre la porte de sa chambre, mais, la peur au ventre, il n'ose se lever avant d'y être sommé.

Clément parti, Jacques fait sa toilette et prend son déjeuner. Comme tous les matins, il découvre le repas du midi que son père lui a laissé dans une boîte à lunch. « La salade et les laitages au fond, la viande et les patates au milieu, et le dessert par-dessus. Je mangeais toujours mon repas à l'envers. » Sans appétit, on l'imagine. D'ailleurs, il décide de jeter ces repas « de régime » à la poubelle, les remplaçant par les bonbons et le chocolat qu'il se met à voler au magasin général du quartier. S'enhardissant, il trouve même le moyen de dévisser les placards de la cuisine, que son père cadenasse pour l'empêcher de manger autre chose et de le faire en dehors des heures de repas, et il se bourre de pain et de biscuits.

Son père finit par s'en apercevoir et ajoute ces actes de désobéissance au dossier de son fils. Car Clément inscrit minutieusement dans un carnet tous les écarts de conduite de Jacques : vols, mensonges, retards, mauvaises notes, repas jetés... Parfois, observant sa règle du silence, il laisse à son fils un message écrit, menaçant. Le dernier samedi du mois, il présente la note : chaque exaction vaut tel nombre de coups. Il brandit sa longue règle de dix-huit pouces et frappe. Jacques paie ainsi la facture du mois, puis pleure longuement dans sa chambre. « Pauvre de moi, dit Clément, avec un fils comme ça ! Mais je viendrai à bout de toi. »

Pour ce faire, il l'entraîne dans de longues marches. Partant dès l'aube le samedi matin, père et fils sillonnent Montréal toute la journée et vont même à plusieurs reprises dans les Cantons-de-l'Est. « C'est comme ça que j'ai rencontré pour la première fois des Amérindiens », se souvient Jacques. Des photos en témoignent, montrant un enfant gringalet, chaussures hautes et sac sur le dos, posant l'air renfrogné à côté de tipis.

« Mon père parlait beaucoup avec les personnes qu'on rencontrait en route. Il racontait des choses passionnantes, et même parfois il se mettait à m'expliquer quelque chose sur le Québec, la géographie, la nature, l'histoire. C'était un instituteur, il savait énormément de choses. J'ai beaucoup appris. » Puis, de nouveau, il rabattait la chape de plomb du silence. Paradoxe d'un homme volubile et cultivé qui parlait avec tout le monde, et qui plus tard, se voulant « psychologue et orienteur », voudrait éveiller la conscience de ses congénères par l'écrit et même par la radio, mais qui pourtant choisit le silence comme méthode pour faire de son fils un homme. Paradoxe d'un fils élevé dans ce mutisme imposé, peuplé de menaces et de coups, du moins pendant quelques années, et qui bouillonnera de tant de maux à libérer par les mots, puisant à la source intarissable de son besoin d'entendre, de dire, de transmettre. Un besoin vital de communiquer, pour lui-même et pour autrui.

« Que faisais-tu alors, le soir, le dimanche ? » « Je lisais énormément », me répond Jacques. Sauf le mercredi soir, il passe beaucoup de temps seul. Le matin, aussitôt Clément parti, il se prépare en écoutant la radio, attendant à la dernière seconde pour abandonner le programme en cours afin de courir à l'école. Même rituel le midi : il dîne en écoutant un épisode d'un radio-feuilleton ou un commentateur. « C'étaient des moments magiques. J'adorais ça. J'écoutais cet homme et je pensais que c'était exactement ce que je voulais faire. Je me mettais debout dans la cuisine et je répétais ce qu'il disait à voix haute, je faisais l'émission à moi seul. » Il ne quitte la maison que lorsqu'il entend la cloche de l'école, cumulant ainsi les retards — et les conséquences de ses actes.

L'école finie, il se passe plusieurs heures avant que son père rentre. Jacques prend l'habitude d'aller chez un ami, dont les parents sont également absents. Les deux garçons écoutent la radio, fument des cigarettes, explorent leur corps aussi. Et puis ils mangent. « Je me disais qu'il y avait des parents normaux, des mères qui préparaient des gâteaux pour leur enfant. Parfois, la mère était là, alors je parlais longuement avec elle. Elle me trouvait très gentil et très poli, le contraire de ce que me reprochait mon père. » À cette époque, la seule préoccupation de Clément semblait de lui « chercher des poux ».

Un jour que Jacques fouille dans l'appartement, il tombe sur un coffret caché dans le bureau de son père. Retournant les tiroirs, il trouve la combinaison secrète inscrite dans un carnet et il ouvre le coffret. La rage s'empare de lui à la découverte du contenu : la montre en or du père de Clément, une belle montre gravée d'une locomotive, souvenir des chemins de fer américains qui avaient fait la fortune d'Alfred. Alfred qui avait promis l'objet à Jacques. « Pour moi, mon père m'avait volé ma montre. On allait voir ce qu'on allait voir. » Jacques décide de la vendre. Au moins, cet argent lui permettra de mieux manger et de s'acheter les illustrés qu'il aime lire.

Durant quelques semaines, son ordinaire s'améliore, grâce à l'argent que lui a rapporté la montre. La première fois qu'il s'était rendu chez le bijoutier de l'avenue du Mont-Royal, celui-ci avait demandé au garçonnet une autorisation écrite de ses parents. Qu'à cela ne tienne, Jacques était rentré chez lui, avait écrit la lettre, et avait apporté son sésame au bijoutier pas trop regardant…

Ce plaisir coupable sera de courte durée. Un jour, Clément découvre le pot aux roses et se rend compte de son échec. Manifestement, sa méthode ne fonctionne pas. Il ne vient pas à bout de son fils et rend son tablier. Mais pas sa règle… Après avoir copieusement battu Jacques, il décide de l'envoyer à Acton Vale, chez sa sœur Hermine, qui vit avec leur mère Julie dans la maison familiale bâtie par Alfred. Hors de lui, Clément menace de mettre Jacques à l'orphelinat si elles ne le recueillent pas.

Jacques se retrouve donc avec ses boîtes à Acton Vale. Il a 10 ans et demi. L'ambiance est sinistre. Sa tante et sa grand-mère ont peur de ce petit délinquant sous leur toit et se réfugient elles aussi dans le silence. À l'école Saint-André, dirigée par les Frères du Sacré-Cœur, où Jacques intègre la cinquième année en cours, le climat n'est guère plus accueillant. Jacques n'est pas très motivé pour étudier et ses camarades de classe sont méfiants à l'égard de cet « étranger » débarqué de Montréal. Mais le printemps arrive, puis l'été, et l'ambiance se détend progressivement dans la maison familiale, en même temps que Jacques parvient à se faire quelques amis dans la petite ville.

Industrieuse petite ville qui, en ce début des années 1940, profite de la guerre. Les usines de chaussures et de parachutes fonctionnent à plein régime et la ville est prospère. Plusieurs familles anglophones y possèdent des résidences secondaires de style victorien, assez luxueuses pour être tentantes. Au point que, à l'hiver 1942, Jacques et deux de ses amis cèdent à la tentation. « Nous sommes entrés par effraction dans une de ces maisons. Puis nous avons pénétré dans l'église attenante du cimetière. Nous avons jeté l'harmonium du haut du jubé. Il s'est fracassé au sol. Je ne sais pas ce qui nous a pris. Nous avions bu de la bière. » L'harmonium ? L'instrument sur lequel s'est révélé le génie musical de Clément qui, depuis son adolescence chez les Frères de Saint-Gabriel, continue d'en jouer dans les églises de Montréal ? « Mais oui, tiens, comme c'est intéressant ! me répond Jacques. J'ai tué l'harmonium de mon père ! » Épisode cathartique que celui de cet « harmonium assassiné », qui marque le début de très sérieux ennuis judiciaires pour Jacques et ses amis. Surtout pour Jacques, en vérité.

Quelques jours plus tard, il se retrouve au poste de police d'Acton Vale où il signe des aveux circonstanciés. Il n'a guère le choix, car les policiers semblent au courant de tous les détails, en particulier de son rôle dans ces actes de vandalisme. L'un de ses deux complices est en effet passé aux aveux, ce qui lui vaut d'être disculpé dès la première comparution des jeunes malfaiteurs devant le juge de Saint-Hyacinthe. Mis au courant, Clément ne s'est pas déplacé. C'est Hermine qui accompagne son neveu à la Cour. L'avocat de la défense reconnaît les accusations criminelles qui pèsent sur Jacques, ce qui lui permet d'entamer des négociations avec le juge. Mais, en fait, le juge, Clément et le frère Hilaire (directeur et professeur à l'école Saint-André) sont déjà parvenus à une entente dans les coulisses, à l'insu de Jacques. Clément s'est engagé à rembourser les dégâts causés par son fils. Le frère Hilaire, quant à lui, joue un rôle déterminant pour l'avenir de Jacques. Plaidant sa cause et faisant valoir les qualités et les aptitudes de l'enfant, il propose au juge d'endosser le rôle d'agent de probation (ce qui serait aujourd'hui le rôle d'un travailleur social de la DPJ) et de surveiller Jacques, lui évitant ainsi l'école de réforme (équivalent d'un centre jeunesse).

À ce stade, il est difficile de connaître le véritable déroulement de l'affaire : certains jours, Jacques affirme qu'il a fait de la prison ; d'autres jours, sa mémoire lui fait défaut et il ne se souvient plus de ce qu'il m'a dit auparavant. A-t-il comparu en justice avant ou après l'engagement des négociations entre le juge, Clément et le frère Hilaire ? Autrement dit, a-t-il séjourné en prison ou non ? Un matin de la mi-avril 2014, Jacques me téléphone pour me demander d'aller le voir. « Je me suis fouetté, me dit-il, et je me suis souvenu de ce qui est arrivé. J'ai été en prison. Je dois te raconter ça. » Mais lorsque je le rejoins pour en discuter, il ne se souvient plus de m'avoir appelée.

C'est ainsi, à présent ; il n'y a rien que l'on puisse faire. Heureusement que nous avons mené une conversation continue de février à juillet 2013, période quasi bénie, comme hors du temps et de l'espace, durant laquelle Jacques a réussi à concentrer toute sa pensée, toute sa mémoire cognitive et émotive pour « tout me dire ». Les dizaines d'heures d'enregistrement en témoignent, en plus des livres et des documents qu'il m'a généreusement offerts, avec l'aide et l'accompagnement vigilant de Nicole. Quand j'y pense, à présent, j'ai presque l'impression qu'il a fourni un effort ultime, ouvrant pour moi les vannes de sa mémoire, pour libérer ces eaux abondantes et tumultueuses.

Durant ces mois d'échanges très intenses, son esprit carburait encore à plein régime. Puis, de la mi-juillet à la mi-octobre 2013, nous ne nous sommes presque pas vus. Lorsque nous avons recommencé à le faire, il a tenu à me répéter combien il était content, « très, très content » de me revoir. Bien que mon absence n'ait pas été liée à lui ni à notre projet commun, je sais bien à quel point il a pu se sentir abandonné, voire trahi — ce que Nicole m'a confirmé. Je ne pense pas qu'il faille prêter à ses propos une dimension par trop affective. J'ai quant à moi entendu surtout le regret intime d'un homme qui est plus conscient que son entourage de la dégénérescence de son esprit, ce qui le laisse dans une impuissance douloureuse.

« Bon, s'est-on dit tout ce qu'on avait à se dire ? » me demande-t-il régulièrement, et je le rassure. Oui, je suis désormais le dépositaire de ses souvenirs. En un an, et même ces derniers mois, l'état de sa mémoire s'est énormément dégradé. En ce printemps 2014, on peut encore avoir avec Jacques des conversations passionnantes, mais elles apparaissent désormais comme des fulgurances. Soudainement, quelque chose a lieu et il tient des propos cohérents, formule des analyses et des constats lumineux et brillants ; il est plein d'entrain et d'une joie sans mélange, le bleu de l'œil éclairci. Et puis la confusion revient, et avec elle une profonde tristesse.

A-t-il fait de la prison ou non à la suite de cet épisode destructeur, voire vengeur ? Nous n'en saurons rien, et peu importe, en vérité. Alors que la mémoire factuelle lui fait de plus en plus défaut, Jacques semble garder en revanche l'impact des effets émotifs. Ceux-ci sont intacts, amplifiés même. Cela est plus vrai que vrai, puisqu'il restitue ainsi la vérité de son vécu intérieur inaltérable. Cela est plus important et intéressant, me semble-t-il, que le fait de se demander, plus de soixante-dix ans après les faits, si oui ou non il a été momentanément emprisonné.

Il se souvient très bien de la colère violente qui a marqué le début de son adolescence et de la confrontation aux limites de la loi. Et surtout du fait que, comme il dit, « le frère Hilaire [lui] a sauvé la vie ». Le frère Hilaire plaide en effet en sa faveur. « Il a dit au juge qu'il y avait quelque chose à faire avec moi, que je n'étais pas perdu. » Jacques avait alors 11 ans et sa vie semble s'être jouée à ce moment-là. Mais qu'a fait le frère Hilaire, exactement ? « Partout dans Acton Vale, j'étais le "vandale du *mitaine*[2]", même le journal en a parlé. » Sa tante et sa grand-mère récitent des rosaires pour le salut de son âme, tandis que le frère Hilaire emploie des moyens bien plus pragma-

---

2. Francisation et contraction de *Meeting Hall*, en québécois de l'époque.

tiques et, pour tout dire, plus humanistes. Il se rapproche de Jacques. Lui parle, l'encourage et lui donne des choses à faire. « Dans ce genre de situations, dit Jacques, l'important est d'occuper les jeunes, de ne pas les laisser à eux-mêmes. »

La limite imposée par la loi inaugure un véritable tournant. Clément paie la facture et le frère Hilaire endosse le rôle de surveillant. Jacques apprendra plus tard que le frère a fait cela après en avoir discuté avec Clément. L'affaire est close. Jacques se trouve en effet bien occupé à partir du printemps 1942, celui de ses 11 ans : « J'ai compté et rangé des crayons, des fournitures scolaires, je suis rentré dans la chorale et bientôt j'y suis devenu soliste. J'ai enregistré un disque de *La Bonne Chanson* avec l'abbé Gadbois, je me suis retrouvé dans le corps des clairons et des tambours, puis bientôt dans les cadets. Et même, je suis devenu disc-jockey et animateur à la patinoire. J'ai adoré faire ça. J'adorais passer des disques et parler aux patineurs, j'étais vraiment doué pour ça. » Heureux d'être écouté, non pas par une seule personne, mais par des centaines, Jacques se sent valorisé et rassuré, en plus de s'intégrer enfin à la petite communauté qui jusque-là se méfiait de lui. Le jeune garçon prend du mieux et finit ses études primaires avec des résultats plutôt brillants.

« L'oisiveté est la mère de tous les vices », dit-on. En anglais, le proverbe se teinte d'une mise en garde plus forte encore : *An idle mind is the devil's workshop*. Un esprit oisif est l'atelier du diable. Mais, en français comme en anglais — et Jacques est parfaitement bilingue —, cette maxime témoigne d'un bon sens vérifiable. Entre 11 et 13 ans, Jacques, dont la sensibilité reste en alerte, acquiert néanmoins un début de quiétude intérieure qui lui révèle le pouvoir de sa voix et de son sens inné de la communication. Grâce à la radio, il avait déjà passé les meilleurs moments de la terrible période où il vivait seul avec son père. Il découvre maintenant qu'il peut lui-même jouer à l'animateur en s'adressant à un véritable public, dans la joie et la bonne humeur. Lui dont tout Acton Vale se méfiait, lui l'étranger ostracisé, toujours en tous points différent de tous, devient soudainement populaire et l'on recherche sa compagnie. Sa singularité devient un atout pour les raisons mêmes qui mettaient de la distance entre lui et les autres.

Que retient Jacques d'un tel changement de comportement collectif à son égard? «La relativisation, dit-il, catégorique. J'en étais très heureux, mais je crois que j'ai compris à cette époque, déjà, combien les humains sont versatiles, pour un rien, pour un oui ou pour un non, combien ils se fient aux apparences. Il y a toujours plusieurs vérités, plusieurs "justices", et tout n'est qu'affaire d'interprétation, après tout. Je n'ai peut-être pas compris ça consciemment, mais je l'ai certainement intégré durant ces années-là, et je ne l'oublierai jamais.» Il aura en effet de nombreuses occasions de s'en convaincre.

Pour l'heure, à 13 ans, il se convainc «qu'il suffit de parler» pour que les choses fonctionnent. Sur le plan extérieur et social, en tout cas. Car il apprendra aussi, rencontrant sur le plan intime des limites insurmontables à la portée de sa parole, que les rapports individuels, eux, comme il l'avait appris dans sa famille originelle, s'avèrent inexorablement plus complexes et moins malléables. Clément ne lui aura-t-il pas, le premier, tacitement appris cela?

Lorsque, à la fin de la neuvième année qui termine le primaire, Jacques exprime l'ambition de devenir animateur à la radio, le rapport de l'orienteur de l'école, sorte de conseiller pédagogique, y est favorable. Après une batterie de tests d'orientation, il conclut: «On peut encourager [l'enfant] à commencer son cours supérieur, même dès l'an prochain, puis à se spécialiser en effet dans la branche de son choix.» S'étant frotté au théâtre grâce au frère Hilaire, Jacques choisit d'aller faire son cours classique au collège de Saint-Laurent, à

Montréal, principalement parce qu'il croit pouvoir se joindre à la célèbre troupe du père Émile Legault, les Compagnons de Saint-Laurent, qui s'y trouve. En septembre 1944, à 13 ans et demi, il quitte donc Acton Vale. Il y reviendra à l'Action de Grâce, à Noël et pendant les vacances d'été, les seules périodes de l'année où il pouvait quitter le pensionnat du collège.

De ce cours classique, Jacques Languirand, comme sur d'autres points, a presque tout oublié, sauf l'essentiel. «La discipline était très stricte, raconte-t-il, mais j'étais correct avec ça, j'avais fini par comprendre que ça se passait comme ça. En fait, je garde un très bon souvenir de la première année du collège, les études étaient de bon niveau et je pense que c'est la période où j'ai eu les meilleurs résultats de toute ma courte scolarité.»

Il intègre en effet une classe de syntaxe spéciale et étudie le soir avec les élèves des niveaux supérieurs, qui l'aident dans ses versions latines. Et puis, il a un directeur de conscience, comme le veut l'usage. Une bonne chose que Jacques souligne encore aujourd'hui : «C'était important que je ne sois pas livré à moi-même. Je pouvais rencontrer ce frère à tout moment, parler avec lui, et compter sur lui pour m'encourager, ce qu'il a toujours fait. Il me prêtait des livres dont nous parlions ensuite ensemble. Il tenait énormément à ce que je parle et écrive un français correct, sans fautes. C'était très important à cette époque.»

Une manière pour lui de souligner et de se désoler, à de nombreuses reprises lors de nos entretiens, à quel point, et à quel rythme accéléré, la qualité de l'enseignement, en particulier du français, se dégrade au Québec. «Ce n'est pas l'anglais qui menace le français, dira-t-il à de multiples occasions. Il faudrait apprendre à bien parler et à bien écrire le français, et à lire. On a perdu ça.»

On l'a vu, le bilinguisme est une tradition dans sa famille, sinon un critère pour juger de la valeur d'une personne. «On sait que plus on parle de langues, plus on comprend le sens de la sienne. C'est une gymnastique intellectuelle. » C'est l'homme de parole, et de portée de la parole, qui s'exprime ainsi. Sur ce point, son passage, même provisoire, au collège de Saint-Laurent, aura sur lui une influence bénéfique. « Mon directeur de conscience me poussait à écrire. Tu pourrais écrire, être auteur et aussi metteur en scène, disait-il. Je me suis mis à rêver... »

Ce que l'on comprend, c'est que, à l'école Saint-André comme au collège de Saint-Laurent, ce sont des religieux cultivés et éclairés qui ont éveillé son jeune esprit en lui ouvrant des perspectives stimulantes et valorisantes, en l'encourageant et même en lui « sauvant la vie », comme l'a fait le frère Hilaire. « Absolument, dit-il. Il ne faut surtout pas oublier, comme on a tendance à le faire aujourd'hui, le rôle fondateur que l'église a eu sur le plan de l'éducation. » Était-il croyant pour autant, à l'époque ? « Je suppose que oui, dit-il, mais pas longtemps. En fait, je ne sais plus à partir de quel moment j'ai cessé d'avoir la foi catholique... » Il se souvient d'avoir été fortement impressionné par les Dominicains de Saint-Hyacinthe, où le frère Hilaire, dans le but peut-être de susciter des vocations religieuses, avait emmené ses élèves des huitième et neuvième années.

L'ordre des Frères prêcheurs[3] a été fondé par saint Dominique au début du XIIIe siècle en France, à peu près à la même époque que les universités européennes, avec le clair objectif d'enseigner et de propager la bonne parole de la « vraie église » apostolique et romaine, contre les « hérétiques » albigeois ou cathares, notamment. Saint Dominique, vêtu d'une bure blanche et d'un grand manteau noir, est en fait un guerrier sanguinaire qui, si sa parole ne porte pas, n'hésite pas à prêcher le massacre de ceux qu'il ne parvient pas à convertir à

---

3. L'appellation « Dominicains » serait devenue courante cinq siècles plus tard.

sa vision de la foi, exactement dans l'esprit de la sinistre croisade des Albigeois, le pape Grégoire IX ayant par ailleurs confié l'Inquisition aux Dominicains. Cela dit, les Dominicains ont depuis lors abandonné la violence physique pour conserver la force du prêche, le pouvoir de l'enseignement et de l'érudition.

Un pouvoir de la parole qui n'a pas pu laisser Jacques insensible. On peut même aller jusqu'à dire que son désir de répandre les nouvelles connaissances, d'éveiller les esprits et de les convaincre, porté par son don pour l'expression et la diction (il a reçu des prix à l'école dans ces matières), est né à cette époque-là. Quoi qu'il en soit, il est certain qu'il en garde la démarche, bien qu'il ne l'applique pas au cadre trop restreint de la foi catholique, et moins encore au dogme dont il s'éloigne d'ailleurs aussi, à la même époque.

Au collège de Saint-Laurent, établissement dirigé par les pères de la congrégation de Sainte-Croix, l'esprit est bien plus ouvert que chez les Dominicains. C'est là que Jacques lira Alexandra David-Néel qui relate son périple clandestin au Tibet dans les années 1920, s'intéressant pour la première fois au bouddhisme. Ce livre lui a été prêté par son directeur de conscience avec lequel il se rappelle avoir eu «de passionnantes conversations autant sur la littérature, la guerre et ses conséquences, que sur la religion. Je me souviens de quelqu'un qui écoutait, et je l'écoutais aussi». Il n'intercédera pas pour lui, cependant, lorsque Jacques, l'année suivante, sera renvoyé du collège. «Non, confirme Jacques, il n'a rien dit. Il a dû être bien déçu de moi.»

Mais nous n'en sommes pas là. Au cours de l'année scolaire 1944-1945, tout se passe plutôt très bien pour l'élève Languirand, brillant et remarqué. Mais en proie à une forte déception: la troupe de théâtre des Compagnons de Saint-Laurent n'est plus logée au collège depuis longtemps. Pourquoi ne lui avait-on pas dit cela auparavant? Néanmoins il y a un atelier de théâtre.

Le père Paul Leduc l'y accueille en novembre 1944. Dans l'auditorium situé sous la grande chapelle, on monte une pièce de l'écrivain français Henri Ghéon, médecin et critique littéraire, cofondateur de la *Nouvelle Revue française* (*NRF*), fervent défenseur du catholicisme. On donne à Jacques un rôle de femme. « J'ai beaucoup aimé ça, se souvient-il. J'étais parfaitement à l'aise habillé et maquillé en fille. Les religieux étaient très troublés par mon apparence et ça me plaisait pas mal. » Irait-il jusqu'à parler d'ambiguïté sexuelle ? « Oui, de ma part, c'est certain. Je n'ai jamais été très regardant. Les hommes, les femmes, c'était bien flou pour moi, d'ailleurs ça l'est resté. J'ai toujours profondément aimé les femmes, mais je me sais bisexuel. » À cette époque, il n'y a guère de filles dans son entourage, et ce n'est qu'à 18 ans qu'il vivra sa première véritable expérience hétérosexuelle. Au collège de Saint-Laurent, on met l'accent sur l'éducation culturelle de haut niveau, et l'influence de cette philosophie sur l'éveil intellectuel et artistique du jeune Jacques a été déterminante.

À l'été 1945, il retourne passer ses vacances à Acton Vale où l'attend une autre belle reconnaissance. Sa notoriété et sa popularité ne se sont pas évanouies malgré son départ pour Montréal. René Beaugrand, un voisin qui achève son cours classique dans la région, veut organiser un service de loisirs pour occuper les enfants de la ville durant l'été. La mairie soutient son projet, les entreprises de la région le financent, et le frère Hilaire, toujours lui, prête les locaux de l'école les jours de pluie. Il a l'équipement nécessaire pour organiser des activités sportives et culturelles, mais il lui manque des animateurs.

« Il m'a dit qu'il avait besoin de moi, raconte Jacques. Je n'en revenais pas. Ç'a été ma première vraie job d'été. » Il prend ce travail très au sérieux, loin de toute oisiveté, cette mauvaise conseillère. Il conçoit des programmes d'activités extérieures et intérieures, notamment des projections de films et un atelier de théâtre. Il monte des spectacles. Il édite un journal de quatre pages pour informer les parents des activités de leurs enfants. C'est son premier contact avec la Jeunesse étudiante catholique (JEC) qui, au lendemain de la guerre, s'investira dans la communauté pour créer une dynamique innovatrice et stimulante qui finira par faire bouger les esprits. René Beaugrand en fait partie. Le petit journal de Jacques est diffusé jusqu'à la ville voisine de Granby, où un camarade de René a également fondé un service de loisirs pour les jeunes. Cet été 1945 est donc extrêmement constructif.

Fort de ce succès et se sentant de mieux en mieux dans sa peau d'adolescent, Jacques retourne en septembre au collège de Saint-Laurent, heureux tout de même de retrouver sa routine, l'atelier de théâtre et son directeur de conscience. Ses bons résultats scolaires témoignent de son aisance. Mais cet état d'allégresse sera de courte durée. Au moment où les choses semblent aller pour le mieux, tout s'effondre. À la fin de l'hiver 1946, deux mois avant son quinzième anniversaire, il est pris la main dans le pantalon d'un camarade.

Jacques explique: «On avait appris à découper la doublure du haut de la poche droite de notre pantalon avec une lame de rasoir et on y glissait la main pour se masturber. On faisait tous ça. Sans compter qu'il se passait de drôles de choses dans les dortoirs.» De drôles de choses? Entre les élèves? «Pas seulement.» Est-ce là qu'il a subi d'autres attouchements? «Exact», dit-il en éclatant de rire. Néanmoins, personne ne rigole lorsqu'un surveillant les surprend, son ami et lui, en train de se masturber mutuellement. Le soir même, le père supérieur les convoque et leur annonce qu'ils sont renvoyés sur-le-champ. «Quelle hypocrisie!» conclut Jacques aujourd'hui. Comment a-t-il vécu l'événement? «Le ciel m'est tombé sur la tête, dit-il. Ça m'a fait beaucoup de peine en vérité. Le lendemain, mon père est venu me chercher, et voilà, c'était comme si je retournais à la case départ.» À nouveau pestiféré.

Clément, nous l'avons vu, ne fait pas grand cas du motif du renvoi de son fils. Il se contente de lui expliquer les règles de la maison. Revenue vivre rue Chambord, Gabrielle a pris la chambre de Jacques. Il devra donc dormir sur le divan du salon et se lever en même temps qu'eux pour ranger ses affaires, déjeuner et étudier toute la journée sur la table de la cuisine. Car Jacques ne veut pas abandonner ses études. Il tient à suivre un cours particulier pour finir son cours classique. Pour la première fois de sa vie, il s'impose lui-même une discipline quotidienne, aussi routinière que celle de Gabrielle et de Clément. Heureusement, Jacques fait des allers et retours entre l'appartement de son père à Montréal et la maison de sa tante et de sa grand-mère à Acton Vale, et ce, jusqu'en septembre 1946, lorsqu'il est admis à l'externat classique Sainte-Croix, situé au coin de la rue Sherbrooke et du boulevard Pie IX.

C'est dans cette école qu'il rencontre François Moreau, qui deviendra un ami cher, jusqu'à aujourd'hui. Lui-même renvoyé de partout, François Moreau ne se reconnaît pas dans Montréal ni dans le Québec. Son père, financier expert en placements boursiers, est riche, puis il fait faillite ; ensuite il se refait, mais fait de nouveau faillite. La famille Moreau, qui compte six frères — François est le plus jeune —, passe donc abruptement d'Outremont à Pointe-aux-Trembles, la rase campagne dans les années 1940. François se désespère, littéralement. Se destinant à devenir écrivain, il projette de partir à Paris. « Rien ne m'intéressait ici, tout m'intéressait là-bas », résume-t-il.

L'idée de faire sa vie en France germe ainsi dans l'esprit de Jacques. François sera écrivain et lui, comédien. C'est décidé. Cette ambition prendra corps plus vite qu'ils ne le croient, puisque Jacques est renvoyé de l'externat dès le printemps suivant, en 1947, avant d'avoir achevé son cours classique. Que s'est-il passé, cette fois ? Le père directeur n'en dit pas beaucoup au moment où il convoque Jacques pour lui signifier son expulsion, se contenant d'évoquer sa « mauvaise réputation », laquelle aurait été dénoncée par lettre. Ce que Jacques peut dire ne sert à rien. Il est renvoyé sur-le-champ. François Moreau sera renvoyé lui aussi de l'externat, peu de temps après. Il en profite pour sauter le pas et il part pour l'Europe dès 1948, en Angleterre et ensuite à Paris, à l'âge de 17 ans.

L'informateur zélé qui a « dénoncé » Jacques a-t-il fait allusion à son passé délinquant à Acton Vale ou au « péché de chair » qui l'avait chassé du collège de Saint-Laurent ? En y repensant aujourd'hui, Jacques penche plutôt pour la seconde possibilité. Quoi qu'il en fût, à 16 ans, il quitte définitivement les bancs de l'école et ne terminera jamais ses études secondaires. « J'en ai gardé un complexe, dit-il aujourd'hui. L'impression que je devais en faire toujours cent fois plus que les autres pour compenser l'absence de diplôme, et aussi la honte d'avoir été viré de partout. »

Cette déception annonce une période de dissipation. Au diable la discipline et la bonne conduite, puisqu'elles ne mènent à rien. Bonjour la fête, l'oubli, les sorties et les nuits blanches à Montréal et à Acton Vale ! Tant qu'à vivre dans le stupre, Jacques semble décidé à suivre des amis noceurs. Alcool, virées nocturnes, fréquentations de bars et de soirées, mais aussi — par compensation morale ? — des retraites périodiques chez les Dominicains de Saint-Hyacinthe. Jacques a besoin de faire le point dans la solitude et le silence. Très en colère, désabusé, il pense que la vie s'acharne sur lui depuis sa naissance. Comment, dès lors, faire sa juste place dans le monde ? Et quelle est-elle, cette place ?

Au moment même où il croit avoir perdu son gouvernail intérieur, Jacques demeure déterminé, opiniâtre et résistant, comme il le sera toute sa vie. Sans s'en rendre lui-même tout à fait compte, peut-être est-il en train de chercher le meilleur moyen de prendre les commandes de sa vie, à sa manière, selon un modèle qui, pour ne pas convenir au plus grand nombre, fonctionnera pour lui seul. « Je devais inventer ma vie de toutes pièces. »

Pendant les deux années suivantes, il va s'y consacrer.

CHAPITRE 4

Tracer sa propre route

Quelle énergie pousse donc le jeune Jacques Languirand vers ses 18 ans et son départ déjà programmé pour Paris, de l'autre côté de l'Atlantique ? Est-ce l'exemple de Marguerite ou l'appel de sa propre voie ? C'est en tout cas une énergie assez comparable à celle qui a dirigé les pas d'Alfred, son grand-père paternel, qui, d'un rejet maternel qui aurait pu le détruire, a su faire un tremplin vers la réussite. Similaire aussi à celle de Marguerite qui, orpheline à la fin de l'adolescence, n'a pas perdu la joie de vivre et d'entreprendre pour frayer sa route dans un monde et à une époque où cela n'était pourtant pas facile pour une femme. Une envie analogue, aussi, à la détermination de son père Clément, qui renonce à la voie toute tracée de la prêtrise pour tenter de s'épanouir autrement, dans le cadre sécuritaire et balisé de l'enseignement. Clément qui, on l'a vu, peut-être grâce à l'exemple de son fils iconoclaste, osera avec les années faire étalage de son esprit original, au point de troubler son entourage.

« Oui, m'a dit Jacques lors d'un de nos entretiens. C'est vrai qu'il y a dans ma famille des figures de pionniers et de défricheurs, des gens de tempérament. » C'est toujours plus porteur que l'inverse. Lorsqu'on a, comme cela a pu être son cas, le sentiment de subir une injustice récurrente, deux réactions sont possibles : se replier et s'apitoyer sur soi-même ; ou se prendre en mains. « Qui veut la paix prépare la guerre », dit la maxime. « À un moment donné, j'ai compris que les choses ne se feraient pas pour moi comme pour la majorité des gens. »

Ses retraites réflexives chez les Dominicains de Saint-Hyacinthe, au cours desquelles il a fait le bilan de ses forces et de ses atouts, semblent l'avoir convaincu de tracer sa propre route. Clément, de surcroît, ne veut plus intervenir dans sa vie. « Le jour de mes dix-huit ans, le 1er mai 1949, il m'a dit qu'il ne se mêlerait plus jamais de mes affaires et que je pouvais faire exactement ce que je voulais. Mais, dès l'âge de seize ans déjà, il m'avait laissé complètement libre. »

De fait, la vie adulte est bien plus intéressante. Et puis, son passage éclair à l'externat Sainte-Croix semble n'avoir eu qu'une seule raison d'être, cruciale : lui permettre de rencontrer François Moreau, avec qui il se lie d'amitié. Celui-ci, après avoir bourlingué sans un sou en Angleterre et en Belgique, et après avoir dormi trois jours sous le pont Neuf au cœur de Paris, s'est enfin installé dans un petit hôtel de la capitale française. Jacques a 17 ans lorsqu'il reçoit une lettre de son ami qui l'encourage à poursuivre son objectif d'expatriation. Dès lors, il n'y a plus une minute à perdre. Il organise sa vie montréalaise en quatre volets auxquels il consacre une part égale d'enthousiasme et d'énergie.

Premier volet : la découverte du plaisir. Est-ce la part la plus importante de cette période ? « Pas plus importante que les autres, analyse Jacques à rebours, mais celle qui m'a donné de l'assurance et de l'allant. » Du désir, en d'autres termes. Un sacré coup de feu aux fesses. Jacques découvre les filles. Enfin. Avec son ami Roger, il passe des nuits dans les tavernes et les bars des hôtels, rencontre des filles, plutôt des femmes, en fait. Des initiatrices, pour tout dire. Il avait bien connu des préliminaires intéressants avec des cousines consentantes, des baisers fougueux, mais, dès lors, le jeu de la séduction se précise. Si ce ne sont pas encore des relations sexuelles, cela y ressemble… presque. Il faut être prudent, mais néanmoins il réussit à séduire et à intéresser des femmes plus âgées et plus expérimentées que lui, et ces succès le remplissent d'une confiance bienvenue.

Alcool, femmes, élégance, tabac, nuits blanches — c'est l'exultation des sens et l'éveil de la libido. C'est aussi une composante double, caractéristique de la personnalité de Jacques Languirand, qui se révèle ainsi. Une dimension non pas immorale, mais amorale ; une fusion singulière de stoïcisme et d'hédonisme. « J'ai toujours été comme ça, dit-il. Toute ma vie, j'ai travaillé comme une bête et j'ai aussi pris du plaisir tous azimuts. Les joies de l'esprit et les joies de la chair m'ont toujours semblé devoir aller ensemble. » Mais n'est-ce pas précisément de là qu'il vient ? Ce qu'on lui a dit dès le plus jeune âge ? La découverte des philosophies orientales, autant d'ailleurs que la psychanalyse, particulièrement la vision jungienne qu'il affectionne, le confirmeront plus tard dans cette intuition innée, en y apportant des fondements théoriques millénaires, un cadre intellectuel autant que mystique.

Jacques attendra néanmoins d'être à Paris pour faire l'amour pour la première fois. Se souvient-il de ses flirts montréalais de l'époque ? « Pas du tout, dit-il. En fait, je me souviens vaguement des filles en question. Mais surtout de l'impact, ça oui. Ça a changé ma vision de moi-même et m'a donné beaucoup d'énergie. » Énergie vitale et propulsive.

Deuxième volet : étudier, justement, puisque les plaisirs, sinon les dissipations nocturnes, ne le détourneront jamais de ce qu'il a à faire, pas plus que le goût de la fête ne l'empêchera d'aimer se retirer dans des lieux de silence et de spiritualité. Renvoyé des institutions scolaires, Jacques veut néanmoins continuer d'apprendre. Il suit des cours particuliers, le soir, chez l'humoriste Lucien Boyer, homme érudit et ouvert d'esprit, qui habite rue Saint-Denis. Cela le passionne littéralement. « J'ai appris à bien parler et écrire l'anglais, explique-t-il. Mon père me disait toujours qu'on avait plus de chances de réussir en parlant l'anglais. Et puis, c'est avec Lucien que j'ai découvert le théâtre classique français, les grands textes. Pour rien au monde, je n'aurais raté un cours. »

Troisième volet : Jacques habite chez Clément, qui paie ses cours particuliers. Mais Jacques doit néanmoins gagner son argent de poche. Pour ce faire, il cumule de petits boulots. Vendeur de magazines au porte-à-porte — « mais j'étais trop timide » ; détective pour une société de recouvrement de créances — « j'ai haï ça, obliger les gens à payer » ; aide-cuisinier dans un restaurant de l'est de Montréal ; puis serveur au Club de réforme du Parti libéral — « je ne me sentais pas à l'aise dans cet environnement ». Mais tout cela lui procure des expériences qui, cumulées, lui permettront de gagner plus d'argent lorsque le moment sera venu d'économiser pour son grand départ.

Dernier volet de ces années préparatoires, et non le moindre : son entrée dans la troupe des Compagnons de Saint-Laurent. Enfin, pas exactement. Déterminé à devenir comédien, il rencontre le père Émile Legault, fondateur et responsable du théâtre du Gesù, au collège Sainte-Marie, où est installée la troupe. « Je ne voulais pas lâcher le morceau, raconte Jacques. J'allais m'asseoir là en espérant qu'ils finiraient par me prendre. » Cette méthode pour le moins insistante « d'occupation du terrain » lui sera propice à de nombreuses reprises dans sa vie professionnelle. Auprès du père Legault, elle fonctionne à moitié. « Il n'était pas question pour lui de m'engager dans le groupe des Compagnons. Mais le père Houle, le collaborateur de Legault, a fondé une troupe parallèle, appelée L'Atelier, et j'ai eu ma chance. »

Auditionné par Georges Groulx, Jacques Languirand n'a pas encore 17 ans lorsqu'il devient élève de cette troupe secondaire aux côtés de Pauline Julien et de Jacques Létourneau. Il aide à construire un théâtre pour L'Atelier dans une église protestante, au coin de la rue Sherbrooke et de l'avenue De Lorimier (le chorégraphe Jean-Pierre Perreault en fera plus tard son édifice de création ; et le lieu abrite actuellement le centre chorégraphique Circuit-Est). L'Atelier monte des pièces et Jacques part en tournée avec la troupe à travers le Québec. Lui et Jacques Létourneau jouent bientôt les deux gardes dans *Britannicus* de Racine. Tout semble enfin bien s'amorcer. Hélas, cette entrée est aussitôt suivie d'une sortie.

« C'est là que j'ai fait une grosse connerie, raconte-t-il, hilare. J'ai emprunté la *station wagon*[4] de la troupe, mais je ne savais pas conduire et je n'avais pas de permis. J'ai eu un accident en pleine rue. » Il est la risée de la troupe, mais lui a sans doute moins ri, car cet incident lui vaut d'être renvoyé dès le lendemain de L'Atelier. Marcel Dubé le remplacera au pied levé dans *Britannicus*. Jacques rentre donc chez lui, dépité, ayant à nouveau été rejeté d'un groupe sur lequel il avait pourtant fondé tous ses espoirs. Comme son père avait accepté de financer sa carrière au théâtre, Jacques n'aura jamais la force de lui avouer qu'il a été renvoyé.

Dès lors, sa décision de quitter Montréal pour rejoindre son ami François Moreau à Paris est irrévocable. Tout, absolument tout ce qu'il a entrepris lui a prouvé que sa place n'est décidément pas au Québec. Plutôt que de se laisser abattre, de 17 à 18 ans il se concentre plutôt sur le seul objectif qui vaille : amasser assez d'argent pour acheter son billet de bateau pour la France.

Son professeur Lucien Boyer lui trouve un emploi au Café Savoy, lieu de divertissement célèbre situé rue Saint-Alexandre. Ce cabaret très fréquenté témoigne de la transformation socio-économique et culturelle dont bénéficie le milieu du spectacle montréalais. De ce fait, Montréal jouit d'une réputation de ville festive et libérale depuis que la prohibition sévit aux États-Unis et incite les fêtards à venir au Canada. À partir de la fin des années 1950, une campagne de répression publique

---

4. Automobile familiale à six places, dotée d'une plateforme et d'un toit qui se prolonge jusqu'à l'arrière du véhicule.

sera menée, notamment par le maire Jean Drapeau, contre la mafia montréalaise, liée à la mafia new-yorkaise, qui dirige le monde des cabarets à Montréal. Au début des années 1970, les cabarets disparaîtront donc de la scène montréalaise. Ils avaient pourtant favorisé l'émergence de nombreux artistes et chansonniers d'ici et d'ailleurs, qui pouvaient s'y produire pendant plusieurs saisons. Durant l'année 1948 où Jacques y travaille, d'abord pour nettoyer les tables, puis comme caissier au bar, le Café Savoy est le joker dont il a besoin pour se lancer dans la vie qu'il espère depuis longtemps.

On présentait au Savoy des numéros de jongleurs, d'acrobates, de conteurs, de magiciens et autres charmeurs de serpents. De l'autre côté de la rue se trouvait un autre cabaret très connu, Au Faisan Doré, où se produisaient Jacques Normand, Jean Rafa, Monique Leyrac, Pierre Roche, mais aussi Charles Aznavour, alors âgé de 24 ans. Jacques Normand, 26 ans à l'époque, se fait engager au Savoy. Entre deux représentations, il vient s'accouder au bar. Son ami Charles Aznavour, après son tour de chant au Faisan Doré, vient le retrouver. Rapidement, Normand et Aznavour se lient d'amitié avec Jacques, ce jeune homme fin, élégant et assoiffé de réussite. Ils vont manger ensemble au milieu de la nuit. Jacques Normand encourage Jacques à venir le rejoindre à Paris, où il présentera un spectacle dans la nuit du 13 au 14 juillet 1949. Charles Aznavour, pour sa part, lui rédige une lettre de recommandation destinée à un producteur de cinéma.

Jacques jubile. Enfin, du concret! Du concret, et sonnant et trébuchant, car il multiplie sans relâche ses heures de travail au Savoy et met rapidement de côté l'argent nécessaire au voyage Montréal-Le Havre. François Moreau l'attend là-bas. Jacques Normand et Charles Aznavour vont l'aider. Lorsqu'il achète sa place sur le cargo *SS Rouen* en mars 1949, Jacques est aux anges. Et, cette fois, il ne sera pas déçu, ni précipité brutalement sur terre par un nouvel épisode dramatique.

Au contraire, il assure ses arrières autant que possible. Bardé d'audace et d'ambition, il va rencontrer Fernand Robidoux qui vient de fonder la revue *Radio 49*. Jacques le connaît à peine, l'ayant simplement croisé dans des cabarets. Robidoux lui propose de devenir le correspondant parisien du nouveau magazine culturel. Jacques accepte, et plus tard il tiendra à *Radio 49* une chronique sur les artistes canadiens de passage à Paris. En contrepartie, et à défaut d'assurance de rémunération, il obtient une lettre officialisant son nouveau statut de correspondant. Galvanisé par ce premier succès conclu au culot, Jacques fait la même proposition à Marc Thibeault pour ses publications *Parlons Sport* et *Parlons Cinéma*. Et il repart, là aussi, avec une lettre attestant qu'il est le correspondant de *Parlons Cinéma*, mais il n'a aucune certitude d'être payé pour les articles qu'il rédigera.

Pour obtenir ces succès, il a fait montre de ses talents appris dans la vente au porte-à-porte, qui sont exactement ceux d'un bon communicateur. Il faut savoir donner des réponses, c'est-à-dire offrir à l'interlocuteur, le client aussi bien que le spectateur ou l'auditeur, ce dont il a besoin, et s'adapter à ce besoin sans chercher à imposer ce que l'on cherche à vendre ou à faire entendre. L'essentiel est «d'avoir le tour», comme Jacques aime à le souligner encore aujourd'hui. Cela veut dire savoir attendre le bon moment en employant la bonne manière. Il est souvent plus important de savoir *comment* dire, plutôt que de se concentrer seulement sur *quoi* dire. À 18 ans, il a déjà conscience de son atout majeur : la voie de la voix et de la puissance du verbe. Il est donc prêt. Il ne lui reste plus qu'à annoncer son départ à sa famille.

Il a acheté un billet pour le départ du 4 juin 1949. Le jour de son dix-huitième anniversaire, il annonce la chose à son père et à Gabrielle. La réaction de Clément le sidère. Celui-ci est manifestement peiné. Il ne comprend pas du tout la décision de son fils, mais en même temps il lui dit qu'il ne se mêlera plus jamais de sa vie. Contre toute attente, il promet de lui allouer cinquante dollars par mois, somme tirée de l'héritage de Marguerite. Pourquoi ne pas tout lui donner ? Jacques est l'unique héritier de sa mère, après tout. Mais c'est ainsi et pas autrement.

L'incompréhension entre Clément et Jacques est totale. Et le malentendu ne semble pas près de s'éclaircir. Jacques exècre le tempérament nerveux et marginal de Clément, ses propos bizarres, ses idées péremptoires et peu conformes, surtout parce que, par ailleurs, Clément mène, selon son fils, une vie répétitive et insignifiante, en total désaccord avec les idées qu'il prône. Lorsqu'il demande son passeport aux autorités, Jacques abandonne définitivement le nom de son père, Dandurand, pour reprendre celui de son grand-père, Languirand. La rupture est consommée. Sa tante Hermine, en revanche, semble mieux comprendre la démarche du neveu qu'elle a élevé pendant des années. Lorsqu'il va lui dire au revoir à Acton Vale, elle lui offre une machine à écrire, l'encourageant ainsi concrètement dans sa nouvelle voie de correspondant culturel à l'étranger.

Le 4 juin 1949, sur le quai du port de Montréal, ni Clément ni Gabrielle ne viennent le saluer. Même s'il n'osait espérer leur présence, Jacques en est blessé. En revanche, d'une manière absolument imprévisible, ses anciens collègues de L'Atelier, qui l'avaient pourtant chassé dans les moqueries, sont là. Dans les rires et les chansons, et peut-être avec une pointe de jalousie, ils saluent son nouvel envol. Ou plutôt, sa grande traversée.

À quinze heures, le *SS Rouen* largue les amarres. Sur le pont qui domine le Saint-Laurent, Jacques Languirand est désormais seul face à lui-même. Avec pour seuls bagages une malle et une machine à écrire. Plus qu'il ne lui en faut pour refaire le monde. Réinventer sa propre roue. Cette vie ne lui convenait pas. Il s'en va la récrire.

CHAPITRE 5

La traversée de soi-même

Pour l'avoir effectuée dans l'autre sens, je sais combien la traversée de la « mare », comme on dit au Québec, constitue un transbordement intérieur, dont les faits et réalisations visibles, quelle que soit leur ampleur, s'avèrent en définitive contingents. La mutation est ailleurs et souvent on met longtemps à en saisir la véritable portée.

Jacques Languirand a largement eu le temps de digérer et d'analyser ce que furent pour lui les implantations parisiennes tentées à trois reprises au cours de sa vie. Lorsqu'on lui pose la question *a posteriori*, il répond d'emblée : « Paris, j'y suis né. » De fait, il ne suffit pas que notre mère ait accouché de nous, encore nous faut-il naître à nous-mêmes, « dire oui à sa naissance », selon la jolie formule de Gaston Miron dans son poème *Pour mon rapatriement*, souvent reprise par l'écrivain — et enfant de Duplessis — Bruno Roy. Une naissance choisie, pour conjurer celle advenue par une volonté autre que la nôtre. « Paris, c'est ma naissance choisie », confirme Jacques, qui cependant ajoute, lucide : « Mais finalement, après trois tentatives, ce sera un échec. » Encore aujourd'hui, néanmoins, il continue de penser qu'il n'aurait jamais dû revenir.

Commençons par le début. Comment a-t-il été amené à partir ? Avait-il jamais rêvé de la France ? « Avant de partir, jamais », affirme-t-il. En effet, la légende familiale, on l'a vu, est plutôt américaine, pour ne pas dire états-unienne. Elle se rattache symboliquement plus au *go west* qu'au *go back east*, vers la souche française ancestrale. « On ne parlait jamais de la France chez moi, dit-il. Je n'ai jamais entendu personne nourrir une quelconque forme de nostalgie des origines. » Ce critère est donc absent de sa décision d'y aller. Lui caresse plutôt un rêve très précis : devenir comédien et, pourquoi pas, à la Comédie Française. Car la France, pour lui qui a pris la décision de faire du théâtre, ce sont les grands textes classiques qu'il a étudiés et qui le font vibrer. Le théâtre, la culture, ce sont les domaines qui le passionnent ; il est sûr d'y faire sa place un jour.

« Tout à coup, j'ai vu s'offrir des opportunités, explique-t-il. Si ça avait bien marché pour moi au Québec, si je m'y étais senti heureux, je n'aurais peut-être pas retenu ces opportunités, mais, là, j'ai entrevu une ouverture, une possibilité à laquelle je n'avais jamais pensé, mais qui m'est apparue comme étant exactement ce que je devais faire. Ça allait de soi. » Il faut reconnaître ici la souplesse et l'adaptabilité qui le caractérisent, une manière de vivre sinon une philosophie de l'existence humaine, à l'image de l'ensemble de la vie organique. Jacques, par la bouche de son ami François Moreau, puis par celles de Jacques Normand et de Charles Aznavour, a entendu « l'appel de la vie à elle-même », selon la formule de Khalil Gibran, et a vu, dès lors, la Ville Lumière au bout du tunnel de son adolescence tumultueuse et douloureuse. « Je voulais échapper au milieu québécois, analyse-t-il. Pour moi, quitter, c'était me libérer, larguer les amarres pour devenir moi-même. J'avais une ambition très précise : devenir comédien après m'être formé à Paris, et y rester. Bien sûr, je partais pour ne plus revenir. »

À quoi pense-t-il, sur le pont du cargo qui l'emporte ? « Il y aurait un film à faire sur cette traversée qui a duré quatorze jours, raconte-t-il. Tous les passagers étaient des personnages extraordinaires, des gens hors du commun. Et moi, j'étais le bébé, le jeune de l'équipée. » Le cargo français *SS Rouen* est destiné au transport de la bauxite, qu'il doit aller charger à Port-Alfred et transporter jusqu'au port du Havre, en Haute-

Normandie. Exceptionnellement, le bateau avait accepté d'accommoder quatre ou cinq passagers à son bord. « Il y avait notamment une femme qui allait rejoindre son mari, qui travaillait à l'ambassade du Canada à Paris, et un médecin qui se rendait à un congrès en France. Et puis le capitaine était une sorte de poète et un peintre, il peignait la nuit dans sa cabine, ou bien il m'invitait avec lui dans la salle de pilotage pour discuter, alors que nous étions en pleine mer sous les étoiles. Je n'ai pas eu peur au cours de ce long voyage, même si je n'étais jamais monté sur un bateau auparavant, et même si j'étais en train d'entreprendre un changement radical, une véritable révolution en quelque sorte. D'ailleurs, on a eu un temps merveilleux tout le long. »

Ces souvenirs restent très vifs et le font sourire avec une tendresse non dissimulée. « Je n'étais jamais allé dans la région du Saguenay, dit-il. Quand on est entré dans le fjord et que j'ai vu ça, j'en suis resté estomaqué. Quelle immensité, quelle majesté ! Je n'en croyais pas mes yeux. C'est comme si je devais voir mon pays, découvrir des paysages avant de les quitter. J'en ai été profondément ému. »

À cette époque de l'année, on traverse l'Atlantique jusqu'aux Açores, avant de filer vers les côtes françaises qu'il faut remonter pour s'engager dans La Manche jusqu'à destination. Ce grand voyage donne ainsi le coup d'envoi, la promesse de l'agrandissement des horizons extérieurs et intérieurs auquel Jacques aspire de tout son jeune être. « J'aimais passer de longs moments seul sur le pont, se souvient-il, le jour et la nuit, en proie à de profondes émotions. Ce détachement, ce lâcher-prise vers l'inconnu a été absolument essentiel pour moi. Je ne peux même pas imaginer ce que je serais devenu si ça n'avait pas eu lieu. Ç'a été un voyage admirable. » Lorsque le *SS Rouen* accoste au Havre le 18 juin 1949, Jacques est gonflé d'horizons audacieux, de puissance fluide et motrice, de vents d'ambition. D'une énergie profonde et féconde comme l'océan. L'énergie du premier printemps du monde. Une force qui vous rend capable de renverser la tour Eiffel pour l'attacher à une corde à virer le vent en votre faveur.

En 1949, les plaques tectoniques du Québec commencent à bouger. La multiplication des mouvements de jeunesse orchestrés par des religieux, à l'instar des Compagnons de Saint-Laurent, plante les premières graines d'une contestation sociale et sociétale qui, tout comme celles semées par les artistes signataires du *Refus global* en 1948 (d'ailleurs la plupart des signataires iront à Paris eux aussi…), finiront par métamorphoser le Québec à partir du début des années 1960. Jacques en profitera, et y participera pleinement, mais plus tard.

À Paris, en revanche, « le changement, c'est maintenant ». C'est l'endroit où il faut être à ce moment-là, au cœur de l'Europe d'après-guerre. Les transfigurations sociétale, économique et culturelle y sont déjà plus que manifestes. Dès son arrivée, Jacques est plongé — ou plutôt s'immerge lui-même avec une obstination passionnée — dans cette cocotte-minute, au cœur d'une effervescence enthousiaste. Non pas à son arrivée au Havre, car la ville, pilonnée par l'aviation allemande durant la guerre, mettra plusieurs années à se reconstruire. Mais dès que le train le laisse sur le quai de la gare Saint-Lazare et qu'il sort Cour de Rome, portant sa malle et sa machine à écrire, il se retrouve, dit-il, « au cœur de la vraie vie ». Celle qu'il était impossible d'espérer au Québec à cette époque.

Partout s'affichent l'audace et l'envie de créer un monde nouveau. *Paris Match* est lancé cette année-là ; la revue *Arts* sera fondée en 1952. Les meilleures plumes et les plus grands photographes s'y pressent et les archives sont toujours passionnantes à consulter de nos jours. Robert Doisneau y publie d'ailleurs, tout comme Jacques Henri Lartigue, Willy Ronis ou Robert Giraud, avec lui fondateurs du courant de la photographie humaniste française, laquelle s'inscrit dans un mouvement international qui prend son essor après la guerre et dont la philosophie consiste à privilégier l'humain dans sa vie quotidienne.

On connaît bien les photographies de Doisneau : des Parisiens amoureux ou du moins délibérément souriants et en mouvement, acteurs d'un monde où tout, soudain, devient possible. Loin d'être anecdotiques, ces images traduisent une vision du monde et une énergie *émouvante*, un littéral désir de mise en mouvement. Doisneau, Lartigue et leurs comparses collaborent aussi à *Life*, à *Réalités*, à *Point de vue*, à *Regards*, autant de magazines qui témoignent d'une époque et d'un esprit. Ceux-là mêmes qui formateront le jeune Languirand, aiguisent son insatiable curiosité et ses partis pris professionnels autant que personnels, et ce, pour longtemps.

À Paris aussi, comme à Montréal, les cabarets se multiplient. Les galeries, les théâtres, les salles de cinéma se remplissent d'un public ravi de découvrir une foule de talents originaux, qui ont l'envie mordante de tout oser en tournant le dos aux vieux modèles. Et puis, c'est la grande aventure de la radio-télévision publique, qui elle aussi commence en 1949.

En effet, la Radiodiffusion-télévision française (RTF), rescapée de la guerre des ondes et déjà financée par une redevance audiovisuelle, remplace en février 1949 la Radiodiffusion française (RDF), qui émettait depuis quatre ans, après avoir racheté certaines stations privées concurrentes. En 1964, la RTF deviendra l'Office de radiodiffusion-télévision française (ORTF). Le 29 juin 1949, Pierre Sabbagh lance le premier journal télévisé. Le 12 février 1950, plusieurs diffuseurs européens, dont la RTF, forment l'Union européenne de radiotélévision (UER), ancêtre de la Communauté des radios publiques de langue française (CRPLF), que rejoint Radio-Canada au début des années 1950.

Mais ce n'est pas tout. En 1949, le Racing Club de Paris gagne la Coupe de France. L'école de mode Fleuri-Delaporte ouvre ses portes et formera des générations de stylistes réputés. Christian Dior, qui a créé le choc deux ans auparavant avec son *new-look* légendaire, lance une robe qui porte le nom du parfum lancé deux ans plus tôt, *Miss Dior*, tandis que Bourgeois lance son non moins mythique rouge à lèvres *Rouge Baiser*. Coco Chanel, que personne n'attendait plus, ne tardera pas à répliquer au style Dior, tandis qu'Yves Saint Laurent, en 1957, reprendra la direction de la célèbre maison avant de fonder la sienne.

En matière de littérature, l'époque n'est pas moins monumentale, pour ne pas dire gigantesque. Sartre, Gide, Anouilh, Camus, Ionesco se bousculent à l'affiche des théâtres et des librairies. Beauvoir publie *Le Deuxième Sexe*; Yourcenar, *Mémoires d'Hadrien* en 1951; Genet, son *Journal du voleur*; Claude Lévi-Strauss, *Les Structures élémentaires de la parenté*; Vladimir Jankélévitch, son *Traité des vertus*; et Frédéric Dard, *Réglez-lui son compte!*, le premier volume de l'inénarrable San-Antonio. George Orwell signe *1984*; Truman Capote, *Un arbre de nuit*; Arthur Miller reçoit le prix Pulitzer pour sa pièce *Mort d'un commis voyageur*; et William Faulkner est couronné du prix Nobel. En Allemagne, Bertolt Brecht, figure essentielle dans la vie de Jacques Languirand, fonde sa propre compagnie, le Berliner Ensemble, et met en scène sa pièce *Maître Puntila et son valet Matti*. Et puis, il faut dire que Gabrielle Roy vit alors à Paris, où elle a reçu en 1947 le prix Femina pour *Bonheur d'occasion*, dont la traduction anglaise, *The Tin Flute*, lui avait aussi valu le prix du Gouverneur général du Canada. Gabrielle Roy ouvre ainsi la voie à une Anne Hébert, qui s'installera dans la capitale française en 1965.

L'année 1949 apparaît donc comme une année d'envol à bien des niveaux, non seulement pour Paris et la France, mais bien au-delà. Le hasard bienheureux a fait que Jacques Languirand, qui a eu 18 ans cette année-là, s'y est trouvé précipité. Si les États-Unis furent jadis la grande affaire de son grand-père Alfred, la France, et dans une moindre mesure l'Europe, sera la sienne, voulue par lui-même, pour lui-même. Au milieu de ce bouillon de culture, il va trouver une place qui lui semble aller de soi. Les paroles de la chanson *Paris*, succès d'Édith Piaf cette année-là, semblent avoir été écrites pour lui :

On se rappelle les chansons
Un soir d'hiver, un frais visage
La scène à marchands de marrons
Une chambre au cinquième étage
Les cafés-crème du matin
Montparnasse, le Café du Dôme
Les faubourgs, le Quartier latin
Les Tuileries et la Place Vendôme

Paris, c'était la gaieté, Paris
C'était la douceur aussi
C'était notre tendresse
Paris, tes gamins, tes artisans
Tes camelots et tes agents
Et tes matins de printemps
Paris, l'odeur de ton pavé d'oies
De tes marronniers du bois
Je pense à toi sans cesse
Paris, je m'ennuie de toi, mon vieux
On se retrouvera tous les deux
Mon grand Paris...

En vérité, il s'agit de la chanson du film *L'Homme aux mains d'argile* consacré à Marcel Cerdan, qui y tient le rôle-titre. Cerdan se tuera en avion à l'automne 1949 et Piaf déchantera, refusant de reprendre la chanson après le drame. Mais, en juin, Jacques est loin du drame. Paris lui «offre un arc-en-ciel», comme on le chante dans *Sous le ciel de Paris*. Quant à Piaf, sa route croisera deux ans plus tard celle de Charles

Aznavour qui deviendra son parolier, ce qui lancera sa carrière. Jacques ne le croisera plus, mais il gardera sa lettre de recommandation.

Ce 18 juin 1949, au sortir de la gare Saint-Lazare, Jacques voit dans les rues les premières 4CV, la célèbre petite voiture Renault avec son moteur à quatre chevaux, mais lui prend l'autobus 21, alors à impériale, et traverse Paris pour se rendre place Saint-Michel. Son copain François Moreau habite un petit hôtel non loin de là, et il l'attend. « Ç'a été un immense bouleversement, dit Jacques. J'étais émerveillé. J'ai tout de suite été marqué par l'odeur incomparable de la ville. »

La place Saint-Michel grouille de monde. Il y a des étudiants partout. « J'avais envie d'en suivre un au hasard et de me perdre dans le flot. J'étais hypnotisé. Mais je ne me suis jamais perdu à Paris. Pas une seule fois. » François l'accueille à bras ouverts, mais ne peut le loger dans son hôtel, qui est complet. Finalement, Jacques s'installe dans l'appartement prêté par la mère d'un autre copain, pendant que celle-ci rend visite à son fils au Québec ; puis, à la fin août 1949, il loue une chambre non loin de l'hôtel de François. « Moi, je vivais dans une chambre minable, sans fenêtre », me raconte François Moreau lors de notre rencontre dans son appartement de la rue Berri, « mais Jacques, lui, s'est dégotté une chambre, petite, mais avec une fenêtre qui donnait sur les quais et Notre-Dame. Un bel endroit. »

Pourtant, Jacques a très peu de moyens. Il fait ses comptes : « Mon père m'avait donné cinq cents dollars en plus de la promesse de m'en envoyer cinquante par mois, se souvient-il. Moi, j'avais économisé cent cinquante dollars. Ça me faisait donc six cent cinquante dollars [l'équivalent de 3000 $ actuels]. J'étais très pauvre. D'autant que je ne pouvais compter avoir des revenus. Je n'avais qu'un visa de touriste avec lequel je ne pouvais travailler. Alors, je me suis organisé pour vivre pauvrement, mais richement. » Comment a-t-il fait cela ?

« Le premier trait de caractère de Jacques est l'ambition, analyse François Moreau. Il ne se fait pas d'ennemis, il sait au contraire se faire des amis et des soutiens. À Paris, je me souviens de lui comme dévoré d'énergie, courant partout, toujours sur le qui-vive. Il était prêt à tout pour faire sa place. » Opportuniste ? « Il n'y a pas d'autre façon d'être ambitieux », répond François Moreau. L'art inné des contacts, une énergie et une résistance à toute épreuve, une obstination et un talent éclectique, ce sont des données fortes du caractère de Jacques Languirand.

Tout comme François Moreau, qui écrit des portraits de vedettes du cinéma et du show-business pour une agence journalistique, Jacques mange plus de culture que de nourriture. Et il marche, et marche encore, lancé dans un tourbillon enivrant de visites et de découvertes. Il arpente les pavés de Paname, le nez en l'air. Pour les musées et les spectacles, il met au point une autre tactique.

L'entrée gratuite dans les musées et monuments nationaux de France, instaurée après la Révolution française, se réduit en 1927 au jeudi après-midi, puis au dimanche[5]. « Le dimanche a cessé d'être le jour de la messe et est devenu celui des musées », résume Jacques. Cette foi-là ne le quittera jamais. Quant aux spectacles, théâtre, opéra, musique et danse classique, on peut y assister gratuitement, à condition d'entrer après l'entracte. Une foule dense s'y presse ainsi en matinée ou en soirée. « La première chose qu'on a faite, François et moi, à mon arrivée, c'est d'aller voir *Les Mains sales* [de Sartre]. Après, j'allais au théâtre tous les jours, parfois deux fois par jour. En un seul mois, j'ai vu plus d'œuvres, de monuments et de productions que je n'avais cru possible d'en voir. »

François Moreau n'est jamais loin, qui cherche de son côté à établir des contacts dans le milieu fermé de la littérature

---

5. Supprimée en 1990 par Jack Lang et réglementée selon de nouveaux principes par la Loi de 2002.

française. Jacques, quant à lui, tout subjugué qu'il est par ses découvertes, ne perd pas de vue son objectif principal : pénétrer le milieu théâtral. Mais, en cet été de 1949, c'est un autre type d'aventure qui l'attend.

Le 1er juillet, Jacques se rend à l'ambassade du Canada pour la fête nationale, fort de ses galons de correspondant culturel à l'étranger. Dès son arrivée, il se met à écrire des articles sur les artistes canadiens-français pour les magazines *Parlons Cinéma* et, surtout, *Radio 49*. À défaut de rémunération pour ses articles, il se forge une notoriété auprès de ses compatriotes artistes, qui comptent sur lui pour parler de leurs accomplissements parisiens.

Jacques devient vite un habitué respecté de l'ambassade et de l'Amicale de la feuille d'érable, lieu de rencontre des Canadiens à Paris. Il est « bluffé » de voir que tout ce beau monde — artistes, industriels et diplomates — lit tous ses articles précédés de sa photo officielle dans la page qui lui est réservée dans *Radio 49*. C'est un début de revanche jubilatoire pour celui qui fut un petit voyou renvoyé de partout... Il ne le sait pas encore, mais cette renommée, ainsi que tout ce qu'il fait au cours de ces quatre premières années parisiennes, le préparera à l'acquisition de savoirs ultérieurs. Par exemple, sa collaboration de trois ans au magazine *Radio 49* (qui change de nom chaque année — *Radio 50*, *Radio 51*, etc.) aura une portée démultipliée, nous le verrons, par ses collaborations de chroniqueur de radio.

Par ailleurs, Jacques Normand tient sa promesse[6]. Comme il le lui avait assuré lors de leurs soirées au Café Savoy de Montréal, il effectue une tournée française de juin à août 1949. Jacques en rendra compte dans *Radio 49*. Cette tournée culmine dans la nuit du 13 au 14 juillet, dans le très ancien et célèbre restaurant *Au Pied de Cochon*, ouvert vingt-quatre

6. Jacques Normand tiendra toutes ses promesses à l'égard de Jacques Languirand, dont il restera l'ami indéfectible tout au long de sa vie.

heures par jour, au cœur du quartier des Halles. À cette époque, le marché des Halles constitue encore le «ventre de Paris» décrit par Émile Zola, avant d'être transféré dans la banlieue sud, à Rungis, en 1969. Après son concert, Jacques Normand accueille des demoiselles à sa table. C'est cette nuit-là, dans la liesse de la fête nationale française, que Jacques Languirand perd sa virginité.

Il ne s'agit pas d'une histoire d'amour. C'est à peine s'il se souvient de la jeune femme, mais la date, elle, demeure forcément impérissable, en plus de revêtir un symbolisme particulier. Cet événement participe de l'extraordinaire qui marque l'ensemble de sa vie. Il y a de quoi être étourdi par tout ce qui est arrivé à Jacques, ou plutôt par ce que Jacques a fait advenir, en un seul mois à Paris.

Après les feux d'artifice de ce 14 juillet 1949, il revient, bille en tête, à ses fondamentaux : le théâtre et son ambition farouche de tout faire pour devenir comédien. Il n'a pas une minute à perdre. À compter de la mi-juillet (aujourd'hui, cela commence dès la fin juin ou le début juillet), la saison des festivals d'été bat son plein en province. «C'est l'époque du début des festivals à travers la France, confirme Jacques. J'étais déterminé à "faire la plotte", à m'incruster partout. »

Il saute dans le train et fait la tournée d'une dizaine de villes du sud. D'abord, il se rend au cœur même du brasier qui est en train de consumer toutes les anciennes idées et conceptions du théâtre : Avignon. Et il y découvre le dieu vivant qui y officie depuis la création de l'événement en 1947, Jean Vilar. «Dans ma vie, il y a un avant et un après Jean Vilar», résume Jacques. Comme il y aura un avant et un après Brecht. Vilar, Brecht… Là aussi, c'est tout ou rien. L'extraordinaire est ou n'est pas, mais il ne peut être à moitié. Jacques Languirand n'est pas un tiède.

Jean Vilar organise ce qui s'appelle encore le «Festival d'art dramatique en Avignon» (la manifestation prendra le nom de

« Festival d'Avignon » en 1954). Il y donne corps à son idée de théâtre populaire, ainsi qu'à la décentralisation (hors de Paris). Celle-ci se manifeste notamment par la création du Théâtre National Populaire du palais de Chaillot, à Paris, que Vilar dirigera à partir de 1951. Dans ce courant, mouvements de jeunesse et réseaux laïques participent au renouveau militant du théâtre, et le public est invité à participer à des lectures et à des débats sur l'art dramatique, les nouvelles formes de mise en scène, les politiques culturelles…

« Vilar a organisé une grande discussion, témoigne Jacques, la première du genre, sur le théâtre pour tous. Son idée, c'était que les grands textes ne doivent pas être réservés à une élite, encore moins à un petit milieu de Parisiens initiés et éduqués, mais qu'au contraire il fallait présenter les plus grands auteurs et les plus grands textes au plus grand nombre. Le public n'est pas idiot. C'est comme ça qu'on élève le niveau culturel d'une population. J'étais subjugué. C'est très exactement l'inverse de ce qu'on fait aujourd'hui en prétendant faire de la culture populaire. Aujourd'hui, on baisse le niveau sous prétexte d'être accessible, on prend les gens pour des imbéciles en les tirant vers le bas. Il faut au contraire tirer le public vers le haut en lui présentant les vraies choses, les grandes œuvres, mais pour faire ça il faut du talent, beaucoup de talent… » Cette idée de droit d'accès de tous au meilleur de la culture est partagée par Bertolt Brecht, qui la lui exposera à Berlin l'année suivante.

Et Jacques de répéter une phrase qui revient dans sa bouche à de multiples reprises : « Tout ce que j'ai essayé de faire, c'est de donner au Québec un meilleur niveau culturel. Dans tous les domaines, ce que Vilar m'a appris est devenu ma ligne de pensée et d'action, et j'y ai consacré ma vie. »

Cette vision progressiste de la culture de haut niveau pour tous, qui bien entendu ne s'applique pas qu'au théâtre, a germé en Avignon, du 19 au 30 juillet 1949, alors que pour cette troisième édition, Vilar monte *Le Cid* de Corneille et *La Tragédie du roi Richard II* de Shakespeare dans la cour d'honneur du palais des Papes; et *Pasiphaé* d'Henry de Montherlant et *Œdipe* d'André Gide dans le verger Urbain V.

Vilar s'est s'attaché une troupe d'acteurs qui vient désormais chaque année réunir un public de plus en plus nombreux et de plus en plus fidèle. «Ils» sont tous là: Gérard Philipe, Jean-Louis Barrault, Madeleine Renaud, Jean Rochefort, Philippe Noiret, Monique Chaumette, Jeanne Moreau, Maria Casarès, Michael Lonsdale, Michel Vitold, Charles Denner, Georges Wilson… «Et Michel Bouquet, ajoute Jacques. Il passait son temps à me draguer, mais il ne me tentait pas. "Faire la plotte", ce n'est pas forcément coucher avec tout le monde, tout de même!»

Pour le beau jeune homme fin et racé qu'il est alors, avec ses yeux bleu ciel et son sourire charmeur, il s'agit plutôt d'assister aux débats passionnants, mais aussi de se rapprocher de la troupe, de se faire inviter aux soirées, de boire des verres avec ces monstres sacrés qui ne le sont pas encore, «des génies qui ont transformé non seulement le théâtre français, mais aussi la façon de penser et de faire du théâtre, pour toujours». Ainsi, les après-spectacles sont plus chics, alors que Jacques ne peut prendre que des places au poulailler, les moins chères, dans les galeries supérieures des salles, d'où la vue est souvent très mauvaise. «C'est ça, éclate-t-il de rire, cet été-là, j'ai fait la tournée des poulaillers!» Belle surprise: le père Émile Legault, directeur des Compagnons de Saint-Laurent, est venu en Avignon. Ils ont ainsi eu l'occasion d'échanger et de mieux se connaître.

C'est Michel Bouquet qui lui recommande d'aller apprendre «le français pointu» — Jacques prononce ces mots avec la bouche en cul-de-poule — et de suivre des cours avec le comédien et metteur en scène Michel Vitold, à l'école où celui-ci enseigne, place Blanche, au pied de la butte

Montmartre. À l'automne 1949, Jacques s'inscrira donc à l'Alliance française du boulevard Raspail et acquerra un accent plus approprié pour jouer le répertoire classique, avant d'oser aller passer une audition.

Avant cela, jusqu'en septembre, il sillonne la France du sud-est au sud-ouest, d'un festival à l'autre, d'un poulailler à l'autre : opéra et danse classique à Aix-en-Provence et à Orange, photographie en Arles, mime à Vaison-la-Romaine... Il se rend également au Festival du film maudit de Biarritz, qui tient sa première édition avec l'ambition de réhabiliter des films novateurs, avant-gardistes et d'un grand intérêt artistique, mais écartés pour des raisons de rentabilité économique. Ce festival est organisé autour du poète Jean Cocteau, qu'il fréquentera d'ailleurs plus tard à Paris, et avec lequel il entretiendra une correspondance jusqu'à sa mort.

Partout, sa carte de visite de chroniqueur culturel canadien et d'aspirant comédien lui ouvre des portes, d'autant qu'il profite de cette tournée pour écrire des articles pour *Radio 49* et *Parlons Cinéma*. Parions cependant que son allant, son entregent et sa curiosité avide de rencontres et de découvertes lui ont été encore plus utiles. Au bout de cet été extraordinaire, son carnet d'adresses est rempli de précieux contacts, mais surtout, son cœur pellette les étoiles et son esprit est irradié par une espèce de tempête électrique. « Ça m'a confirmé que je voulais être comédien. Absolument. Ou du moins, homme de théâtre. »

De retour à Paris, il fonce s'inscrire à l'Alliance française pour perfectionner son « français pointu » avant de se présenter chez Vitold. Il a vu *Le Cid* monté par Vilar à Avignon, et cela lui donne une idée pour sa future audition. Outre tout cela, qui l'occupe déjà beaucoup, et les articles qu'il écrit sur les artistes canadiens de passage en France, la grande aventure de cet automne 1949, ce sont ses débuts à la radio, plus exactement à la RTF.

Théâtre, cinéma ou radio : dans tous les cas, ces premiers mois loin du Québec confirment Jacques Languirand dans sa voie, que déjà à Acton Vale il pressentait. La voie de la voix. Et puis, étant donné que tout se passe si incroyablement bien, comme si Paris n'avait jamais attendu que lui, il n'a aucune raison de douter qu'il est enfin pleinement à sa place.

CHAPITRE 6

La voix et l'écrit

Lors de son séjour à Avignon, Jacques Languirand rencontre Guy Beaulne, le chroniqueur canadien de la RTF. Chaque semaine, il livre une chronique sur les spectacles parisiens. Enregistrée dans les studios de Paris, elle est ensuite intégrée aux émissions culturelles de Radio-Canada à Montréal. Guy Beaulne va permettre à Jacques de véritablement mettre le pied dans l'étrier de son futur métier de journaliste et d'animateur de radio. En fait, c'est un coup de chance : Jacques se trouve au bon endroit, au bon moment, comme cela lui est arrivé plusieurs fois au cours de sa vie.

Lorsque Beaulne rentre à Montréal, la RTF n'a personne pour le remplacer. Il offre donc sa place au jeune Jacques et le présente à Pierre Emmanuel[7], écrivain respecté et poète de la Résistance française, à la feuille de route plus que remarquable. Chef des services anglais puis américains de la Radiodiffusion-télévision française de 1945 à 1959, Pierre Emmanuel sera aussi conférencier aux États-Unis et au Canada, et professeur invité dans plusieurs universités américaines. Engagé à plus d'un titre dans la vie culturelle de son temps, il deviendra président de l'Association internationale pour la liberté de la culture, président du PEN club de France de 1973 à 1976, président de la Commission des affaires culturelles pour le VIe Plan de développement économique et social, président de l'Institut national de l'audiovisuel de 1975 à 1979 et administrateur du Festival d'Automne à Paris. Il

---

7. Pseudonyme de Noël Mathieu.

proposa notamment la création d'un Conseil de développement culturel auquel participeront des artistes et des hommes politiques. Il sera élu à l'Académie française en 1968.

Guy Beaulne fut aussi le maître de Jacques Languirand en matière de radio. « C'est lui qui m'a tout appris, dit Jacques. C'est un homme que j'ai admiré et adoré. Je pense encore que je lui dois tout. » En effet, lorsque Beaulne lui présente le jeune homme intimidé, qui rêve depuis quelques années de devenir annonceur de radio mais qui n'a aucune expérience en la matière, Pierre Emmanuel lui déclare aussitôt qu'il est embauché, sans lui poser de question. « Il m'a dit "Venez jeudi prochain, vous êtes le nouveau chroniqueur du service canadien". Tout à coup, c'était fait. »

Lorsque Jacques se présente le jour convenu, Emmanuel lit le texte qu'il a écrit et le trouve mauvais. Muni d'un stylo, il rature, corrige le français, reprend les expressions, récrit des paragraphes. Il ne reste que quelques lignes du texte initial. Jacques est contrit et confus. Alors qu'il attend son tour pour enregistrer son texte, Léon Zitrone, célèbre journaliste et chroniqueur de la radio et de la télévision, décide de lui faire une blague. « Il faut que tu parles très fort dans le micro, lui dit-il, sinon on ne t'entendra pas. » Jacques entre dans le studio et s'exécute, hurlant dans le micro : « Ici Jâââcques Languirand qui vous pââârle depuis Pâââris ! » Derrière la vitre, il voit Léon Zitrone et les autres chroniqueurs éclater de rire. Pierre Emmanuel, lui, ne rigole pas. Il surgit de la cabine de réalisation, furieux : « À quoi jouez-vous ? On n'est pas au théâtre, ici ! » Jacques recommence, d'une voix posée cette fois. Voilà. Le baptême des ondes a eu lieu. Il ne sait pas qu'il est parti pour soixante-cinq ans de radio.

Ainsi, de l'automne 1949 à la fin 1952, Jacques côtoiera les journalistes et les chroniqueurs de la RTF, ces célèbres pionniers qui deviendront de véritables piliers fondateurs de la future ORTF et du paysage audiovisuel français. Outre Pierre

Emmanuel, il fréquentera Léon Zitrone (qui en 1953 commentera le couronnement d'Elizabeth II, inaugurant ainsi une longue carrière dans le domaine), Adam Saulnier, Charles Temerson, ainsi que des monstres sacrés comme Henri Kubnick, Jean Tardieu, et Georges de Caunes, correspondant de *La Voix de l'Amérique* en 1945, puis collaborateur aux *Actualités de Paris*, une forme de magazine culturel quotidien inédit. « Ces gens-là étaient des magiciens, raconte Jacques. Ils inventaient la radio et la télévision, tout était possible. »

Jacques apprend donc sur le tas et à un rythme accéléré, posant les pierres fondatrices de son métier. L'influence de ces pionniers de génie ne le quittera jamais. Auprès d'eux, il acquiert un style, une vision, un angle d'analyse et d'attaque qui en feront à son tour le pionnier d'une radio novatrice, puis de la télévision, après son retour à Montréal et son entrée à Radio-Canada en 1953.

Depuis son départ de Radio-Canada en février 2014, Jacques est en mauvais termes avec la société d'État. « En principe, dit-il, ils me doivent de l'argent. » Depuis 2002, ce n'est pas lui, Jacques Languirand, la personne physique, qui a signé des contrats avec la SRC, mais sa maison de production qui, à titre de personne morale, a agi comme « fournisseur de contenus ». En outre, de 1949 à 2002, il a été pigiste. « Soixante ans de collaboration, tout de même, et je n'ai droit à rien », commente Jacques, amer. N'avait-il pas été choqué dans les années 1950 déjà, voyant René Lévesque renvoyé pour la seule raison qu'il n'était que pigiste, sans égard à son expérience et à ses compétences ?

Il reste que sa collaboration ayant définitivement pris fin, sa vision *a posteriori* est passionnante autant qu'édifiante. Son analyse de l'évolution de la société d'État est extrêmement sévère. Nous en parlerons à de nombreuses reprises lors de nos entretiens, notamment en avril 2014, alors qu'on annonce des restrictions budgétaires et de nouvelles coupes dans le personnel. « Radio-Canada, tout comme Radio-France [RTF, ORTF, puis France-Inter, France-Culture, etc., ainsi que France Télévisions], a été créée, conçue, dirigée et gérée par des artistes, des visionnaires, des gens bien particuliers, pas des gestionnaires sans culture et sans vision à long terme, qui sont juste des gens de marketing et de finances. À vouloir juste "gérer", comme ils disent, ils n'ont jamais été si peu rentables. Ils voient bien que ça ne marche pas, leur affaire ! Ça prend d'autres personnes pour diriger cette maison-là. » Et de conclure, laconique : « De toute façon, c'est la fin de Radio-Canada. Ça fait déjà un bout de temps, mais, là, c'est la fin. D'ici une décennie, le service public aura disparu. » Radio-Canada et CBC, ou seulement Radio-Canada ? « Les deux. C'est pas une question de langue ou de production, c'est une question d'absence de volonté de la part des financeurs autant que de la direction du diffuseur public. » Et cela l'attriste-t-il ? « Énormément, répond-il. Je suis vraiment sidéré. Mais c'est une autre époque, dont je ne fais plus partie. » Songeur, il conclut : « J'ai tout connu dans cette maison-là. Des hauts et des bas, des montagnes russes. J'ai été renvoyé plusieurs fois [« Car le juste tombe sept fois et se relève », dit la Bible…], j'ai fait faillite quatre fois, j'ai tout perdu, je me suis refait. J'ai connu les gens les plus intéressants, et puis j'ai vu la maison évoluer et péricliter. »

Lui qui a aussi connu les débuts du service public français, est-il aussi critique à son égard ? En est-il désenchanté ? « Pas du tout ! Ce n'est pas comparable. En France, malgré les problèmes financiers et les changements, ils ont gardé le sens du service public, de sa raison d'être et de sa fonction. Ça n'a rien à voir. Pendant longtemps, nous avons été au même niveau, ici, mais maintenant nous nous éloignons de plus en plus. » Est-ce là le regret d'un vieil homme aigri et fatigué ? Il y a sans doute de cela, aussi, mais il y a surtout, pour qui veut bien l'entendre, le constat désormais désintéressé d'un grand professionnel qui, fort de soixante-cinq ans de mémoire, peut se permettre de formuler une critique lucide de la situation.

« Pourtant, lui dis-je pour le faire rire, ils sont là. Leur nouveau slogan l'affirme : *"Ici Radio-Canada"* ! » Mais ma remarque caustique ne le fait pas rire. « C'est ça. Quand on est vraiment là, on n'a pas besoin de le crier sur les toits. Écoute bien ce que je te dis : c'est la fin de cette affaire, c'est évident. » J'insiste : « Tu exagères, non ? » Il fronce ses impétueux sourcils : « Je ne le pense pas. C'est comme ça que je le vois. »

Revenons à cet automne 1949. Au sein de la RTF, Jacques Languirand trouve donc peu à peu la voie de sa voix. Prenant de l'assurance, il ose proposer au patron de l'antenne, Pierre Emmanuel, de faire des portraits d'artistes canadiens qui se produisent en France, plutôt que de critiquer des spectacles que les auditeurs de Radio-Canada ne verront pas. Son idée est acceptée, et, comme Emmanuel est satisfait, il lui confie une seconde chronique hebdomadaire. Bientôt, Jacques enregistre aussi des chroniques destinées non pas à Radio-Canada, mais à CKAC, tout en signant des portraits pour *Radio 50* et *Parlons Cinéma*. Il affirme peu à peu sa place de journaliste culturel de la radio et de la presse. Pas mal, pour quelqu'un qui n'a pas encore 19 ans !

Ses interventions sur *Radio 50* et ses contacts qui se multiplient lui vaudront d'être embauché dans une revue française qui elle aussi démarre, la revue *Arts* qui, avec les années, de par le prestige de certains de ses collaborateurs, deviendra une référence de la vie artistique parisienne. Parmi les collaborateurs célèbres, citons François Truffaut, que Jacques rencontrera en 1952, alors que Truffaut se fait un nom en encensant ou en démolissant les films du moment, avant de devenir lui-même cinéaste en 1957. Dans les pages d'*Arts*, Jacques se voit confier la chronique des arts visuels. Il ajoute ainsi une corde à son arc de journaliste culturel. Il écume les galeries et les musées, enrichissant son carnet d'adresses. François Truffaut et Jacques Languirand sont assis côte à côte lors des réunions de la rédaction et souvent ils échangent leurs points de vue à propos de films et d'expositions de peinture qu'ils ont vus tous les deux.

Cela dit, même si ses collaborations à la RTF et dans *Arts* améliorent son ordinaire, il n'est toujours pas payé par les magazines montréalais et doit donc se contraindre à vivre chichement. En outre, son père ne lui envoie pas régulièrement l'argent de son héritage, mais, quand il le fait, à la grande surprise de Jacques, il glisse une lettre dans l'enveloppe qu'il adresse à « Jacques Dandurand ». Jacques n'ouvre que les enveloppes dont l'épaisseur lui indique qu'elles contiennent le billet de cinquante dollars. Il renvoie les autres missives à l'expéditeur, sans les ouvrir. « Ç'a duré deux ans, se souvient-il. Et puis, un jour, j'ai reçu une lettre au nom de Jacques Languirand. Il avait compris. »

Bien qu'il se débrouille de mieux en mieux dans le journalisme, Jacques ne perd pas de vue sa principale ambition : devenir comédien. Ayant suivi des cours à l'Alliance française durant l'automne, il se pense prêt à passer l'audition de l'école de Charles Dullin. École réputée, encore aujourd'hui, établie autour d'un comédien non moins talentueux et respecté. Dullin a joué, entre autres, au théâtre de l'Odéon, au Lapin Agile et au théâtre du Vieux Colombier avant la Première Guerre mondiale, puis, dans l'entre-deux-guerres, au théâtre Garrick de New York. En 1921, il a fondé sa propre troupe, l'Atelier, donnant la priorité à la formation des comédiens et aux textes. Avec Louis Jouvet, Gaston Baty et Georges Pitoëff, il fonde en 1927 le Cartel des Quatre, voué au théâtre non mercantile. De 1940 à 1947, il dirige le Théâtre de la Cité (actuel Théâtre de la Ville), où il monte notamment Sartre, puis rejoint l'équipe du théâtre Montparnasse. Avec le Cartel des Quatre et avec d'autres, comme André Barsacq, Michel Vitold, Jean-Louis Barrault, Antoine Vitez et Jean Vilar, Dullin participe au renouvellement en profondeur du théâtre français pour aboutir à un théâtre décentralisé, populaire, dont l'illustration majeure est le Festival d'Avignon.

Charles Dullin meurt brusquement à l'automne 1949. Ce sont donc ses assistants, Michel Vitold et André Barsacq, rencontrés en Avignon lors de la «tournée de poulaillers», qui donnent les cours. Jacques se présente à une audition au début de l'année 1950. Il avait rencontré Vitold après la représentation du *Cid* de Corneille. Il choisit donc, en guise de clin d'œil, de présenter un célèbre extrait du *Cid*, le monologue de Don Diègue après l'insulte du comte. Un texte difficile, habituellement réservé aux comédiens aguerris.

Nous sommes assis à la table de cuisine en ce printemps 2013 lorsque Jacques me rejoue la scène. «Je tremblais de tout mon long, tassé dans un coin, attendant qu'on m'appelle. Lorsque mon tour est arrivé, je me suis lancé comme si ma vie en dépendait. Seul au milieu de la scène, les regards de tous les professeurs de l'Atelier, dont Vitold et Barsacq, braqués sur moi, j'ai pris la plus grosse voix possible et j'ai déclamé: "N'ai-je donc tant vécu que pour cette infamie? Et ne suis-je blanchi dans les travaux guerriers Que pour voir en un jour flétrir tant de lauriers? [...] Ô cruel souvenir de ma gloire passée! Œuvre de tant de jours en un jour effacée![8]..." Lorsque j'ai eu fini, le silence était total dans la salle. J'étais tétanisé, pensant que c'était foutu. Mais lorsque Vitold a enfin ouvert la bouche, il m'a dit: "Mettez-vous sur le côté, jeune homme, vous êtes pris." Plus tard, il me dira qu'ils avaient tous été stupéfaits. Et que j'étais sans doute un de ses meilleurs élèves.»

Ce jour-là, c'est moi qui étais tétanisée à la table. C'est que Jacques s'était levé, les bras écartés, pour me servir d'un coup toute la tirade, sans hésitation, et avec un souffle à faire

---

8. *Le Cid*, acte 1, scène IV.

trembler les vitres de la cuisine. J'entrevois dans un éclair le jeune homme de 18 ans, efflanqué et fiévreux, incarnant le vieux Don Diègue que même Jean Vilar n'avait pas osé jouer à Avignon, abandonnant le rôle à Jean-Pierre Jorris. À 82 ans, dressé dans la cuisine, le rôle lui sied parfaitement et les vers sonnent juste dans sa bouche. Je comprends la fierté qui, par-delà les décennies, illumine encore son regard, puis la tristesse qui subitement le voile. Je l'entends dire combien il est triste de « n'avoir rien fait de tout ça ». Car au cœur de Jacques demeure, malgré ses succès et sa réussite indéniables, la morsure du regret de n'avoir finalement pas fait la carrière qu'il aurait pu faire au théâtre, voire au cinéma.

« Lorsque j'ai revu Michel Vitold en 1961, il était très étonné que j'aie abandonné. Il était sûr que je ferais une grande carrière. » Mais n'a-t-il pas fait une belle carrière ? « Pas celle que je voulais, qui me tenait à cœur », insiste-t-il. Puis il balaie sa propre réponse du revers de la main : « Je te raconte ça parce que nous en parlons, me dit-il. Ça fait très longtemps que j'ai accepté d'être un comédien raté. Mes pièces n'ont pas été comprises au Québec. C'est correct, j'ai fait la paix avec tout ça. » La paix, vraiment ?

Je me demande si ce « ratage » est objectivement fondé ou s'il s'agit de la perception subjective de l'auteur à l'égard de son œuvre. A-t-elle été mieux comprise à l'étranger qu'au Québec, puisque les références littéraires et théâtrales de Jacques étaient plus françaises et européennes que québécoises ? Nous en reparlerons.

Donc, en 1950, il est accepté dans l'Atelier de Dullin et cela le remplit d'allégresse. Il est infatigable. Prêt à écrire des articles toute la nuit, à courir les spectacles et les galeries, à se rendre dans les studios de radio, à faire la fête tant et plus, pourvu qu'il puisse suivre ses cours avec Vitold, et apprendre l'art du mime avec Étienne Decroux, père du *moonwalk* que Michael Jackson a popularisé, et s'instruire sur la littérature et l'histoire de l'art. Complexe d'un enfant sans diplôme ? « Soif de tout découvrir, réplique-t-il. Mais complexé, oui, c'est certain. Toute ma vie, j'ai travaillé mille fois plus que les autres pour compenser le fait que je n'ai aucun diplôme officiel. » Et pourtant, il enseignera à l'université McGill pendant douze ans et recevra plusieurs doctorats *honoris causa*. Mais le sentiment d'illégitimité, on le sait, ne répond pas à des critères logiques.

S'il a aujourd'hui l'impression de ne pas avoir réalisé la carrière dont il avait rêvé (sous-entendu, « en France »), il n'en reste pas moins que cette formation théâtrale et littéraire de très haut niveau fondera pour toujours sa conception du théâtre et de l'écriture théâtrale. L'effet est double, au moins : d'une part, toute sa production d'auteur et de metteur en scène témoigne d'une vision originale et novatrice, peut-être même trop pour le Québec de l'époque ; d'autre part, il recyclera cette formation dans un talent singulier et incomparable de communicateur hors-norme.

Il a su y faire, avec son ambition et son habileté, mais il a aussi eu la chance de vivre à une époque où le fait d'être un modèle unique était valorisé, alors que nous vivons à une époque tellement plus éphémère, au sein d'une communauté mondialisée d'êtres identiques, solidaires entre eux, une espèce de meilleur des mondes qui a au moins l'avantage d'être plus accessible et plus démocratique.

Hier, les communicateurs étaient des aristocrates (les meilleurs parmi quelques-uns) ; aujourd'hui, ils doivent être des démocrates (la communauté fraternelle des mêmes). Il me semble que, lorsqu'il se déclare déçu par le panorama médiatique actuel, c'est cela précisément que Jacques Languirand met en exergue. Il pointe du doigt un changement de paradigme. Faut-il s'en réjouir ou s'en désespérer ? Quoi qu'on en conclue, le témoignage de Jacques, issu de sa formation et de son vécu, semble pertinent, car il porte à réfléchir et à analyser, autant du côté des professionnels des médias que de celui de leurs publics.

En 1950 déjà, une personne souligne l'incompatibilité entre le fait d'être journaliste culturel tout en cherchant à devenir comédien. Il s'agit de Suzanne Cloutier, jeune Québécoise vedette du cinéma et du théâtre français et anglais de l'époque. Sa grande beauté diaphane et son intelligence subtile subjuguent Jacques lorsqu'il se présente à la porte de son appartement du quartier de Saint-Germain-des-Prés afin de l'interviewer pour *Radio 50* et d'en faire le sujet d'une chronique pour Radio-Canada via la RTF — il a désormais pris l'habitude de faire d'une pierre deux coups. Comme ils sympathisent, elle se prend d'affection pour ce jeune homme doué et allumé, et elle se permet de lui donner son avis. «Elle m'a dit qu'on ne peut pas devenir comédien quand on est reconnu comme journaliste culturel, se souvient Jacques. Je n'en avais pas conscience, mais elle avait raison. Quand on est journaliste, les gens du théâtre et du cinéma vous voient d'abord comme un "journaleux" à leur service. Ils ne vous prennent pas au sérieux. C'est presque impossible de passer de l'autre côté et de se faire respecter comme artiste.» Implacable analyse, hélas trop souvent fondée!

Suzanne Cloutier s'est montrée visionnaire à l'époque où Jacques ne percevait pas ce hiatus. En effet, souvent les artistes voient d'un mauvais œil les journalistes qui voudraient changer de place, peut-être même prendre la leur. Ils apparaissent comme des imposteurs. Sauf dans le cas des journalistes-écrivains, l'éclectisme et la pluralité demeurent couramment incompris, déconsidérés ou inacceptables, perçus comme des défauts, des preuves d'inconstance ou de superficialité, et non comme les atouts qu'ils sont pourtant.

L'analyse de Suzanne Cloutier peine profondément Jacques. Son caractère ne l'a jamais conduit à faire des choix exclusifs. Au contraire, il a l'esprit vaste et inclusif, il se sent capable de tout faire, de tout englober, mais peut-on exceller partout sans passer pour un touche-à-tout? Et puis, a-t-il vraiment le choix? Dans les décisions que Jacques Languirand prendra toute sa vie durant, il y a, plus peut-être que pour la plupart d'entre nous, des non-choix. Sa force principale, son énergie motrice, a été de sans cesse avancer, avec envie et obstination, de toujours se relever après une chute, en surmontant au fur et à mesure les aléas de la vie.

Il n'a pas le choix, à Paris. Il n'a pas de quoi vivre seulement de son désir de devenir comédien. En 1950, il demande une bourse en art dramatique auprès du gouvernement québécois (le système des bourses en est alors à ses balbutiements), mais ne l'obtient pas. Comment financer alors sa vie parisienne, comment payer ses études de théâtre, de mime et de littérature? C'est une réalité qui s'ajoute à son esprit éclectique, vaste et curieux de nature, une vision qui ne le porte pas naturellement à renoncer, mais plutôt à cumuler les expériences. C'est bien plus intéressant et créatif ainsi, et il a besoin de se nourrir de cette pluridisciplinarité. Car dans tous les domaines, il préfère dire oui que non, se frotter au risque de l'expérience plutôt que de laisser parler la peur et de rater des occasions. Cela aussi est une de ses caractéristiques majeures. Quant à Jacques, il cite Franklin D. Roosevelt: « La seule chose dont nous devons avoir peur, c'est de la peur elle-même. »

N'a-t-il peur de rien, alors? « Peur de quoi? » me répond-il. La source de son intrépidité se trouve dans sa prime enfance. Lorsque le spectre de la mort vous poursuit dès l'âge de 2 ans, sa présence révélée peut provoquer deux types de réactions: ou bien on opte pour la sécurité et la préservation, ou bien, à l'exemple de Jacques, on se jette dans le vide en sachant que, de toute façon, tous les filets de sécurité sont troués. Ainsi a-t-il inlassablement tiré sur la corde de sa vie par les deux bouts. En même temps qu'il a cultivé une aptitude à sortir indemne de toutes sortes d'eaux, fussent-elles polluées. C'est la marque d'un talent créatif en même temps qu'une tactique de survie.

Jusqu'en 1953, Jacques continue à fréquenter l'Atelier Dullin avec un sentiment d'émerveillement jamais démenti. Il resserre ses liens avec Michel Vitold. Il joue quelques petits rôles dans des pièces présentées par l'école et passe plusieurs auditions pour des films en préparation, mais sans jamais être engagé.

Par ailleurs, malgré la remarque de Suzanne Cloutier, ses activités de journaliste culturel favorisent les rencontres avec des personnalités du milieu, des Français, mais aussi des Canadiens, de passage à Paris ou installés dans cette ville. Mentionnons François Hertel Pierre Elliott Trudeau, Félix Leclerc et Hubert Aquin. Tous sont à cette époque bien moins célèbres qu'ils ne le deviendront, mais ils ne sont tout de même pas des personnages insignifiants, et ils compteront longtemps dans la vie de Jacques.

Au cours de l'année 1950, il se lie avec François Hertel, à qui il rend visite dans son appartement du 15e arrondissement. Auréolé de scandale autant que d'érudition, l'écrivain le fascine. Après avoir fait son noviciat et son juvénat chez les Jésuites et terminé un double doctorat en théologie et en philosophie, François Hertel, né Rodolphe Dubé, quitte les ordres avec l'idée de fonder une université libre qui n'aurait pas déplu à Michel Onfray. Auteur de nombreux ouvrages, Hertel s'installe à Paris pour fuir les critiques acerbes dont il fait l'objet au Québec. «Lui se disait sécularisé, les Québécois le disaient défroqué. On prétendait qu'il était marié et qu'il avait des enfants, ce qui était faux.»

Toujours est-il qu'à Paris, Hertel écrit et publie, et Jacques dresse un portrait de lui à la radio et dans la presse. Il reviendra régulièrement chez lui, croisant ainsi la diaspora culturelle et politique canadienne qui y gravite. C'est là qu'il rencontre Pierre Elliott Trudeau, jeune homme cultivé en qui

Hertel place ses espoirs, «surtout s'il ne se mêle pas de faire de la politique». Hertel devise; Jacques, toujours soucieux d'apprendre, écoute et s'instruit. Les nuits sont longues et bien arrosées.

Si Hertel exècre Orson Welles, que Jacques adule, ils partagent en revanche une adhésion inconditionnelle pour le théâtre de Jean Anouilh, qui récrit les auteurs grecs et élabore des pièces qui mêlent tragédie noire et ironie acerbe. Est-ce encore le cas aujourd'hui? «J'ai évolué, bien sûr, mais oui. Je me suis souvent inspiré de lui. Il y a toujours dans ses pièces une tension intérieure entre le bien et le mal, les personnages centraux sont des enfants mi-voyous, mi-martyrs, écrasés par un destin trop grand pour eux, mais qui, malgré tout, tendent à retrouver une pureté spirituelle originelle perdue.» Une tragédie de l'âme humaine dans laquelle il se reconnaît et qu'Hertel comprend. En 1951, en transit entre sa chambre des quais de la Seine et celle qu'il occupera à la Cité universitaire, près du parc Montsouris, dans le 14e arrondissement, Jacques habitera chez Hertel pendant quelques mois.

Dans les années qui suivent, Jacques rencontre de grands écrivains qui vont faire évoluer profondément sa compréhension du processus de création littéraire auquel il s'attelle lui-même. Son ami François Moreau publie en effet son premier recueil de poèmes, *La Lèpre comme un signe,* qu'il lui dédie, et cela donne envie à Jacques d'essayer d'écrire lui aussi. L'occasion lui est donnée de rencontrer Paul Claudel et il revoit Jean Cocteau, rencontré à Biarritz à l'été 1949.

Une question le turlupine: doit-on faire abstraction de l'artiste pour ne s'intéresser qu'à son œuvre? Peut-on haïr l'auteur et aimer son œuvre? Éternelle question que celle du lien à faire ou à ne pas faire entre l'artiste et sa création. Faut-il chercher l'artiste dans sa création, faut-il s'intéresser à la biographie de l'artiste pour comprendre son œuvre à cette aune? «Il faut détacher le créateur de sa création, dit-il aujourd'hui, ayant trouvé la réponse. Très souvent, on est déçu par l'humain qui est là, parfois détestable et méprisable dans la vie ordinaire. L'œuvre existe en soi, il faut la comprendre en soi. » Je lui dis : « Le meilleur statut de l'écrivain [surtout à notre époque où l'image et la biographie, voire l'autobiographie, priment si souvent l'œuvre] c'est d'être mort. Alors on le trouve là où il est, dans ses livres. » Il acquiesce. Cette réflexion lui a été inspirée pour la première fois par Claudel dont il ne parvenait pas à détacher le catholicisme des écrits. Aujourd'hui, cependant, il semble appliquer cette réflexion à lui-même.

En 1950, l'imprésario parisien Jacques Canetti, de passage au Québec, entend l'interprétation de Jacques Normand de la chanson de Félix Leclerc *Le Train du nord*. Vivement impressionné, Canetti fait enregistrer à Leclerc une douzaine de chansons aux studios de la station radiophonique montréalaise CKVL et l'invite à chanter en France, où il obtient tout de suite du succès. Il se produit à l'A.B.C., à Paris. Il signe ensuite un contrat d'enregistrement de disques de cinq ans chez Polydor. D'un coup, le chétif Félix et avec lui la chanson québécoise viennent de gagner respect et lettres de noblesse.

Jacques Languirand le rencontre en 1951, Canetti lui ayant demandé de lui faire visiter la ville. Félix Leclerc, alors âgé de 37 ans, est auréolé du succès de son premier album qui contient notamment *Moi, mes souliers*, *Le Train du nord*, *Bozo* et *Le Petit Bonheur*. « On a eu de longues conversations en sillonnant la ville de long en large, se souvient-il. Il m'a parlé du travail harassant de l'écriture au quotidien. Rien de prestigieux, pas d'inspiration miraculeuse, mais du boulot et encore du boulot. C'était la première fois qu'on m'en parlait ainsi. J'ai bien retenu la leçon. » Félix Leclerc rentrera au Québec en 1953, tout comme Jacques. Ils resteront amis.

Hubert Aquin n'a que deux ans de plus que lui. La relation est d'emblée amicale, et même plus. « Hubert était mon frère », dit Jacques, qui ne s'est jamais remis de sa brutale disparition ni de la culpabilité qu'il s'attribue de « n'avoir pas été là quand il le fallait ». En l'écoutant raconter leurs quatre cents coups et beuveries noctambules, me revient spontanément la description qu'Ernest Hemingway a faite de son amitié tumultueuse avec Scott Fitzgerald dans *Paris est une fête*, au lendemain de la Première Guerre mondiale. Des bars, des boissons, des femmes, des errances et des conversations à n'en plus finir. François Moreau en témoigne aussi : « Ils se ressemblaient étrangement, dit-il. Aquin était un garçon charmant, noceur, drôle, en même temps qu'un intellectuel de haut vol, analytique, tourmenté et ténébreux. »

Diplômé de l'Université de Montréal en philosophie en 1951, à 21 ans, Aquin est à Paris pour étudier à l'Institut d'études politiques (« Sciences Po »), et il y restera jusqu'en 1954. À son retour à Montréal en 1955, il sera embauché comme réalisateur et scénariste pour la télévision de Radio-Canada, où il travaillera avec Jacques. Ensuite, Aquin sera réalisateur et producteur à l'Office national du film, et il publiera ses romans à partir de 1965. « C'était un génie, dit simplement Jacques. On a énormément travaillé, mais aussi réfléchi ensemble. Il avait de l'ambition pour le Québec et a été déçu. Lui n'était jamais banal, jamais fatigué, toujours intense, il fallait le suivre dans ses extrêmes. » Il l'a suivi, apparemment, d'emblée et sans peine. Leur relation s'intensifiera lorsqu'ils se retrouveront à Montréal à la fin des années 1950, après le deuxième séjour de Jacques à Paris. Et Hubert Aquin deviendra « le meilleur ami de Clément », l'un des rares à comprendre et à admirer cet homme tout à fait inclassable.

On le constate, ces années 1949 à 1953 sont marquées par la littérature. Jacques écrit tout le temps, pour la radio, pour les journaux à titre de journaliste, puis il amorce une création personnelle. « C'est Aquin qui m'a poussé à écrire des pièces pour la radio, je l'ai cru. » Deux de ses pièces seront transmises à l'époque par CKAC dans le cadre de l'émission *Nos étudiants à l'étranger*. Il écrit deux pièces de théâtre, un roman aussi, qui sera vertement refusé par René Barjavel, alors conseiller littéraire aux Éditions Denoël. «C'était épouvantablement mauvais!» s'exclame Jacques en riant.

Peu importe. Ces galops d'essai lui permettent de mettre le pied à l'étrier. Et puis, la littérature française, il baigne dedans. Des grands textes classiques à l'Atelier et à ses cours de littérature, de ses écrits à ceux de tous les écrivains, poètes, dramaturges et auteurs de chansons qu'il fréquente à longueur de journée et de nuit, il se sent, selon son expression, «comme une fourmi ouvrière dans une réserve de riz». Nourri et enivré.

CHAPITRE 7

L'aventure allemande

Arrive l'été 1951, celui de la grande aventure allemande. Un membre du secrétariat d'État à la Jeunesse et aux Sports, alors rattaché au ministère de l'Éducation nationale, qui organise des stages d'art dramatique pour les aspirants comédiens de talent, propose à Jacques de couvrir, à titre de journaliste culturel, les Rencontres de la Jeunesse Européenne. Pour la première fois, l'événement se tiendra sur le rocher de la Lorelei, lieu mythique et symbole culturel associé au romantisme allemand du XIXe siècle, qui culmine dans un coude du Rhin, en Rhénanie. Jacques, avec son enthousiasme habituel, accepte tout de suite. Mais de quoi s'agit-il ? Va-t-on y mettre en scène le mythe de la nixe selon le récit de Heine ?

Mises sur pied par le service culturel de l'ambassade de France en Allemagne, ces rencontres sont les prémices de ce qui n'est pas encore une union européenne, mais qui témoigne du rapprochement d'une quinzaine de pays d'Europe, en pleine guerre froide et sans tenir compte du fait qu'ils aient combattu aux côtés des Alliés ou non. Pour ce faire, on a recours aux loisirs organisés pour les jeunes gens. Issues d'une volonté de dénazification de l'Europe grâce aux échanges culturels et à la découverte des traditions culturelles et artistiques de chacun, ces Rencontres de la Jeunesse de la Lorelei se tiendront de 1951 à 1956 en ce lieu symbolique. Le Traité de Rome, instituant la Communauté économique européenne (CEE devenue UE), sera signé en 1957, et les Rencontres, ayant produit leur effet, cesseront. « C'est très, très important », insiste Jacques, en me montrant des documents et coupures de journaux jaunis qu'il a conservés. Je m'en rends bien compte, m'étonnant de n'en avoir jamais entendu parler auparavant. «C'est très important, et j'y étais», répète Jacques.

Sous la plume de Jérôme Vaillant[9], je lis :

> *Ne fallait-il pas, en particulier, offrir aux jeunes de ces pays et des autres pays d'Europe face aux propagandes extraeuropéennes des occasions d'exprimer leurs propres aspirations et de tenter d'élaborer leur propre vision d'une Europe riche de son passé et capable de tenir ses responsabilités propres dans le monde ? [...]*
>
> *C'est ainsi qu'en juillet et août 1951, pendant cinq décades, se succédèrent dans les installations d'un hébergement quasi militaire, sur le fameux rocher et dans le théâtre en plein air légué par la Hitler Jugend, quelques [sic] 30.000 jeunes originaires d'une quinzaine de pays.*
>
> *La qualité et l'intérêt du programme des décades étaient assurés par l'alternance des nombreux séminaires et groupes de travail qui occupaient les journées et des spectacles offerts pendant les soirées.*
>
> *Les séminaires ouverts aux jeunes traitaient de thèmes aussi variés que la politique mondiale, la décolonisation, la transformation des structures socio-économiques, la démographie, l'éducation, les expériences fédéralistes dans le monde. Leur animation était assurée par de nombreuses personnalités de toutes nationalités se relayant autour de l'équipe permanente [...].*

Le concept décrit ici, celui d'un dépassement des frontières et des clivages qui ont provoqué des guerres en Europe, et qui en produisent toujours dans le monde depuis des millénaires, est également celui qui a fondé les Nations

---

9. Jérôme Vaillant, *La dénazification par les vainqueurs. La politique culturelle des occupants en Allemagne 1945-1949*, Lille, Presses universitaires du Septentrion, 1981, p. 32-33.

Unies. L'altérité comme réponse à la haine et la culture comme outil d'une entente cordiale semblent des idées tellement érodées de nos jours que c'est presque rassurant de voir qu'elles ont déjà existé et mobilisé tout un continent. Qu'en pense Jacques ?

« La paix ne peut venir que d'une ouverture à l'autre, analyse-t-il. La base, c'est l'ouverture à un territoire intérieur plus vaste que ses petites références personnelles, ses habitudes ou ses modèles de pensée. C'est vrai sur le plan politique comme sur les plans artistique, intellectuel et spirituel. » Cette vision du monde qu'il a instinctivement appliquée en se précipitant littéralement, sans filet, au cœur du bouillonnement d'une Europe en reconstruction, où tout était possible, il la développera inlassablement tout au long de sa vie, comme créateur et comme communicateur. L'ouverture, la vastitude, l'au-delà des frontières premières, de quelque type qu'elles soient, demeureront toujours dans sa ligne de pensée et fonderont son désir de transmission.

Fait extraordinaire, en ce mois de mars 2013 : au moment où nous parlons des Rencontres de la Jeunesse, Nicole Dumais retrouve un film tourné en juillet 1951 lors de l'événement[10]. Fascinés, nous regardons sur Internet les images d'une jeunesse enthousiaste. L'impression de retrouver un monde révolu est accentuée par les images en noir et blanc et par l'absence de son. On voit des groupes de jeunes hilares qui dansent, chantent, rient ensemble en gros plan, à gorge déployée. On les voit organiser une cérémonie ou jouer des pièces de théâtre. La chose a un côté patronage catholique ou réunion de scouts, et ce n'est pas sans rappeler les images de propagande bien connues, qui montrent des jeunes exaltés et enfiévrés. Le soleil brille et les images blanchies en paraissent d'autant plus irréelles.

---

10. Documentaire disponible sur le site de l'Institut national de l'audiovisuel (INA), *E comme Europe* : http://www.ina.fr/video/VDD09016194

Soudain, Jacques, le jeune Jacques de 20 ans, apparaît à l'écran. Assis dans un coin, attentif et concentré, il observe une répétition de théâtre. Il est grand, beau, élégant. Sa gravité tranche dans cette ambiance guillerette. À côté de lui se tient un jeune homme, un adolescent, maigre celui-là, les pommettes hautes et le sourcil froncé, qui déclame un texte inaudible. C'est Laurent Terzieff, bien avant qu'il ne devienne le célèbre comédien que l'on connaît. Il a 16 ans en 1951. « Je l'ai rencontré là, raconte Jacques, il avait l'air d'un chien perdu, sans collier, et un organisateur me l'a confié. Mais il était déjà génial. Un talent naturel, incroyable. Il s'est attaché à moi, et moi à lui. Il a eu une importance énorme dans ma vie. » Ils entretiendront sporadiquement une relation amoureuse.

Jacques passe ainsi les mois de juillet et août 1951 à la Lorelei. Il travaille énormément, rédigeant article sur article et enregistrant des topos pour la RTF qui se charge de redistribuer ses bandes magnétiques. À la fin, les organisateurs sont très satisfaits de lui. Jean Rouvet, en guise de récompense, lui propose de participer au Festival de théâtre de Berlin, avec gîte et couvert dans une des maisons officielles du secteur français de la ville. Jacques accepte avec enthousiasme et fait aussitôt ses valises.

Muni d'un laissez-passer et baragouinant un peu d'allemand glané au cours des Rencontres de la Lorelei, il arrive au cœur d'une ville qui n'est pas encore formellement divisée par un mur (il sera érigé en 1961), mais tout de même déjà coupée en deux. Le secteur ouest de Berlin, sous la protection des Alliés, doit en effet être ravitaillé par avion, car les Soviétiques, contrôlant le secteur est, en refusent l'accès par voie terrestre. L'ambiance est plus que tendue. Il faut présenter ses papiers à d'innombrables postes de contrôle.

Installé dans le secteur français, Jacques se présente au consulat canadien qui le dirige vers le consulat britannique. Finalement, lettre de recommandation en poche, il se rend dans le secteur américain, à la RIAS[11], la radio allemande chargée de diffuser une propagande anticommuniste dans les pays communistes. Reçu par le directeur, il apprend les détails de la situation réelle de la ville et du pays. Dramatique. Misérable. Pourtant, c'est Jacques qui porte de minables savates aux pieds. Il ne s'est pas acheté de chaussures, et presque aucun vêtement, depuis son arrivée à Paris deux ans plus tôt. Le directeur de la RIAS en est si frappé que le lendemain il lui offre des souliers neufs. « Un Allemand dans la misère m'a chaussé, se souvient Jacques. C'est comme ça que j'ai pu visiter la ville. »

Chaque soir, il assiste aux représentations théâtrales qui ont lieu au *Staatsoper im Schiller Theatre*, qui se distingue par un décor moderne et une élégance simple. Construit en 1905, cet édifice abrita de 1951 à 1993, en tant que l'un des théâtres d'État de Berlin, la plus grande scène de théâtre parlé de la ville. De plus, à l'initiative des Alliés, en février 1951 a été créée la Berlinale, devenue l'un des principaux festivals de films internationaux. Lancés dans un contexte si délicat, dans la ville-martyre qu'est Berlin, ces festivals s'inscrivent d'emblée dans la grande idée d'après-guerre de la reconstruction par le développement culturel, moteur de la reconstruction sociétale et économique. C'est la même idée qui a prévalu aux Rencontres de la Lorelei, mais aussi, plus globalement, dans le bouillonnement culturel et artistique qui galvanisait non seulement la France, mais aussi toute l'Europe. Jacques est heureux d'assister aux représentations, mais ce qui l'intéresse davantage, c'est le stage de théâtre de dix jours dirigé par Bertolt Brecht et sa troupe, le Berliner Ensemble fondé en 1949. Jean Rouvet trouve le moyen de l'y inscrire. Lorsqu'en septembre 1951 Jacques est accueilli par Ruth Berlau, l'assistante personnelle de Brecht,

---

11. RIAS : *Rundfunk Im Amerikanischer Sektor.*

il est aux anges. Brecht après Vilar, Dullin et Vitold, sacrée aubaine…

C'est un euphémisme de dire que Jacques est impressionné par Brecht et par sa conception de la mise en scène, son exigence, son immense culture, son endurance et sa capacité à « faire sortir les personnages des tripes de ses comédiens », différemment de ce que fait par exemple Michel Vitold. Mais Bertolt Brecht n'aime pas Jacques et le lui fait sentir d'entrée de jeu.

Alors âgé de 53 ans, naturalisé autrichien en 1950 après avoir été déchu de sa nationalité allemande en 1935 par les nazis, qui ont brûlé ses écrits, le dramaturge et metteur en scène n'a plus que cinq années à vivre. En 1951, sa carrière arrive tout à la fois à culmination et à terme. Mais pas son influence déterminante sur le théâtre mondial. Il invente la distanciation au théâtre, par opposition au théâtre dramatique d'identification qui, jusqu'alors, avait cours. Ses grands succès, à la fois déterminants et polémiques pour les nationaux-socialistes hitlériens, sont joués dans l'entre-deux-guerres : *Tambours dans la nuit*, *Dans la jungle des villes*, *Homme pour homme*, ou *L'Opéra de quat'sous*.

Ayant monté le Berliner Ensemble avec sa femme Hélène Weigel, Brecht s'y consacre, mais ne recueillera jamais l'adhésion de tous, provoquant plutôt la méfiance des deux côtés. Du côté de l'Allemagne non soviétique, à la suite de son renvoi des États-Unis en 1947 à cause du maccarthysme, les Alliés lui refusent le visa qui lui permettrait de rentrer en Allemagne. Il doit passer par les Tchèques pour y parvenir. Du côté de l'Allemagne soviétique, ce fils de bourgeois riche et catholique demeure suspect parce que, selon les autorités, il n'est pas assez engagé dans l'idéologie communiste, et que son théâtre est exempt du réalisme social et des héros positivistes chers à cette idéologie. En outre, il refuse d'adhérer au Parti socialiste unifié d'Allemagne, parti unique. Pourtant, Brecht est de gauche et prend publiquement des positions dans ce sens, notamment lors de la révolte des ouvriers est-allemands de 1953. Mais il en exècre les dogmes, sur le plan artistique notamment.

Le personnage est controversé, surtout lorsqu'on sait qu'il s'octroie un salaire dix fois supérieur à celui des membres de sa troupe. Jacques est mal à l'aise : « C'était un génie du théâtre, j'ai beaucoup appris sur le plan de la technique d'interprétation. Et puis, il prônait une forme de théâtre populaire [idée chère à Vilar et à Vitez], mais le courant ne passait pas. C'était un personnage taciturne, autoritaire, toujours de mauvaise humeur. » Rencontre mitigée, donc, qui fait à nouveau ressurgir la question primordiale : entre l'artiste et son œuvre, y a-t-il adéquation ou gouffre ? « Il se méfiait de moi comme Canadien, Nord-Américain et Britannique qui vivait dans le quartier français », analyse Jacques. Chassé des États-Unis, Brecht, qui parle anglais avec Jacques, amalgame peut-être tous les Nord-Américains.

L'essentiel demeure que Jacques a étudié avec un immense dramaturge, dont il parle aujourd'hui comme d'un « mythe fondateur », et cette expérience le marquera pour toujours. À la mi-septembre, son stage fini, il part faire un tour d'Europe avec l'argent qu'il a gagné pendant les Rencontres de la Lorelei. Avant de quitter Berlin, il achète des affiches de propagande russe dont il ne peut lire les slogans écrits en caractères cyrilliques, mais il les emporte dans ses bagages. Pendant un mois et demi, sac au dos, il sillonne le Danemark, la Norvège, la Suède, la Hollande et la Belgique. « Une femme dans chaque ville ? » lui dis-je pour rire. « Et pas qu'une ! » me lance-t-il aussitôt, goguenard.

Pendant ce périple, qu'il effectue en partie avec le mime Marcel Marceau, un autre mythe, il visite surtout les bas-fonds, mû par cette fascination, qui ne le quittera jamais, pour l'envers du décor, le caché, le sombre, la lie et le désespoir de l'humanité. «Ce qui m'intéresse, c'est l'envers du décor», me répétera-t-il à maintes reprises au cours de nos entretiens. «Je veux qu'il soit dit que ma propre vie a souvent été un enfer. Je suis brûlé de partout.»

Ses paroles font référence à bien des effondrements car, globalement, on peut constater en effet que si sa vie extérieure, socioprofessionnelle dirait-on, fut telle qu'il s'est acharné à la façonner, c'est-à-dire brillante et glamoureuse, sa vie intime, jusqu'à sa rencontre et à son mariage avec Nicole Dumais, fut compliquée, lourde, douloureuse. Ainsi, à Paris en cet automne 1951, malgré ses succès, il porte déjà une blessure au cœur. Une blessure amoureuse, profonde et grave, dont il me parlera bientôt.

Lorsqu'il rentre à Paris début novembre, il a l'impression, justifiée, d'avoir vécu plusieurs vies en quatre mois. Sans se méfier, il montre ses affiches russes à Pierre Emmanuel qui aussitôt éclate d'un rire cynique et moqueur : «Vous êtes rouge, vous? Vous faites de la propagande communiste? Brecht vous a converti?» Jacques est confus. Il n'adhère pas du tout aux idées communistes. Il a en horreur qu'un système collectif puisse primer l'individualité. Tout d'un coup, il prend conscience que ces affiches sont agressives, volontaristes et militaristes. À l'opposé exact de ce qu'il a vu et entendu à la Lorelei. C'est bien la guerre froide, décidément.

Pierre Emmanuel l'assigne d'office à une nouvelle émission, *La vie en rouge*, émission de propagande anticommuniste diffusée par la RTF et reprise par ses relais. Jacques ne s'y sent pas à l'aise, car il déteste les extrémismes, ce qu'il reproche d'ailleurs au communisme. Il se sent coincé entre la faucille et le marteau, mais cette série lui donne l'occasion de raconter son aventure allemande sur la base de ses billets personnels. Doit-on écrire et dire ce qu'on veut, ou bien répondre à ce que ses supérieurs et son public attendent de soi? Voilà une question pas moins cruciale, qui interroge le lien entre un créateur et sa création. Une question que se posent toujours, d'une manière ou d'une autre, les artistes, les écrivains, et surtout les journalistes. Une question qui, pour le coup, rapproche un peu Jacques de Bertolt Brecht.

En juin 2013, Jacques retourne en Allemagne avec Nicole. Ils prennent le bateau à New York, séjournent à Paris, puis vont rejoindre la nièce de Nicole, Sabrina, qui fait escale à Berlin lors d'un tour du monde. Je leur donne les coordonnées d'une amie, guide pour l'institut Goethe, afin qu'elle organise leur séjour dans cette ville fascinante et en pleine effervescence, entre les chantiers de fouilles archéologiques, les bâtiments prussiens détruits à l'époque de la RDA et maintenant reconstruits à l'identique, et les concours d'architecture qui font surgir de nouveaux immeubles partout. Jacques en rentre complètement médusé. « Je n'ai rien, rien reconnu, dit-il. C'est incroyable. » La guide ne les a-t-elle pas aidés à retrouver certains lieux ? « Si, mais je ne reconnais plus rien. Mais la ville est fantastique. C'est incroyable ce qui arrive là. » Sans doute aussi incroyable que tout ce que lui-même a vécu là-bas, il y a soixante ans.

CHAPITRE 8

L'enfant de l'amour

C'est une chance précieuse de pouvoir bénéficier du témoignage de François Moreau. Même à l'âge qu'il a aujourd'hui, 83 ans, le souvenir des cinq années parisiennes qui ont métamorphosé sa vie, tout comme celle de Jacques Languirand, son ami de toujours, reste très vif. Il en a d'ailleurs fait un roman, *La Bohème*[12], dans lequel il relate sa rencontre à Paris avec celle qui deviendra la femme de sa vie, une Anglaise audacieuse et singulière avec laquelle il vivra, entre autres lieux, à Londres et surtout sur l'île de Man, en mer d'Irlande — « le paradis sur terre » —, où pendant des décennies il achètera, restaurera et revendra des maisons centenaires, tout en écrivant des romans et des pièces de théâtre pour Radio-Canada et pour la scène.

Après la mort de sa femme, il rentre au Québec en 2004. « Montréal, ç'a toujours été horrible pour moi, dit-il sans fioritures, et ça l'est toujours. Je n'ai rien à faire ici. Ce n'est pas chez moi, pas plus à l'époque qu'aujourd'hui. » Pourquoi est-il revenu, alors ? « Je l'avais promis à ma femme. Elle voulait qu'à sa mort je me rapproche de ma famille. Mais il me reste un seul frère et je ne m'entends pas avec lui. » Et Jacques ? « Ah, avec Jacques, c'est super ! Il m'a tout de suite proposé de m'installer chez lui et il a fait une fête pour nos retrouvailles. On ne s'était pas revus depuis trente ans, mais tout était pareil entre nous. »

Que pense-t-il du parcours de son ami qu'il connaît depuis soixante-dix ans ? « Ce qu'il a réussi est vraiment

---

12. François Moreau, *La Bohème*, Montréal, Triptyque, 2009.

exceptionnel, dit-il, mais surtout sa capacité, comme ça, à lire des livres à la pelle, à les synthétiser, puis à improviser là-dessus. » Il parle du succès de l'émission *Par 4 chemins*, on l'aura compris. Mais que pense-t-il du comédien ? S'étonne-t-il de ce qu'il n'a pas fait la carrière pour laquelle il l'a tant vu se démener dans leur jeunesse ? « Il a joué des rôles, quand même… », relativise François Moreau. Je lui dis que Jacques se considère comme un « comédien raté », sa carrière de scène n'étant pas comparable à l'ampleur de son succès à la radio. « On ne peut pas tout avoir, répond-il alors, en levant les bras. Moi non plus, à part *Les Taupes*[13], mes œuvres n'ont pas eu beaucoup de succès. » Il réfléchit et ajoute : « Mais je n'ai jamais eu l'ambition de Jacques, ni les mêmes aspirations. Moi, la grande affaire de ma vie, c'est l'amour. » C'est d'ailleurs pour une nouvelle femme qu'il reste désormais à Montréal.

On ne peut pas dire la même chose de Jacques Languirand. L'affaire de sa vie, lui, c'est le travail, le travail et encore le travail. Et l'accomplissement, et la transmission. Au fait, que pense-t-il, aujourd'hui, de son ami François ? « Je crois qu'il m'en veut d'avoir mieux réussi que lui, me dit-il. J'ai l'impression que ça nous a un peu éloignés. » L'ambition est-elle vraiment le moteur principal de Jacques, alors ? Peut-être au détriment de l'affectif, non ?

Jacques s'explique : « Il fallait que je m'en sorte, dit-il simplement. Et puis j'ai besoin de construire, de faire des choses. C'est vrai que j'ai peu de patience avec ceux qui ne veulent pas progresser. Je ne parle pas de célébrité, encore moins de réussite matérielle, moi-même je n'ai aucune richesse excédentaire, je vis bien mais c'est tout. Je parle de l'évolution intérieure, de l'exigence de progresser personnellement. Je

---

13. François Moreau, *Les Taupes*, 1960, pièce en trois actes créée au TNM dans une mise en scène de Jean-Louis Roux.

n'accorde d'importance qu'à l'engagement. C'est ça, mon ambition. Dans ma jeunesse, j'étais dévoré par la nécessité de réussir, de prouver que je valais quelque chose, bien oui, j'avais été renvoyé de partout et j'avais tellement déçu mon père. Mon père, à la vérité, en ne me parlant pas, a fait de moi un orateur et un ambitieux, parce que inconsciemment je suis allé chercher la parole ailleurs, des personnes à écouter et avec qui parler. J'ai fait comme mon père, qui était un grand orateur, sauf avec moi ; alors je suis devenu un grand orateur, mais je ne lui ai jamais parlé, à lui. Mais, là où je l'ai surpassé, c'est dans l'ambition de faire les choses à un niveau plus élevé. Mon père n'avait aucune ambition valable, il n'a rien fait de sa vie, finalement. Malgré son génie, il a vécu une vie minable et est mort désespéré. »

J'entends à nouveau dans ses propos, prononcés avec calme et lucidité, l'expression de l'enjeu de la relation père-fils : s'adonner constamment à une évaluation réciproque ; ne pas être trop déçu l'un de l'autre ; tenter, peut-être, de ne pas souffrir de l'absence de l'autre. « J'ai développé l'ambition au détriment du sentimental, analyse Jacques. Ça s'explique par le fait que j'ai déçu mon père pendant mon adolescence, même si j'ai ensuite tellement dépassé ses espérances qu'il en est devenu jaloux... À cause de cela, d'une certaine façon j'ai souffert toute ma vie d'une sorte de désespoir amoureux. »

Que lui a donc apporté l'ambition ? « J'ai été très habile, répond-il, j'ai très bien su me placer dans les bonnes grâces des célébrités et des notables. Alors, oui, j'ai vécu une vie passionnante. Mais, avec le recul, je me rends compte que j'ai mangé tellement de marde ! » Sans transition, il se tourne soudain vers moi et, plongeant son regard dans le mien, me dit : « Tu ne t'aimes pas assez. Tu brûles beaucoup trop d'essence. Tu fais trop de choses pour les autres. J'ai fait exactement pareil. Ça épuise. D'ailleurs, c'est depuis que je suis épuisé qu'on me prend pour un sage. » J'en reste interdite. « Tu m'as dit que la principale vertu humaine est d'être utile aux autres, non ? » Il acquiesce : « Absolument. C'est ce dont je suis le plus content. Avoir été utile. Mais trop, c'est trop : ça épuise. Je suis épuisé. »

Les gens qui en font trop, en veulent trop, en donnent toujours plus que ce qu'on attend d'eux, les gens qui parlent et mangent trop, qui rient et travaillent trop fort, quelle carence comblent-ils ainsi ? Quand on a tant d'énergie, la vraie question est de savoir jusqu'à quel point cette énergie porte, et à partir de quel point elle détruit. Une fois de plus, je reviens à ma question : a-t-il été trop engagé, trop ambitieux, voire opportuniste, au détriment de l'amour ? Enfoncé dans son fauteuil, Jacques tire un moment sur sa pipe avant de me répondre : « C'est sûr que j'ai vécu dans une sorte de long désespoir amoureux. Je n'ai pas su concilier les deux. Mais c'est contradictoire, l'amour et l'ambition sociale. Est-ce qu'on peut vraiment concilier ça ? »

Le personnage de Jacob Obus, dans le film de Martin Villeneuve *Mars et Avril*[14], fait la synthèse de ces deux sujets : la réussite versus l'amour. D'abord, ce premier rôle enfin obtenu à 80 ans confirme la prédiction faite autrefois par Michel Vitold à celui qui était encore son très jeune élève : « Vous êtes fait pour les grands rôles de vieillards, vous verrez... » Ensuite, dans ce film, Jacques est si juste, si authentique qu'on en reste pensif. Parce que, lui aussi, comme Jacob Obus, a joué du corps des femmes comme d'un instrument de musique. Parce que, tel Obus, il irait bien volontiers sur Mars pour n'en plus revenir, comme le propose désormais le programme spatial Mars One. Obus dit à sa jeune dulcinée, interprétée par Caroline Dhavernas : « J'ai attendu l'amour toute

---

14. *Mars et Avril* a pris l'affiche au Québec le 12 octobre 2012. Le film a obtenu quatre nominations aux prix Écrans Canadiens 2013 : meilleure musique originale ; meilleur son d'ensemble ; meilleure adaptation ; et meilleurs effets visuels. Et cinq nominations aux prix Jutra 2013.

ma vie et quand je l'ai rencontré c'était trop tard. » Cette phrase, Jacques la revendique ; elle est sienne.

Martin Villeneuve, le réalisateur qui s'est battu pendant des années, au fil de nombreuses péripéties (notamment financières), pour pouvoir faire son film, me dit : « Ma mère écoutait Jacques à la radio et quand j'ai commencé à l'écouter moi-même, il est devenu comme le grand-père spirituel que je n'ai pas eu. Il a joué ce rôle collectivement aussi. Dans une société québécoise en grave manque de repères et de sens, il est devenu une référence indispensable, et il a perduré, parce que c'est un monument. Aujourd'hui, Jacques est mon ami, nous avons tant d'intérêts communs. Mais c'est aussi un immense comédien qui a été inexploité. Il n'était donc pas question pour moi de faire le film sans lui, car Jacob Obus, c'est lui. Pourtant, il a commencé par refuser le rôle. » Au final, il est totalement lui-même dans ce rôle taillé par Martin Villeneuve à sa juste démesure. À une exception près : Jacob Obus, bien que vieux, est vierge lorsqu'il rencontre la jeune Avril, son premier et unique amour. Cela ne correspond pas à Jacques. « Moi, j'ai eu trop de l'un [le sexe], pas assez de l'autre [l'amour] », reprend celui-ci.

Encore la question du trop et du pas assez ? Il affirme : « On va mettre les choses au clair une fois pour toutes : la sexualité, je m'en fous. Sur ce plan, il n'y a rien que je ne connaisse, il n'y a rien qui me choque. » D'accord, mais faut-il, dès lors, sans tomber dans la caricature, lire sa sexualité débridée comme une défense contre les sentiments, voire contre le sentimentalisme ? Et pourquoi se serait-il si âprement défendu contre les sentiments, s'il était vraiment si peu sentimental ? Se pourrait-il qu'il soit au fond bien plus affectif qu'il ne s'est laissé aller à l'être et à le montrer ? Poser d'emblée le cœur d'un côté et le sexe de l'autre paraît toujours cacher quelque chose sous la coupure. Mais, surtout, elle est vaine, poreuse comme une pierre trop tendre, menacée d'érosion. Des événements très intimes, survenus en 1952 à Paris, illustrent cette affirmation.

Depuis trois ans qu'il est en France, Jacques s'est taillé une certaine place. Il reste désargenté, mais a su se rendre indispensable à bien des égards. De retour à Paris en novembre 1951, après son périple européen, il travaille d'arrache-pied à ses nombreuses émissions sur la RTF, va voir des spectacles et des expositions, écrit pour les revues culturelles québécoises et françaises, et, bien sûr, poursuit ses études de théâtre.

Dans son roman *La Bohème*, François Moreau le décrit sous les traits du personnage de Roger, aspirant comédien :

Grand, les cheveux bruns, le regard direct, toujours bien vêtu, il ne parlait jamais de lui-même, sondait son interlocuteur sur ses ambitions, répétant invariablement qu'il pouvait l'aider, donnait rendez-vous, reparaissait avec des : « J'ai pensé à toi » et des : « J'ai bien réfléchi à ton affaire », etc. Il calculait sans cesse ce qu'il pouvait tirer de l'un, en quoi tel autre pourrait un jour lui servir. Complimenteur à outrance, jamais un geste sans qu'il n'en prévît l'issue. Untel semblait-il après tout ne pas favoriser ses ambitions, il l'abandonnait, passait au suivant sur l'échiquier de son existence où l'avance de chaque pion déterminait celle de cinq ou six autres. [...]

Il se décrit lui-même en compagnie de ce Roger, flânant dans Paris, surtout le long des quais, pris de fringale pour le théâtre de Tchekhov et de Ionesco. Et puis, au fil des pages, il décrit le quotidien sursaturé de désirs et d'expériences sexuelles débridées, mais comme impossible à assouvir. Il faut dire que les jeunes Québécois, c'est vrai pour Jacques comme pour François, laissent éclater leur sexualité trop longtemps brimée par la chape de plomb du catholicisme, sous le joug duquel ils ont grandi. Cette explosion libidinale rencontre et répond à celle des jeunes Français et Françaises réchappés de la guerre. Une rencontre entre la poudre et le feu dans l'écrin d'une Ville Lumière qui, pour le coup, mérite bien sa réputation de frivolité insouciante et joyeuse.

Et l'on s'en fout
D'attraper la vérole
Pourvu qu'on tire un coup

… écrit François Moreau, reprenant les paroles d'une chanson de l'époque. Paris comme une ritournelle de plaisirs diurnes, nocturnes, permanents, amoraux et inconséquents. Des femmes comme s'il en pleuvait, consentantes sinon carrément chasseresses. François et Jacques s'en donnent à cœur et à corps joie. Complices, mais aussi partageurs.

Les fêtes, les sorties, les femmes, l'alcool et les mille étourdissements parisiens ne détournent donc pas Jacques de son ambition. Au cours du printemps 1952, il s'installe dans un petit appartement rue des Martyrs, à Montmartre. Le jeune Laurent Terzieff, rencontré à la Lorelei, vient s'installer chez lui. Ils entretiennent une relation intime, partagent leur amour du théâtre et de la culture, mais aussi, parfois, leurs conquêtes. Jacques raconte : « Terzieff était plutôt aux hommes à cette époque, mais il entretenait aussi une relation avec une femme depuis quelque temps. Il voulait la quitter. Un jour, il m'annonce qu'elle va venir, mais qu'il ne veut pas la voir. « Occupe-toi d'elle, me dit-il, je n'en veux plus. » Et il claque la porte, me laissant là. La femme arrive, et nous avons discuté. Elle est revenue me voir plusieurs fois, et finalement on s'est mis ensemble. Elle insistait beaucoup et elle était très bien, très attentive envers moi. C'était une femme de caractère, divorcée, elle avait un enfant. Elle se sentait seule. Elle semblait prête à n'importe quoi pour ne pas être seule. Je me suis laissé faire, en quelque sorte. »

Elle s'appelle Gisèle, mais on la surnomme Gigi. Bientôt, Jacques et Laurent se disputent et se fâchent. Laurent quitte l'appartement et Gigi emménage à sa place avec son enfant. «Voilà, conclut Jacques, c'était la première fois que je vivais en couple. Mais je tenais mes distances, quand même, je ne voulais pas me sentir emprisonné.» S'il ne semble pas très amoureux, cette relation et cette situation avec une femme dévouée et plus âgée que lui, lui apportent un meilleur équilibre. Il va avoir 21 ans et sa vie parisienne se stabilise alors dans une certaine routine.

Il en a bien besoin car, l'année précédente, il a vécu tout un choc émotionnel. Maryse, une jeune choriste au théâtre du Châtelet, est tombée enceinte de lui. Elle vit à Chatou, une banlieue chic du nord-ouest parisien, dans sa famille. Jacques est attaché à elle et reçu par la famille. Un jour, Maryse lui annonce qu'elle le quitte.

«Elle m'a dit qu'elle était enceinte, qu'elle voulait garder l'enfant, et que c'est pour ça qu'elle me quittait, car elle était sûre que, si elle restait avec moi, je n'accepterais pas qu'elle garde l'enfant. Elle m'a dit qu'elle m'aimait et que c'est pour ça qu'elle voulait avoir cet enfant, en souvenir. Elle l'élèverait seule.» Lui a-t-elle laissé le choix? «Pas du tout. Quand elle m'a annoncé ça, sa décision était prise.» Est-ce vrai qu'il aurait préféré qu'elle avortât? «Non. Je pense que j'aurais aimé avoir cet enfant avec elle, mais je pense aussi qu'elle n'avait pas confiance en moi, et puis je n'avais pas les moyens de nous faire vivre. Elle allait l'élever dans sa famille, elle préférait ça. Et donc, voilà, l'enfant est né. Une fille. Elle m'a écrit pour me prévenir, et c'est tout.» Qu'a-t-il fait, alors? «Rien, répond Jacques, j'aurais dû, mais je n'ai rien fait. Elle avait pris sa décision et elle ne m'a pas laissé le choix. Ç'a été un choc terrible. Je crois que, sur le coup, je ne me suis même pas rendu compte à quel point.»

Donc, il n'a jamais plus revu Maryse ni leur enfant. «Non. Plus jamais. J'ai appris qu'elle s'était mariée par la suite, et l'enfant a grandi dans cette nouvelle famille, avec un autre père. Dans les années 1980, j'ai reçu une lettre de Maryse. Trente ans après, elle pensait que j'aimerais peut-être contacter ma fille. Elle était malade et, avant de mourir, elle voulait me donner les coordonnées de notre fille. » Maryse est morte peu après l'envoi de cette lettre. Et Jacques ? A-t-il contacté sa fille ? « Je voulais, me dit-il, mais je n'ai pas pu. J'avais rangé le papier avec ses coordonnées dans un tiroir, dans ma chambre, et il a disparu. » Disparu ? Quelle histoire rocambolesque ! « Je pense que c'est ma fille Martine qui l'a pris, je ne vois pas qui d'autre, sinon. En tout cas, j'ai perdu les coordonnées de ma fille et maintenant je ne sais plus comment la retrouver. » Et serait-ce important, pour lui, de la retrouver ? « C'est extrêmement important pour moi, répond-il. C'est ce que je veux le plus au monde. Je voudrais vraiment la voir avant de partir. »

Il sait seulement qu'elle habite à Paris, mais il possède des documents officiels, l'extrait de naissance de l'enfant et le certificat de mariage de Maryse. C'est Nicole, la femme de Jacques, qui a fait toutes les démarches, effectué les recherches, écrit dans les mairies concernées, et même contacté des avocats pour tenter de retrouver l'enfant perdue. En ce printemps 2014, pourtant, aucun résultat. Jacques en est triste autant qu'impuissant. « Je vais laisser aller les choses comme elles doivent aller, me dit Nicole. Si aucune démarche n'a abouti, ce n'est peut-être pas pour rien. Peut-être que la fille ne veut rien savoir. »

Sait-elle, cette femme qui, en 2014, a 62 ou 63 ans (soit à peu près l'âge de Nicole), qui est son père biologique ? « Non. Maryse ne le lui a jamais dit. Elle s'est mariée quand la fillette était bébé, et celle-ci a toujours pris le mari de sa mère pour son père. » Elle pourrait donc éprouver un violent choc, elle aussi, si elle apprenait cette vérité. Mais, après tout, doit-elle l'apprendre ou non ? « Je ne sais pas, répond Nicole. On ne peut pas se battre contre l'impossible. À la place de la fille, je serais peut-être choquée de retrouver mon père biologique si diminué, souffrant de démences cérébrales. »

Lorsque je pose la question à François Moreau, qui a connu Maryse lui aussi, il me confirme que l'événement a profondément blessé Jacques : « Il m'en a souvent parlé, dit-il. Je sais qu'il y pense beaucoup et que c'est très important pour lui. » Sa version des faits est pourtant différente de celle de Jacques : « Je ne suis pas sûre que c'était Maryse. Je pense qu'au fond, Jacques ne s'en souvient plus. Il parle d'elle comme d'une grande femme brune, mais Maryse était petite et plutôt blonde. Je le sais bien, j'ai couché avec elle aussi. Pour moi, il ne peut s'agir de Maryse. »

Comment savoir, alors ? Et comment imaginer que Jacques ait pu se tromper sur l'identité de cette femme qu'il a aimée ? Car il l'a aimée : « Tout le monde couchait avec tout le monde, dit Jacques, mais Maryse et moi étions amoureux, c'est très différent. Elle a été le premier et sans doute le plus grand amour de ma vie, c'est pour ça que je veux voir ma fille. Je veux lui dire qu'elle est née d'un grand amour. Je veux qu'elle sache qu'elle est l'enfant de l'amour. » Enfant perdue, d'un amour perdu.

La blessure est très profonde. Il avait 20 ans alors, et au fond n'en a jamais guéri. Pas plus qu'il n'a guéri d'autres blessures profondes, toutes d'ordre affectif et familial. Toutes liées aux femmes de son sang, sa mère d'abord, puis ses deux filles. Trois femmes, trois meurtrissures douloureuses accompagnées d'un sentiment de culpabilité. Cela ressemble à un karma, pour qui veut en parler en ces termes. Quoi qu'il en soit, la répétition est troublante. Pourquoi diable n'a-t-il donc pas cherché à revoir sa fille avant aujourd'hui, alors qu'il a vécu plusieurs fois à Paris et qu'il y est allé si souvent au cours de sa vie ? « Maryse était mariée, je n'ai plus osé me manifester de peur de déranger. J'ai espéré qu'elle le ferait. Il ne se passe pas un jour sans que j'y pense. Et puis maintenant, je l'ai à nouveau perdue. »

Cette histoire est vraie, bien sûr, mais comment savoir jusqu'à quel point la maladie de Jacques a pu la déformer ? « Elle est mon premier enfant, c'est très important, me répète-t-il. Je veux réunir mes trois enfants. À l'âge que j'ai, j'aimerais qu'ils se rencontrent et que nous soyons tous réconciliés. Sinon, je ne pourrai pas partir en paix. » Ce désir de réconciliation totale est essentiel pour Jacques à la fin de sa vie. Il l'a répété sans cesse, disant que, pour lui, c'est le but principal de ce livre, et qu'il a accepté de le faire dans cet objectif. Je l'entends comme un désir de se réconcilier ultimement avec lui-même, avec toutes les facettes de sa personne.

Dans les faits, lorsque nous avons entrepris ces entretiens en février 2013, sa fille Martine et lui ne se voyaient plus depuis plusieurs années. Une fracture intime existait entre eux, qui semblait impossible à réparer. Pourtant, en mai 2013, ils se sont réconciliés. Beaucoup grâce aux interventions de Pascal et de Nicole, mais le désir de réconciliation était sans doute présent chez la fille autant qu'il l'est chez le père.

À présent qu'il s'est lié de nouveau avec ses deux enfants, et du même coup avec les enfants de Martine, ses petits-enfants, il lui reste l'espoir de retrouver sa première fille, pour placer ainsi l'ultime pièce du puzzle. Pour que son cœur retrouve la complétude perdue depuis si longtemps. Car, tout au long de sa longue vie, la disparition de sa première fille, le sentiment qu'elle lui a été volée, a constitué son talon d'Achille. Et ce n'est même pas une métaphore. Depuis cet événement tragique survenu alors qu'il avait 20 ans, Jacques a littéralement le cœur dans le talon.

À partir de l'automne 1952, en effet, il se met à souffrir du talon gauche. Il ressent des élancements, d'abord la nuit, puis toute la journée. Le talon, puis le pied gauche entier enflent, rougissent ; la circulation sanguine est mauvaise et la douleur, de plus en plus insupportable et invalidante. Les médecins diagnostiqueront plus tard un problème vasculaire. Ce trouble se manifestera régulièrement tout au long de sa vie. De 2010 à 2012, notamment, son pied gauche a « pourri », comme le dit Nicole, qui s'est démenée de toutes ses forces pour trouver un médecin à Montréal capable de comprendre le problème et de le soigner. Ces vascularites sont aussi à l'origine des problèmes cérébraux de Jacques. On peut penser, sans extrapoler, qu'il s'agit d'une sorte de mémoire du corps, une faiblesse structurelle qui se révèle par intermittence.

À l'automne 1952 à Paris, Jacques, qui vit avec Gigi, ne sait pas comment se soigner. Il n'est pas protégé par la sécurité sociale et n'a pas d'argent pour payer des soins dans une clinique privée. Il commence à avoir des difficultés à marcher et la fièvre, provoquée par l'infection envahissante, l'éloigne des sorties et du tourbillon parisien. « J'ai toujours pensé que ce problème de pied gauche correspondait à une blessure du cœur et de l'âme », me dit Jacques. Lui qui se dit si peu sentimental, intéressé seulement par le travail, la réussite et le sexe, s'est pris le pied dans une histoire d'amour tragique. Cette maladie récurrente, née du tout premier choc amoureux de sa vie et de ce qui est pour lui la perte de son premier enfant, ne guérira jamais.

D'autre part, comme le rappelle Nicole Dumais, « il est malade de la gauche ». En effet, toutes ses maladies affectent le côté gauche de son corps, le côté de la mère, de l'affectif et de la mémoire. Talon gauche. Hanche gauche, remplacée par une pièce de titane. Rein gauche, qui ne fonctionne plus et qui représente la plus grande menace infectieuse pour son organisme, puisque le rein droit ne fonctionne plus qu'à trente pour cent. Tympan gauche, aussi, sans oublier le cœur, à gauche évidemment, soutenu par un stimulateur.

Ce déséquilibre « de la gauche », le corps doit le compenser par une « sur-droite », par un renforcement du côté droit du corps, associé à l'intellect, à la créativité, à la volonté, à la résistance, à la persévérance obstinée et courageuse autant qu'à l'énergie tout à fait hors du commun de Jacques. Cela l'a sans doute rééquilibré et porté, mais sans faire disparaître pour autant l'immense fragilité affective révélée par la mémoire douloureuse de la partie gauche de son corps. Celle qui, lorsqu'elle se réveille, l'immobilise, menaçant même de le faire chuter.

Revenons en décembre 1952. Jacques et François partent tous les deux skier dans le Tyrol autrichien. Jacques espère que le bon air et une vie plus saine le guériront. Il souffre, mais n'en parle à personne. François Moreau me dit qu'il ne savait même pas que son ami était malade. Au bout de quelques semaines, l'argent manque cruellement. Jacques écrit à Clément pour lui demander de lui envoyer son allocation mensuelle dans le village autrichien où il se trouve. Mais, dans l'attente, que faire ? Rien. Rien du tout. Juste être là et vivre. « On a tiré à pile ou face, me raconte François Moreau, pour savoir lequel de nous deux irait gagner de l'argent et reviendrait ensuite pour payer la pension et les frais encourus. C'est tombé sur moi. Je suis donc parti pour Rome pour faire de l'argent. J'y suis resté trois mois. Jacques m'a beaucoup reproché de l'avoir laissé tout seul, sans argent, à la montagne. Mais moi j'étais à Rome, je vivais, vous comprenez ? C'était Rome, la _dolce vita_... » Il reviendra finalement, mais Jacques, entre-temps, se sera débrouillé autrement pour avoir l'argent nécessaire à son séjour en Autriche.

Aujourd'hui, Jacques décrit ce long séjour comme un enchantement mystique. Une merveilleuse expérience panthéiste. Il est seul et minuscule au milieu de cette nature magistrale, absolue, qui enfin le dépasse, l'englobe, le console, impose le silence et force le respect. Il se sent pleinement à sa place.

Il se souvient : « C'était un village de bûcherons. Ils partaient le matin avec leurs voitures à cheval, je les suivais. Toute la journée, je les regardais cogner sur les troncs, la hache à la main. Des heures de travail physique dans le silence total de la montagne, sous la neige. Et puis un jour la neige a commencé à fondre et les ruisseaux et les oiseaux se sont mis à chanter, les fleurs à percer. Je faisais des promenades solitaires, je respirais. J'avais mal au pied gauche, mais je n'y pensais plus. Le froid me faisait du bien. Les gens du village m'ont adopté, comme ça, je me suis intégré sans m'intégrer. Je vivais en marge avec eux. Le patron de l'auberge et sa femme étaient très gentils. Je ne sais pas pourquoi ils m'ont fait confiance, pendant trois mois, ça devait se faire ainsi, faut croire. Comme je connaissais peu l'allemand, quelques phrases apprises à la Lorelei et à Berlin, je ne parlais pas. J'ai passé trois mois dans le silence total. Après toute cette agitation parisienne, le rythme fou que je vivais depuis mon départ de Montréal, j'avais enfin du temps sans fin. Ça m'a permis de faire un bilan, de prendre du recul. Mais je n'ai pas fait exprès de faire un bilan. Il s'est fait tout seul en moi. » Écrivait-il ? « Non. Je me promenais, je lisais, je dormais, j'étais tout simplement là. C'est un des plus beaux moments de ma vie. »

Le vide, la vastitude, le silence, le dénuement total. Jacques avait déjà pressenti tout cela comme une nécessité vitale, lors de ses retraites chez les Dominicains. Mais, au cœur de la nature, il n'y a ni prêche ni dogme ; aucune forme de pression ou d'obligation. Jacques y est fondamentalement à nu. À écouter en lui les échos de ce qui est plus grand que soi. Cette tension entre le charnel et le spirituel, avec une égale passion pour ces deux extrêmes, moins opposés qu'il n'y paraît, caractérise profondément Jacques. Toute sa vie en témoigne.

À la fin du mois de mars 1953, son père envoie l'argent et François rentre de Rome, ivre d'aventures, avec de l'argent lui aussi. Jacques acquitte sa note auprès de l'aubergiste et rentre à Paris avec François. Ils vont bientôt se quitter. François suivra la femme de sa vie. Ils ne se reverront qu'une fois, à Montréal, au début des années 1970, puis en 2004. Toute une vie où chacun est, de loin, témoin de la vie de l'autre.

Mais à Paris, le talon gauche de Jacques se surinfecte. Gigi, sa compagne, lui vient alors en aide. « Elle a appelé le médecin et c'est elle qui a payé les antibiotiques. Elle m'a vraiment sauvé. » La guérison cependant est de courte durée, puisqu'une autre maladie se déclare, une pleurésie, longue à soigner. Jacques ne peut plus rester à Paris, car les soins nécessaires pour combattre cette nouvelle affection coûtent trop cher, sans parler du long repos qu'il doit prendre, et Gigi n'a pas les moyens de s'occuper de lui. De toute façon, Jacques n'y tient pas. Il est attaché à elle, mais n'est toujours pas amoureux.

La mort dans l'âme, malade et en proie au désespoir sentimental qui ne le quitte pas, il rentre à Montréal en mai 1953. « C'était exactement ce que je voulais éviter à tout prix. Mais je n'avais pas le choix. Sur le bateau, je partageais une cabine avec Louis-Georges Carrier et Hubert Aquin. Voyant mon désespoir, Hubert m'assurait que tout se passerait bien à Montréal, tandis que je me jurais de retourner à Paris le plus tôt possible, par tous les moyens. Ça m'aidait à tenir. »

Début août 2014, nous sommes au restaurant, Nicole, Jacques et moi. Jacques dit : « Quitter Paris a été la plus grosse erreur de ma vie. » Une phrase pour le moins radicale, qui remet en question toute sa vie. « C'est le destin qui t'a conduit à le faire », dis-je. Nicole, se tournant vers moi : « Tu crois au destin, toi ? » J'explique : « Nous nous sommes tous demandé un jour "si j'avais tourné à droite plutôt qu'à gauche à tel moment, ma vie aurait-elle été différente ?" Au bout du compte, on s'aperçoit qu'on n'a fait que ce qu'on était capable de faire à tel ou tel moment, c'est tout… Non ? » Jacques approuve. Mais demeure pensif.

À vrai dire, ce retour déterminera le reste de sa vie.

CHAPITRE 9

Paris, prise deux

Lorsqu'il rentre au Québec en mai 1953, ses ailes brisées par la maladie issue de sa blessure affective, Jacques se sent chuter en pleine noirceur. Encore aujourd'hui, lorsqu'il évoque ce premier retour, qu'il appelle son « premier échec parisien » — il y en aura trois —, son regard se voile. « C'était la grande noirceur de Duplessis, me dit-il, mais c'est moi-même, intérieurement, qui me sentais comme ça. Ç'a été très difficile. J'étais complètement perdu. »

Il fait le compte de ce que ces quatre années incroyables lui ont apporté. Ses découvertes. Ses réalisations. L'apport de ses maîtres : Pierre Emmanuel, sa pierre fondatrice ; Léon Zitrone, qui l'appelait le « vert[15] bien habile », le modèle du journaliste ; Michel Vitold et Jean Vilar, ses dieux du théâtre ; Cocteau, Claudel, Gide, Montherlant, Prévert, Sartre, mais aussi Aznavour, Piaf, et… Brecht. Il se dit qu'il ne les a pas perdus pour toujours, et puis il a désormais tant de contacts.

« J'ai appris des Français à être français, analyse-t-il, la politesse, la prépondérance de la culture, la rigueur dans le traitement de l'information, le vouvoiement systématique, pour la première fois de ma vie. L'accent pointu. Tout ça ne m'a pas apporté que des facilités au Québec. Au contraire, ça m'a créé des difficultés. Quand je suis revenu à Montréal, je n'étais pas chez moi. Je n'étais plus d'ici. J'étais trop différent, et d'une certaine façon je le suis toujours resté. » Et puis, surtout, malgré les immenses efforts qu'il a faits pour se

---

15. « Vert » au sens de « jeune ».

former comme comédien et réussir dans ce métier, qui était son objectif premier, il n'y est pas encore parvenu. Il n'a fait que des choses mineures dans ce domaine, s'illustrant surtout comme journaliste culturel. L'analyse prémonitoire de la comédienne Suzanne Cloutier s'est-elle révélée tristement exacte? Cependant, ce serait mal connaître Jacques Languirand de croire qu'il avait renoncé à son rêve, surtout qu'il n'avait que 22 ans!

Ces quatre années lui ont permis de se révéler à lui-même, de devenir un meneur, un créateur, un débrouillard, un travailleur ambitieux et infatigable, un insatiable curieux de la vie, des gens et du monde. «Seuls dix pour cent des gens perçoivent les choses en profondeur, commente-t-il, il faut savoir ça pour trouver le moyen d'être apprécié par le groupe. J'ai appris cela très tôt. On ne dit pas au public des choses qu'il n'est pas prêt à entendre. Il faut savoir s'adapter au groupe.»

Pourtant, les groupes, la dissolution dans la masse, ce n'est pas exactement sa tasse de thé. Il est bien trop singulier, exigeant; trop conscient de son individualité et bien trop hérissé devant la médiocrité et les demi-mesures. Il l'est sans doute depuis longtemps, depuis toujours. Mais il a appris à composer avec les nécessités du groupe, afin d'y trouver sa place, même si, malgré tout, il ne se sent jamais tout à fait intégré dans les propositions ou les ambitions collectives. Jacques Languirand accorde une grande importance à la solidarité entre individus uniques et autonomes, mais il abhorre la fusion des individus dans la masse. Jusqu'à son mariage avec Nicole, en homme farouchement libre, il refusera d'ailleurs l'idée même de fusion. L'existentialisme de Sartre ou de Camus l'a beaucoup influencé, plus que les idées collectivistes, celles du communisme comme celles des églises, et, par extension, toutes les formes de l'engagement politique.

Un individu un et unique. Tel il est à son retour à Montréal, mais c'est plus que cela. Il se sent seul, différent et incompris.

Les premiers temps du moins. Heureusement, il y a Hubert Aquin, le frère de cœur et d'esprit. « J'avais quitté le Québec pour fuir mon père. Hubert, lui, avait fui sa mère qu'il haïssait. C'était un de nos points communs. » Parmi tellement d'autres, qui ne cesseront de se révéler et de se développer avec les années, pendant plus de vingt-cinq ans, jusqu'à la toute fin.

Dès que le bateau accoste dans le port de Québec et que Jacques aperçoit Clément, qui a fait la route pour venir l'accueillir, qui agite les bras en sautant sur place et en criant, Jacques sent l'angoisse l'étreindre. Et la honte, devant ce père original et insolite, jamais conforme à ce qu'on attendrait d'un père. Hubert, lui, tombe sous le charme de cet homme, tandis que Jacques est irrité. D'autant plus qu'il a appris que l'auteur de la lettre de dénonciation, sur la foi de laquelle on l'avait expulsé de l'externat Sainte-Croix, peu avant François Moreau, n'était autre que… Clément. Mais qui le lui a dit ? « J'ai croisé à Paris un de mes anciens professeurs de l'externat. Il m'a révélé toute l'affaire. »

Mais que voulait donc Clément, lui-même un instituteur, en faisant renvoyer son fils unique de la dernière école qu'il pouvait encore fréquenter, compromettant ainsi ses chances de finir sa scolarité ? Et pourquoi, après ce renvoi, Clément a-t-il tout de même payé les cours particuliers de Jacques ? « Rien chez mon père n'a jamais été rationnel, dit Jacques en secouant la tête. Mais il ne s'attendait pas à ce que je parte pour Paris. Je l'ai fait. »

Et là, en ce mois de mai 1953, alors qu'il vient de fêter ses 22 ans, il est malheureux de revenir à Montréal, alors que Clément est aux anges. Très fier de tout ce que son fils a réalisé à Paris et en Europe, mais ne cessant, tout au long de la route qu'ils font en voiture de Québec à Montréal, de lui vanter « tout ce que le Québec est devenu et possède, et que la France n'a pas ». Jacques ne l'écoute pas. Il soupire. Il passera des mois à soupirer, d'autant que, sans un sou en poche, il devra vivre chez Clément. «Même physiquement, je détonnais, se souvient-il. Je portais la barbe. Ce n'était pas l'usage au Québec. J'étais moqué.» Et de conclure, cynique: «À cette époque, au Québec, il n'y avait que des femmes à barbe!»

Pendant plus de six mois, il verra tout en noir, désespéré et déprimé. «Je trouvais les Québécois sauvages, imbéciles, incultes. Je n'avais rien à leur dire.» Il doit de toute manière garder souvent le lit, épuisé par sa pleurésie. Il se repose, lit, s'enlise. Les mois passent. Heureusement, de nouveaux examens révèlent que sa pleurésie n'est pas bacillaire et qu'elle est en voie de guérison. Ses forces reviennent peu à peu et bientôt il s'impatiente à force de se tourner les pouces.

Il ne sait pas encore que, très bientôt, de belles opportunités professionnelles lui permettront de maximiser ses potentialités et de faire fleurir au Québec les graines engrangées en France et en Europe. Très bientôt, sa vie, toute sa jeune vie, changera complètement, et pour toujours, sur les plans professionnel et personnel. Il ne sait pas encore que la décennie qui vient, de 1953 à 1963, sera hautement édificatrice et déterminante. L'automne 1953 en donne le coup d'envoi. Après six mois de convalescence physique autant que psychique et affective, même si son énergie reste aléatoire, Jacques retrouve l'audace et la créativité qui le caractérisent. En octobre, guéri et déterminé, il est prêt à prendre la place qui lui revient à Montréal.

Cette place prend d'abord les traits délicats et la silhouette exceptionnellement harmonieuse et sexy d'une jeune femme, costumière et maquilleuse à Radio-Canada, Yolande Delacroix-Pelletier. Encore aujourd'hui, Jacques évoque sa beauté, son charme, et la conscience aiguë qu'elle en avait. «C'était vraiment une belle fille, se souvient-il. Admirablement faite et bien proportionnée, très sexy, sachant se mettre en valeur, maquillée, habillée, coquette, aguichante. Très consciente d'être attirante et jouant avec ça. J'étais très fier d'être avec une belle fille comme ça. J'aimais la montrer. L'avoir à mon bras me valorisait. Je l'ai rencontrée dans les couloirs de Radio-Canada, où elle était maquilleuse. Mais attention, pas n'importe quelle maquilleuse : diplômée des Beaux-Arts de Montréal, Yolande avait également suivi des cours avec des experts en maquillage de cinéma de Hollywood, et elle excellait là-dedans. Elle était la seule au Québec à posséder ce talent et elle aurait pu faire une bien plus grande carrière. Tout de suite, nous nous sommes plu. Je l'ai invitée au cinéma, et après on ne s'est plus quittés. »

Ainsi commence une relation qui durera quarante-quatre ans, jusqu'à la mort de Yolande le 23 juin 1997, le lendemain du quarantième anniversaire de naissance de leur fille Martine. On ne parle pas en quelques lignes d'une relation si longue, complexe et multiforme, très contrastée aussi. Disons pour l'instant que son mariage avec Yolande apporte instantanément à Jacques le terreau dont il a besoin pour prendre racine et croître, sur le plan socioprofessionnel en particulier, mais aussi, bien sûr, en faisant de lui « un homme et un père de famille » — même s'il y a beaucoup à dire sur ces sujets.

Yolande est issue d'une famille bourgeoise montréalaise qui ne sera jamais favorable à cette union et n'acceptera jamais totalement Jacques. « Ses parents me détestaient, dit-il. Ils ont toujours considéré que j'avais kidnappé leur fille, que je ne la méritais pas. » Martine me confirmera l'animosité de ses grands-parents maternels, en particulier de sa grand-mère, envers son père. Yolande, fille unique de bonne éducation, s'engage tout de même complètement dans cette relation qui est, sans doute pour elle aussi, valorisante et propice à développer son talent artistique et son goût pour la représentativité sociale, ayant immédiatement repéré chez le jeune homme de 22 ans la graine de vedette et le personnage public qu'elle contribuera à faire éclore.

Si elle rencontre Jacques à Radio-Canada en octobre 1953, c'est que celui-ci, relevé de pleurésie, avait entrepris dès la fin de l'été des démarches auprès de la société canadienne de radiodiffusion d'État. On le connaît, bien sûr, par les très nombreuses chroniques que la société a retransmises quatre années durant, par l'intermédiaire des studios de la RTF à Paris, sous la houlette de Pierre Emmanuel. Chroniques qui ont été diffusées sur les ondes du service international de Radio-Canada, mais aussi, parfois, sur celles de CKAC. Depuis Montréal, sa voix suit maintenant le chemin inverse, par-delà l'Atlantique vers la France, mais aussi vers l'Amérique du Sud.

Mais Jacques s'ennuie ferme. « Quelle débarque ! lance-t-il. Je venais de Paris, où j'avais travaillé avec des directeurs, des journalistes et des chroniqueurs qui pratiquaient l'analyse tranchée et la conviction exprimée avec force, et qui n'avaient jamais peur de la controverse. Ici, c'était déjà le consensus mou. » Il y remédiera personnellement, dans les années suivantes, notamment à la télévision de Radio-Canada qui en est à ses débuts.

Mais pas tout de suite. Car, pour l'heure, en cette fin de 1953, Yolande et lui se sont déjà mis d'accord, malgré l'opposition des parents de la jeune femme, qui a eu 27 ans en décembre 1953 (Jacques en aura 23 en mai 1954), et contre l'avis de Clément qui continue à s'étonner de l'entêtement de son fils. Les tourtereaux n'ont cure de ces désaccords : ils retourneront à Paris, ensemble cette fois. Jacques partira le premier, ce qu'il fait dès le mois de mai 1954, et Yolande le rejoindra un mois plus tard.

Le 1er octobre 1954, ils se marient à Paris. Pierre Emmanuel est le témoin de Jacques ; et celui de Yolande, qui est enceinte de deux mois, n'est autre que Lionel Lemay, directeur de la Maison du Canada où a lieu la cérémonie. Pascal naît le 3 mai 1955 dans une clinique du 13e arrondissement, en guise de cadeau pour le vingt-quatrième anniversaire de son père. Le tout avec le consentement des parents de Yolande, notamment de son père, Moïse Pelletier, qui acquiesce par écrit à la lettre par laquelle Jacques lui a demandé la main de sa fille. «Au début, ma relation avec les parents était plutôt bonne, explique Jacques, mais ça n'a pas duré. Ils m'ont vite détesté.» Puis, il ajoute : «Mes deux premiers enfants sont nés à Paris, c'est un destin, non ?» En effet. Mais, on l'a vu, il n'aura jamais plus de nouvelles de la fille née de ses amours avec Maryse Allain — si toutefois il s'agit bien de la mère... A-t-il cherché à en avoir, à ce moment-là? «Non, répète-t-il. Je ne voulais pas m'imposer dans leur vie.» Ni eux dans la sienne, manifestement.

Leur situation financière est cependant mauvaise. Yolande, qui est allée à Montréal en février 1955 pour rencontrer Clément, et aussi pour que Clément et ses parents à elle, les futurs grands-parents, fassent connaissance, a reçu un peu d'argent de son beau-père et s'est empressée de le remettre à Jacques à son retour. Clément lui a aussi donné deux cents dollars pour l'enfant à naître, mais Jacques lui écrira pour l'informer que, vu leurs problèmes financiers, il devra garder l'argent pour eux. De plus, Clément a promis à Yolande qu'il lui transférerait par dotation les titres de propriété de sa maison de la rue Lajeunesse. Lorsqu'il apprend cela, Jacques se fâche. «Il faisait des promesses à ma femme dans mon dos, me dit-il, je me sentais comme un con!»

Cet épisode s'ajoute malheureusement à d'innombrables autres, qui témoignent de l'ambiguïté qui règne sur le plan financier entre le fils et le père, révélant les désaccords, les malentendus et les clairs-obscurs dont leur relation est tissée. Ainsi, Hermine, la tante de Jacques que Yolande va aussi rencontrer à Acton Vale, voulant aider son neveu et sa famille, confiera des sommes assez importantes à Clément pour qu'il les dépose dans un compte bancaire à Montréal, pour Jacques. Mais Clément gardera cet argent par-devers lui. Plus tard, après avoir appris cette nouvelle manœuvre de son père,

Jacques lui demandera cet argent, mais Clément lui enverra plutôt une lettre cinglante, pernicieuse et moralisatrice pour lui signifier son refus. De la dotation promise à Yolande, il ne sera jamais plus question. Lorsqu'il rentrera à Montréal et commencera à gagner sa vie à Radio-Canada, Jacques rachètera à son père, pour y installer sa famille, la maison de la rue Lajeunesse, qui est aussi celle où il avait vécu avec sa mère Marguerite, avant son décès.

Lorsque j'essaie de lui reparler de toutes ces batailles autour de l'argent, Jacques lève les bras en soupirant : « Ça n'a vraiment plus d'importance pour moi, je m'en fous complètement. » C'est loin derrière lui, en effet, mais il reste que les problèmes financiers, pour de multiples raisons et sous différents aspects, ont été récurrents tout au long de sa vie, jusqu'à ses déboires actuels avec Radio-Canada.

Son fils né, Jacques vit donc d'autant plus mal sa précarité financière : « J'étais porté par l'espoir d'un grand succès et j'étais persuadé d'y arriver, dit-il, mais ça ne venait pas. » Cependant, fidèle à lui-même, il reprend courage, retrousse ses manches et travaille, travaille encore et toujours, diversifiant, comme à son habitude, ses activités.

Depuis Montréal, il avait prévu travailler à Paris dans la production cinématographique, Hubert Aquin l'ayant persuadé qu'ils seraient tous les deux « bons là-dedans ». Il se fait engager à la SINPRI, petite société de production cinématographique et télévisuelle française, dirigée par Guy Perol et financée par une femme d'affaires danoise, une certaine Mme Petersen. Jacques, en contact constant avec Hubert Aquin, regorge d'idées, alors que Perol est en quête de LA grande idée d'une émission de télévision qui lancerait enfin la boîte. « J'étais une sorte d'encyclopédie de projets, je travaillais seize heures par jour à concevoir des émissions pour la SINPRI, et la nuit j'écrivais des pièces de théâtre pour la radio de Radio-Canada. »

Son ami Hubert, devenu réalisateur à la radio (tandis que Guy Beaulne et Louis-Georges Carrier, rencontrés jadis à Paris et revenus au Québec sur le même bateau que lui en mai 1953, sont devenus réalisateurs à la télévision), l'encourage à le faire pour profiter d'un nouveau filon : le radiothéâtre, qui connaît une grande vogue. Le besoin de bonnes plumes est immense et Jacques y voit l'occasion de faire valoir ses talents d'écrivain, d'autant qu'Aquin joue les intermédiaires pour placer les textes auprès des responsables.

Le résultat ne se fait pas attendre : Aquin diffuse cinq radiothéâtres écrits par Jacques Languirand dans le cadre de son émission *Billet de faveur*, et Guy Beaulne en diffuse un dans le cadre des *Nouveautés dramatiques*. La première pièce est d'ailleurs mise en ondes le 1er mai 1955, jour du vingt-quatrième anniversaire de Jacques et avant-veille de la naissance de son fils Pascal. Jusqu'à la fin août 1955, cinq autres pièces de Jacques seront radiodiffusées ou télédiffusées. C'est énorme, et c'est bien sûr très encourageant pour lui.

Rasséréné, il profite de l'argent qu'il reçoit pour acheter une petite Renault et emménager dans un appartement plus vaste. Puis il tente de nouveau sa chance auprès d'éditeurs parisiens, Amiot-Dumont, Gallimard et Fayard, auxquels il soumet son nouveau roman. En toute hâte, il écrit un autre roman pour le proposer au concours du Cercle du livre de France, dirigé par Pierre Tisseyre à Montréal, et une nouvelle pièce pour le concours supervisé par Jacques Létourneau. Rien de tout cela n'aboutira, pas plus que les projets que, en septembre 1955, il tente de développer en se rendant à Londres et à Bruxelles. Comble de malchance, Mme Petersen décide de fermer la SINPRI qui ne parvient pas à décoller. Sans permis de travail, Jacques ne peut bénéficier de rien en France, et il n'a plus qu'à quitter les lieux sans se retourner.

Ce mois de septembre l'oblige donc à faire un nouveau bilan, draconien et lucide, tout à fait à son image d'homme certes jeune, mais qui se connaît bien lui-même — ses atouts comme ses faiblesses —, qui tout au long de sa vie assumera ses succès et peut-être encore plus ses échecs, sans complaisance ni atermoiements.

Il faut dire ici que, outre Hubert Aquin, l'autre interlocuteur avec lequel Jacques entretient une correspondance intense, c'est son père, Clément, ce qui est une nouveauté. Lequel, profitant peut-être de la distance, lui assène ses quatre vérités d'une lettre à l'autre. Par exemple, dans sa lettre du 7 novembre 1954, l'anniversaire du décès de Marguerite, il énonce les qualités et les mérites de Jacques — ce qui est encourageant —, mais il conclut sa missive par cette phrase d'une ambiguïté troublante : « Ce qui est le plus bête, c'est quand on se trahit soi-même, et quand on ne peut se regarder dans le miroir sans pouvoir se traiter de farceur de nous-même : *joker of ourself*. » Clément traite-t-il Jacques de bouffon ? Comment interpréter cette pique finale dans une lettre qui pourtant s'annonçait élogieuse ?

Sur le coup, ces mots laissent Jacques circonspect. Lui, armé de son stylo et de sa machine à écrire, lutte pour tenter de vivre du talent qu'il sait posséder, cherchant, avec toute son immense force de travail, à faire ce qu'il veut de sa vie, comme il l'entend. Au prix d'un grand écart permanent de l'esprit autant que de l'âme, il s'acharne à concilier ses responsabilités de père et d'époux avec son désir irréductible de gagner sa vie comme auteur, écrivain et journaliste, même si, pour ce faire, il doit s'adapter sans cesse aux exigences de ses clients, Radio-Canada en premier, dont il comprend mal l'orientation générale et les changements permanents aux postes de direction.

Yolande et Hubert le soutiennent sans désemparer dans cette double démarche périlleuse. Mais son père ? Il souffle le chaud et le froid, se montre toujours étrange et incompréhensible. C'est d'autant plus injuste que Jacques n'est pas un usurpateur. Dès l'âge de 18 ans, alors qu'il arrivait sans qualification de Montréal, les plus grands communicateurs, metteurs en scène et écrivains français et québécois ont reconnu ses talents. Il est donc normal qu'il veuille continuer, même si l'argent ne rentre pas encore comme il le souhaiterait.

Aujourd'hui, revenant sur cette formule de *joker of ourself*, Jacques prend du recul : « Je vivais sans doute la vie qu'il aurait voulu vivre. Mais il n'a pas réussi. En même temps, la formule est forte, il dit là quelque chose d'intéressant. Je suis d'accord avec la nécessité de se regarder dans le miroir. Il s'agit d'être complètement sincère et honnête, surtout avec soi-même, sans masque. J'ai essayé d'atteindre ça, et je crois que j'y suis pas mal arrivé. Je pense que je suis correct, aujourd'hui. » Au moins, Jacques n'a jamais renoncé à affronter les montagnes russes de la vie de créateur, contrairement à Clément qui a opté pour la sécurité d'emploi dans l'instruction publique.

Pour l'heure, en ce mois de septembre 1955, Jacques n'est pas un joker de lui-même. Tout au contraire, il se regarde dans le miroir et tente de réfléchir froidement à sa situation. Sous le patronage de son ami Hubert auquel il écrit, il pèse le pour et le contre. Rester à Paris ou non, telle est de nouveau la question, le critère du choix étant de faire la part entre ce qui serait bon pour lui seul et ce qui serait bon pour sa famille. Son souhait le plus cher est de faire sa place à Paris, comme écrivain et, éventuellement, comme comédien. Mais, pour cela, il lui faudrait réactiver son réseau de contacts et, surtout, rester sur place assez longtemps pour rebondir, mais aussi pour obtenir des papiers français en règle. Il préfère de beaucoup la vie à Paris et s'y sent à sa place, même si sa situation est fragile. Voilà le choix du cœur et ses convictions profondes, et il ne veut pas y renoncer. Yolande, d'ailleurs, ne le lui demande pas. Elle est même celle qui le soutient le plus, le laissant libre de ses choix.

La pression vient plutôt de la réalité qui s'impose avec toute la puissance des renoncements nécessaires, mais elle vient aussi des réelles opportunités qui, en cette période charnière où il met tout à plat, s'offrent à lui à Montréal. Hubert Aquin lui apprend que le nouveau directeur des programmes de la radio de Radio-Canada est prêt à lui proposer un poste de réalisateur pour un salaire mensuel de quatre mille deux cents dollars, à titre de contractuel certes, mais la perspective est belle et témoigne d'une vraie reconnaissance. Jacques se dit alors qu'il a intérêt à s'établir au Québec, que ce sera bien plus commode pour Yolande et lui d'avoir leurs familles proches pour leur donner un coup de main. En outre, la vie sera plus facile à Montréal, et une fois qu'il sera plus connu il pourra mieux revenir en France.

Le réalisme pèse plus lourd dans la balance et Jacques prend la décision qui lui semble la plus évidente : rentrer à Montréal. Et le plus tôt possible. Fin septembre 1955, il annonce d'abord la nouvelle à Hubert, puis au dernier moment à son père. Yolande, Pascal et lui débarqueront à Québec le 24 octobre.

Deux éléments viennent conforter cette décision. D'abord, sur son bureau à la RTF, où il a recommencé à travailler à titre de collaborateur, il trouve un mot de René Lévesque, qui est de passage à Paris, sur sa route vers la base américaine de Grostenquin, où il se rend avec Lester B. Pearson. Ayant connu Jacques dans les locaux du service international de Radio-Canada à Montréal, Lévesque lui propose de collaborer avec lui à une nouvelle émission de télévision, *Carrefour*. Il s'agit de commencer en novembre 1955. Deux propositions de contrat à Radio-Canada en un mois, c'est comme un signe du destin… Ensuite, Jacques écrit à son père pour lui demander un prêt de cinq cents dollars, mais celui-ci lui oppose une fin de non-recevoir en même temps qu'une remontrance violente et sévère. Non, il ne donnera pas sa maison à Yolande, malgré sa promesse, mais il veut bien leur louer le logement du rez-de-chaussée, à condition qu'ils le préviennent avant le renou-vellement des baux. Non, il ne leur prêtera pas cinq cents dollars, mais trois cents, et pas avant janvier 1956. Et, surtout, dans une longue diatribe, il conjure son fils de se suffire et de s'occuper tout seul de sa famille, car lui, Clément, estime en avoir « assez fait », « [sa] finance est établie » et il n'y dérogera pas, « quite à [se] faire traiter de névrosé de l'argent[16] ».

Il est donc clair à l'esprit de Jacques que, s'il avait choisi de rester à Paris, il n'aurait pas pu compter plus longtemps sur son père. Il lui écrit donc pour rompre les liens et pour lui révéler qu'il sait que sa tante Hermine lui a donné mille dollars qui sont destinés à Jacques et à sa famille. Yolande est choquée elle aussi, ne comprenant pas pourquoi son beau-père, si charmant lors de leur rencontre en février 1955, s'est ainsi métamorphosé.

Yolande, Pascal et Jacques rentrent donc au Québec en octobre 1955. Accueillis par les parents de Yolande, ils s'installent chez eux quelque temps. Les contrats promis par Hubert Aquin et René Lévesque attendent Jacques. La vie prend soudainement une tout autre tournure. Cette fois, il peut dire qu'il n'est pas rentré à cause d'un échec, mais grâce à deux projets très sérieux avec Radio-Canada : l'un comme reporter à la télévision pour le magazine d'actualités *Carrefour*, animé par René Lévesque et Judith Jasmin et réalisé par Gilles Marcotte ; l'autre comme réalisateur à la radio pour plusieurs émissions d'éducation. Cela lui assurant notoriété, progrès et vie confortable, il pourra se réserver du temps pour ce qui lui tient tant à cœur : le théâtre, comme dramaturge et metteur en scène.

C'est d'ailleurs par le théâtre qu'il tentera une troisième fois sa chance à Paris, de 1961 à 1963. Mais, pour l'heure, d'octobre 1955 à mai 1961, Jacques vivra six fulgurantes années d'épanouissement socioprofessionnel et créatif. De réelles réussites qui néanmoins jetteront leur ombre sur une vie intime et familiale plus contrastée.

---

16. Lettre de Clément Dandurand datée du 24 septembre 1955.

CHAPITRE 10

La rampe de lancement

S'il est rentré à Montréal avec le sentiment d'obéir à des nécessités plus qu'à un désir profond, Jacques ne le regrette pas. Lui qui, en 1953, jugeait le milieu de la radio et de la télé assez faible ici, comparativement à ce qu'il avait connu à Paris, change vite d'avis. En quelques années, Radio-Canada devient sa vraie rampe de lancement. En ces années-là, la radio et la télévision constituent de formidables ruches où carburent des journalistes et des artistes engagés, cultivés, aux idées affirmées et aux opinions bien trempées, souvent des libres penseurs n'hésitant pas à débattre et à défendre leurs analyses éclairées.

Le moins que l'on puisse dire, c'est que Judith Jasmin et René Lévesque, chacun dans leur style, correspondent à ce portrait. Lorsqu'il se joint à l'émission *Carrefour* — il est l'un des trois reporters avec Raymond Charrette et Jean Ducharme —, il est immédiatement passionné par le travail, par l'équipe, par les sujets qu'ils abordent et la manière de les traiter. Mais il est surtout impressionné par les deux animateurs vedettes.

En cet automne 1955, Judith Jasmin a 39 ans et René Lévesque, 33 ans. Née à Terrebonne dans un milieu cultivé et entreprenant, attaché au pluralisme des idées et des croyances, Judith Jasmin a vécu et étudié à Paris et à Versailles, de 4 à 15 ans, avant de finir son cours classique à Montréal. Elle a commencé sa carrière à Radio-Canada dans le rôle de la fille de la veuve Velder, dans le tout premier feuilleton radiophonique, *La Pension Velder*, écrit par Robert Choquette et réalisé par l'auteur, Guy Mauffette et Lucien

Thériault. En ondes pendant cinq saisons, de 1938 à 1942, ce feuilleton sera si célèbre qu'il sera repris à la télévision à partir de 1957 avec une autre distribution. À partir de 1943, Judith Jasmin devient journaliste, critique de théâtre notamment. En 1947, à 30 ans, elle entre au service international de Radio-Canada comme réalisatrice, intervieweuse et animatrice. *Carrefour*, qu'elle coanime avec René Lévesque, existe d'abord à la radio dès 1952, puis elle se spécialise dans les nouvelles télévisées. En 1955, René Lévesque et elle décident de transférer *Carrefour* à la télévision. L'émission jouit tout de suite d'une grande popularité, car Radio-Canada, seule chaîne francophone, mobilise toute l'audience.

En 1955, René Lévesque aligne une suite de hauts faits journalistiques qui forcent le respect. Né au Nouveau-Brunswick et ayant grandi en Gaspésie, bilingue depuis l'enfance, il choisit le journalisme dès l'adolescence. Pendant la Seconde Guerre mondiale, il est correspondant de guerre pour *La Voix de l'Amérique*, section française de l'émission *Voice of America* de l'armée américaine, et participe ainsi aux campagnes militaires de France, d'Allemagne et d'Autriche. En février 1945, il est correspondant de guerre, puis agent de liaison pour les troupes des généraux américains Patton et Patch. Il est de la première unité américaine qui atteint le camp de concentration de Dachau, dont il sera l'un des premiers à témoigner. La guerre terminée, il s'installe à Montréal et devient journaliste pour Radio-Canada International, d'abord animateur de l'émission *Journalistes au micro*. En 1951, à 29 ans, il est de nouveau correspondant de guerre de l'armée américaine en Corée, à l'issue de laquelle il se voit offrir une carrière de journaliste aux États-Unis, mais décide de rester au Québec. Nommé chef du service des reportages radiotélévisés de Radio-Canada en 1952, il animera l'émission de radio *Au lendemain de la veille*, puis coanimera l'émission *Carrefour* à la radio, de 1953 à 1955, puis à la télévision jusqu'en 1956.

Travailler avec Judith Jasmin et René Lévesque, pour Jacques Languirand qui n'a que 24 ans, c'est donc jouer dans la cour des grands, avec des journalistes rigoureux, exigeants et peu enclins aux compromis.

Quel souvenir en garde-t-il? «C'était extrêmement intéressant, dit Jacques. René m'a choisi parce qu'il savait ce que j'avais fait en France, que Pierre Emmanuel et Léon Zitrone lui avaient parlé de moi, et que nous nous étions rencontrés au service international de Radio-Canada. Et on travaillait très bien ensemble. Il me disait "fais ça, va là, va rencontrer telle personne, faire telle interview…", et je le faisais. Ça marchait très bien entre nous. Dans ma vie de journaliste, j'ai eu deux maîtres: Pierre Emmanuel et René Lévesque.» Et Judith Jasmin? «Une personnalité hors du commun, une forte femme, très carrée, autoritaire au besoin, impatiente avec les incompétents. Mais elle m'aimait bien.» Rigueur, exigence culturelle, travail acharné, discussions de fond, opinions tranchées et élaborées: pour Jacques, qui a la médiocrité humaine en horreur, *Carrefour* s'avère une bonne et juste place.

En aparté, il laisse entendre que Judith Jasmin et René Lévesque avaient une liaison, ce qu'il peut bien comprendre, ayant lui-même une maîtresse dès 1956. Yolande, de nouveau enceinte, en prendra ombrage. N'avait-il pas écrit de Paris à son ami Hubert Aquin, lorsque celui-ci s'était marié avec Thérèse Larouche, que «nous finirons tous au paradis des hommes mariés, et il leur sera beaucoup pardonné, comme le dit Dieu»?

De 1956 à 1960, la carrière de Jacques à la radio et à la télévision prend son envol. Il devient célèbre. On le reconnaît et on l'arrête dans la rue. Comme toujours, il travaille «comme un bœuf à sa charrue»: le matin à la radio; l'après-midi dans les studios de télévision — reportages à l'extérieur et films; le soir en famille, ou le plus souvent au spectacle — la fin de la soirée et la nuit, écriture. Il gagne très bien sa vie.

Dès son retour à Montréal en 1955, il a acheté une petite Volkswagen qu'il peut bientôt changer pour un modèle plus luxueux, rouge vif, avant d'opter pour une Porsche crème, puis pour une Jaguar blanche. « J'ai toujours eu une passion pour les voitures », répète-t-il souvent, se désolant de ne plus pouvoir conduire depuis plusieurs années.

Martine, le second enfant du couple, naît le 22 juin 1957. Les relations se stabilisent un peu avec Clément, qui vend à Jacques à bon prix la maison de la rue Lajeunesse. Les relations avec la belle-famille sont bonnes aussi. Les Languirand louent un chalet à longueur d'année à Sainte-Adèle, partent en vacances, vivent bien, enfin. Jacques a l'esprit tranquille, rassuré de pouvoir largement remplir ses obligations de père et d'époux, du moins sur le plan matériel. Il a installé son bureau dans le sous-sol de la maison, il y vit « dans son bordel », reçoit ses collaborateurs et ses amis, trace au mur les plans de ses pièces et note ses rendez-vous sur des grandes feuilles punaisées au mur, pour tenter de ne pas être en retard... Mais c'est peine perdue : sa réputation d'éternel retardataire est établie. Yolande, après avoir réalisé les décors et les costumes de plusieurs de ses pièces, se met à la peinture. Une certaine routine semble s'installer.

Mais c'est une routine qui comprend beaucoup de fêtes, bien arrosées et délurées, les partenaires de travail constituant aussi le cercle des amis. Avec sa « gang de théâtreux » montréalais, et surtout avec celle de Radio-Canada, Jacques dit : « Nous travaillions ensemble, nous faisions la bringue ensemble. » Et plus, si affinités... Cela prend des allures quelque peu orgiaques, comme dans le cercle des collègues et amis à Paris de 1949 à 1953, ainsi qu'en témoigne François Moreau. C'est bien conforme au contexte de cet après-guerre, où les interdits et les garde-fous ont sauté pour laisser place à une soif de créativité et de désir de construction, mais aussi, parallèlement, à une éruption libidinale de l'exultation des corps. Jacques

Languirand assume la tension qui, toute sa vie, s'est imposée à lui, le soumettant à un grand écart permanent entre les aspirations de son intellect, son besoin fondamental de spiritualité et de détachement, et les désirs charnels impérieux. Ainsi, bête de travail, Jacques s'est toujours revendiqué comme *party animal*. Il le restera longtemps.

Martin Villeneuve raconte qu'en 2012, alors que lui, Caroline Dhavernas et Jacques se rendent au festival du film de Karlovy Vary, en République tchèque, pour y présenter *Mars et Avril*, Jacques, à 81 ans, arrive à l'hôtel nauséeux, épuisé, annonçant qu'il n'a pas la force d'assister au cocktail d'ouverture de l'événement. « La soirée était finie, raconte le cinéaste, il était deux ou trois heures du matin quand soudain, on a vu Jacques débarquer, en smoking, lavé, parfumé, altier avec sa canne et le rire aux lèvres, prêt à faire la fête pour le reste de la nuit. Et c'est ce qu'il a fait. » Il paraît que Caroline Dhavernas l'a trouvé irrésistible. Il relevait, pourtant, de maladie…

Revenons à l'émission *Carrefour*, qui propose quotidiennement de trois à cinq entrevues en trente minutes, ouvrant des horizons inédits aux téléspectateurs. Encore aujourd'hui, écouter ces entrevues de haut niveau est passionnant. Jacques travaille d'arrache-pied et chaque jour rencontre des personnes étonnantes, apprenant ainsi son métier. Mais il y apprend aussi l'influence de la personnalité même du journaliste sur son métier, et cela lui est au moins aussi utile que la maîtrise du journalisme. Impact essentiel dans tous les métiers, mais plus encore dans les médias, où la personnalité est le premier critère d'embauche ou de désembauche, de réussite ou d'échec. La personnalité de René Lévesque, son talent, son intransigeance, sa rigueur, son refus de tout compromis quant au contenu et au traitement — tout ce qui fait que Jacques l'admire tant — finissent cependant par engendrer des « incompatibilités irréconciliables » avec la direction de Radio-Canada. Par conséquent, René Lévesque doit partir dès la fin du printemps 1956 et sera remplacé par Wilfrid Lemoine, mais il continuera néanmoins à faire de grands reportages et une nouvelle émission à la radio.

Jacques, pour sa part, a fait forte impression auprès des dirigeants. Il se révèle un très bon intervieweur, avec de l'entregent, du dynamisme, une belle élocution, de la culture et une excellente capacité de vulgarisation. En outre, il possède, en matière de relations interpersonnelles, cette souplesse dont René Lévesque n'a peut-être pas su (ou pas voulu) faire preuve. Une qualité innée et précieuse que Lévesque apprécie d'ailleurs chez Jacques et qui explique, entre autres raisons, pourquoi les choses ont «bien marché entre eux» — et pourquoi Lévesque voudra plus tard que Jacques l'aide en politique... Mais Jacques n'a jamais voulu utiliser ses habiletés dans ce domaine.

À l'été 1956, on propose à Jacques d'animer *Dernière édition*, une nouvelle émission éducative sur l'histoire du journalisme au Canada français. À partir d'octobre 1956, et pendant deux ans, il collabore à *Reportage*, puis, dès l'été 1957, à *Défense de stationner*, avant de créer une passionnante émission sur l'histoire de l'aviation, *Plein ciel*, destinée aux adolescents. Éduquer, vulgariser, stimuler la curiosité de publics différents, de l'adolescence jusqu'au troisième âge, faire découvrir des expériences hors du commun qui en même temps répondent à son propre goût du risque : Jacques se déploie de toute son envergure, ajoutant des branches, voire des ailes, à son tronc. Finalement, ayant fait ses preuves, on lui propose en mai 1960 un contrat d'un an, avec clause d'exclusivité, à l'émission *Carrefour*, qui restera l'une des principales pierres blanches de son parcours professionnel.

La nouvelle notoriété télévisuelle de Jacques Languirand se double d'une popularité grandissante à la radio. De 1956 à 1960, il participe à sept émissions quotidiennes ou hebdomadaires, tantôt comme reporter, tantôt comme auteur de billets fantaisistes, humoristiques ou philosophiques. Il parvient même à placer, après l'avoir récrit selon les conseils d'Hubert Aquin, un projet personnel : *Les Carnets de Monsieur Perplex.* Trois émissions marquent cependant particulièrement son parcours radiophonique de cette époque : *Le Dictionnaire insolite, Au lendemain de la veille* et *Entre vous et moi.*

Dans son *Dictionnaire insolite,* en collaboration avec Lorenzo Godin, il proposera pendant des années un dictionnaire personnel et inédit. Prenant un mot, il l'illustre à sa manière, avec sa propre compréhension et ses références, citant des auteurs, des extraits de livres, des usages du mot au quotidien, l'illustrant par une chanson, un poème, une maxime. Une émission très originale, qui commence à établir la singularité qui le distinguera de plus en plus au fil des années. Et qui lui vaut le trophée Laflèche en 1956. « Je me serais tari, dit Jacques aujourd'hui, si Rhéal Gaudet, le coanimateur de *Contrastes,* une autre de mes émissions de l'époque, ne m'avait pas stimulé, à partir de 1958, grâce à nos dialogues de fous ! » Dialogues de génie, en vérité, pendant leur émission fondée sur des échanges d'idées et de reparties loufoques, selon la méthode automatiste, c'est-à-dire l'écriture et la parole libres et automatiques, méthode inspirée du surréalisme. Cette créativité à deux lui donne des idées ensuite pour continuer d'alimenter son *Dictionnaire.*

En janvier 1958, René Lévesque, qui lance une nouvelle émission à la télévision, prend également la barre de l'émission matinale *Au lendemain de la veille.* Il présente et commente les nouvelles du jour et propose de nouveau à Jacques de se joindre à l'équipe de jeunes qui doit rénover et « donner du peps » à ce genre de format. Le tout fonctionne très bien en ondes, mais René Lévesque est un pigiste, et la direction doit le retirer de ce poste à cause d'un désaccord juridique avec les journalistes permanents.

Pour Jacques, qui restera pigiste tout au long de sa très longue carrière de presque soixante-cinq ans au sein de la société d'État, c'est une mise en garde. Comprenant que ni la compétence ni la notoriété ne priment le statut syndical, il décidera plus tard de fonder une société de production au nom de laquelle seront signés ses contrats. Malheureusement, cette solution est aujourd'hui la cause de son conflit avec Radio-Canada. Hors de la situation de permanent et d'un puissant aval syndical, même pour des vedettes comme Lévesque, pas de salut. Le statut d'icône que Jacques acquerra lui-même, grâce à son émission *Par 4 chemins*, ne le protégera pas davantage.

Il réfléchit à cette question tout au long de la grève des réalisateurs de Radio-Canada. Ceux-ci demandent la création d'un syndicat que la direction leur refuse, sur ordre d'Ottawa, sous prétexte qu'ils sont déjà des cadres. Craignant que ses émissions ne s'arrêtent, et n'étant pas du tout de nature collectiviste, Jacques Languirand ne souhaite pas s'engager auprès des grévistes. René Lévesque non plus, qui commence par les traiter de « maudite gang de caves », avant de finalement se laisser convaincre, au point de devenir un des principaux porte-parole du groupe.

Lorsque les trois mille salariés, toutes catégories confondues, se mettent en grève à leur tour pour soutenir les réalisateurs, Jacques comprend, devant l'ampleur des manifestations, que leurs revendications sont légitimes. Lorsque René Lévesque et d'autres décident d'organiser un spectacle pour soutenir moralement et financièrement les grévistes, c'est à Jacques qu'ils en confient la conception. On jouera à guichets fermés à Montréal, et le spectacle tournera à travers le Québec. Déclenchée le 29 décembre 1958, la grève s'achève le 7 mars 1959. Les réalisateurs obtiennent leur syndicat, mais celui-ci ne sera pas affilié à la Confédération des travailleurs catholiques du Canada (CTCC). Le bras de fer de soixante-neuf jours entre le gouvernement et les employés de Radio-Canada se finit par un score nul. Il y aura d'autres grèves au fil des années, mais Jacques ne s'y impliquera plus. Quand je lui en parle aujourd'hui, il secoue la tête et dit: «C'est un sujet qui ne m'intéresse vraiment pas.»

Pour Robert Rumilly, connu comme «l'historien officiel du gouvernement de Duplessis», cette grève à revendication sociale est une preuve supplémentaire que Radio-Canada est un repère de communistes et de gauchistes, ce qu'il ne cesse de dénoncer avec une insistante virulence dans tous les médias. Et le meilleur soutien de tous ces prétendus «gauchistes» reste le père dominicain Georges-Henri Lévesque, farouche opposant du gouvernement. Lors de plusieurs tribunes à la radio, celui que les pro-Rumilly traitent de «moine rouge» rappelle que si l'autorité vient de Dieu, la liberté aussi vient de Dieu et qu'elle prime dans l'ordre des choses.

Lorsque la grève s'achève, Jacques devient animateur du magazine hebdomadaire *Entre vous et moi*. Pendant deux ans, cette émission commanditée par le groupe Hachette et destinée au public féminin, présente les revues éditées ou diffusées par le grand groupe de presse français. On a écrit que *Entre vous et moi* a été la première émission «faite avec des ciseaux et de la colle». Apprendre pour soi tout en apprenant aux autres, cette constante demeure au cœur de tout le parcours de Jacques et se développera. C'est à cette époque qu'il a pris l'habitude — un sacerdoce auquel il n'a jamais dérogé, jusqu'à ce qu'il ne puisse plus être capable de le faire — de lire chaque jour les journaux et de découper les articles qu'il juge importants et instructifs, pour les annoter, les analyser, puis les archiver.

Jacques est donc bien établi et célèbre comme journaliste et animateur de radio et de télévision. Son plus fidèle auditeur reste néanmoins son père, lequel ne se contente pas de l'écouter. Une fois par semaine, pour chacune de ses émissions, Clément lui fait un compte-rendu écrit, détaillé et critique. Il lui prodigue aussi ses conseils pour l'aider à mener sa carrière au mieux et à profiter des occasions qui s'offrent à lui. Lorsque je lui demande aujourd'hui ce qu'il pense de ce suivi paternel, il semble hésiter : « Mon père était très fier, c'est sûr. Mais il était aussi jaloux de moi. » Le souvenir de son père allant passer des auditions dans l'espoir de travailler à Radio-Canada lui reste vif. Encore aujourd'hui, dirait-on, le comportement de Clément est resté pour Jacques insolite. Clément est l'insolite de la vie de Jacques.

Pourtant, à partir de 1956, c'est Jacques que les médias appellent « Languirand l'insolite », évoquant à profusion la première pièce qu'il a écrite et montée à Montréal, *Les Insolites*, terme ravivé par son émission *Le Dictionnaire insolite*. « Languirand l'insolite » semble être une marque de commerce, celle d'un personnage public et médiatique. Pourtant, Jacques poursuit en parallèle, avec ténacité et talent, ce qui continue de lui tenir principalement à cœur : le théâtre, comme comédien, mais aussi, sinon surtout, comme auteur.

« Le théâtre, c'est mon âme », insiste Jacques encore aujourd'hui.

CHAPITRE 11

Dramaturge, comédien ou écrivain ?

Hubert Aquin veille au grain. Il a fait connaître Jacques Languirand comme auteur prolifique, intelligent, fiable et original en diffusant cinq pièces radiophoniques à l'antenne de Radio-Canada au cours de la seule année 1955. Dès que Jacques est installé à Montréal et que sa vie financière est stabilisée grâce à son contrat de reporter pour l'émission *Carrefour*, Aquin lui rappelle de ne pas s'enraciner seulement dans le journalisme. « Il me voyait toujours comme un écrivain d'abord et n'a jamais cessé de me le rappeler. » Belle preuve d'amitié. Bien qu'il ait toujours ce qu'il appelle une « encyclopédie de projets » — banque d'idées d'émissions, des projets de séries, des sujets de scénarios, des personnages de théâtre, etc. —, Jacques écoute celui qu'il considère comme son frère d'âme et d'esprit, et qui n'en est pas moins l'ami de son père Clément, comme le serait un frère idéal s'il devait tenter d'établir un pont entre un père et un fils séparés par les ressentiments et l'incompréhension mutuelle.

Cette fois, Hubert lui suggère d'aller plus loin que le radio-théâtre : écrire une pièce, une vraie, et pourquoi pas en appliquant la méthode chère au mouvement artistique automatiste ? Faire apparaître un personnage, puis laisser venir les idées et les suivre sans chercher à les orienter ni à les expliquer à l'avance. Cette méthode d'écriture automatique, Jacques l'appliquera à l'ensemble de ses pièces de théâtre, du moins jusqu'à *Klondyke*[17] (1963). Mais, en ce mois de mars 1956, *Les*

---

17. Voir la bibliographie en annexe.

Insolites, pièce en trois actes, est la première à être jouée sur scène, au Gesù, dans le cadre du Festival d'art dramatique de l'ouest du Québec, dans une mise en scène de Guy L'Écuyer pour la Compagnie de Montréal. Jean-Claude Rinfret signe les décors ; Yolande Delacroix-Pelletier, les costumes ; André Mathieu, la musique qu'il interprète au piano, sur scène.

Dix personnages se retrouvent en un même lieu, un bar avec quelques tables, pendant une nuit. La pièce, comme les suivantes, montre l'influence du théâtre de l'absurde cher à Beckett et à Ionesco, eux-mêmes chers à Jacques Languirand qui a vu et revu leurs pièces à Paris dès 1949. L'auteur décrit ainsi les personnages[18] : « Jules — Bilieux, mordant. Ernest — Bon bougre. Ses bottines craquent. S'oppose toujours à Pitt. Le Barman — Au premier abord, sympathique. Type nerveux. Pitt — Philosophe raté. Souffre du cœur. Un parapluie au bras. Bill — Américain. Type bon papa. La Vieille — Émouvante, fragile. Un Hurluberlu — Pauvre jeune homme agité. Brigitte — Belle femme. Sex-appeal. Le Radiesthésiste — Être halluciné. L'œil vif. Vêtu de sombre. Le Policier — Pas très fort. Il s'écoute parler. »

La pièce commence par une conversation entre Jules, Ernest, Pitt et l'Américain au sujet des femmes de leur vie, toutes parties. Entre Brigitte, en laquelle tous reconnaissent la femme dont ils parlaient. Brigitte est donc la femme de Jules, la Gertrude d'Ernest, la Louise de Pitt et la Darling de l'Américain. Leurs émotions fusent dans tous les sens, tandis qu'entre et sort un hurluberlu, pauvre hère qui fait le tour de la scène et s'en·va, et un radiesthésiste qui, son pendule à la main, annonce la mort imminente d'un des personnages. Au deuxième acte, la peur s'empare des personnages, chacun croyant être celui qui va mourir. L'hurluberlu se révèle être Gérard, le

---

18. Jacques Languirand, *Presque tout Languirand*, Montréal, Stanké, 2001, page 12.

fils qu'attendait la vieille femme. Survient une panne d'électricité. Lorsque la lumière revient, Gérard reconnaît aussi en Brigitte une ancienne maîtresse et sort son revolver. Tous se précipitent sur lui pour lui prendre l'arme et deux coups de feu retentissent. Au dernier acte, la vieille femme, blessée, expire. Qui est le coupable ? Seul le barman n'a pas participé à la bousculade, il est donc innocent. Pourtant, quand un policier arrive, c'est lui qu'il arrête et amène en prison. Les autres reprennent leur place du début, comme si rien n'était arrivé.

Cette pièce propédeutique du théâtre de Jacques Languirand est très admirée. Hubert Aquin écrit : « Un Languirand est un objet rare, aux contours fauves, de forme bizarre, dont les parois sont couvertes d'hiéroglyphes et qui tient à la fois de la boîte à surprise et de la pile électrique. On ne trouve guère, à Montréal, qu'un seul vrai Languirand. *Les Insolites*, c'est les inflexions vitales d'une langue colorée, anarchique et fourmillante de nouveauté[19]. »

La pièce rafle cinq des onze prix attribués à l'issue du Festival d'art dramatique de l'ouest du Québec, dont le prix Arthur Wood décerné à l'auteur de la meilleure pièce canadienne de l'année. Le 19 mai 1956, lors de la finale pancanadienne du festival à Sherbrooke, Jacques remporte le prix Sir Barry Jackson pour la meilleure pièce. Françoise Rosay, de la Comédie-Française, lui remet son prix et lui souhaite que sa pièce soit bientôt présentée à Paris. Il est ravi. En guise d'entrée dans le théâtre, c'est tout un coup de théâtre !

Mais les critiques, eux, sont divisés, et jugent la pièce et l'écriture géniales ou banales. Ils ne trancheront pas. Tous cependant s'accordent à dire que le théâtre de Languirand est estampillé *Made in France*. À la radio de Radio-Canada, Michelle Tisseyre dit : « J'ai l'impression de voir des personnages d'un auteur français évoluant dans des décors étrangers. J'ai hâte de le voir créer

19. Cité dans *Presque tout Languirand*, Montréal, Stanké, 2001.

de l'authentique. » Piqué au vif, Jacques hérite du surnom de « Languirand l'insolite », une étiquette dont il ne parviendra jamais à se défaire tout à fait et qui, en plus de le stigmatiser, témoigne d'une profonde incompréhension entre lui et le milieu québécois du théâtre, où il souhaite pourtant ardemment évoluer. Au début, cette marque de commerce — ou est-ce un sobriquet? — a l'avantage de susciter l'attention et l'admiration, mais avec les années elle deviendra lourde à porter. Quoi qu'il en soit, sa première pièce ne passe pas inaperçue, c'est déjà ça, se dit-il, et personne encore ne lui a reproché d'être, selon la prédiction tristement exacte de Suzanne Cloutier, « un journaliste qui se pique d'être un artiste ».

Son ambition est exacerbée par ce premier succès d'estime. À 25 ans, il se voit à l'aube d'une grande carrière. Alors il persiste et signe une nouvelle pièce. Pour la créer, il décide, à l'automne 1956, de fonder son propre théâtre, le Théâtre de Dix Heures, une petite salle de cent cinquante places située dans l'ancien local du Saint-Germain-des-Prés, rue Saint-Urbain, et aménagée de façon à créer une atmosphère intimiste, entre le théâtre et le cabaret. Au programme, des pièces d'auteurs d'avant-garde et des pièces d'atmosphère et d'humour.

En novembre 1956 déjà, alors qu'il continue de travailler à plein temps à la radio et à la télévision, il programme sa pièce *Le Roi ivre*, mise en scène par Louis-Georges Carrier, et il en confie l'interprétation à une troupe baptisée Les Insolites. C'est une farce en deux tableaux qui ridiculise le despotisme : un roi cruel, Cœur-de-fer, finit par être écrasé par son bouffon qui lui ravit sa place. Sans que l'auteur l'ait intentionnellement voulu, on y lit une critique du duplessisme, déjà sur le déclin.

En mars 1957, Jacques programme un véritable festival avec quatre pièces en alternance : *Les Bonnes* de Genet, *En attendant Godot* de Beckett, *Edmée* de Bréal, et *Les Insolites*. Pendant ce temps, après un coup de foudre non réciproque pour André Mathieu, Jacques entretient une liaison avec une comédienne de la troupe, alors que son épouse Yolande est enceinte et accouchera de leur fille Martine en juin 1957. La tension est vive dans le couple et la relation entre la mère et la fille sera à jamais marquée par la trahison que Yolande sent avoir subie durant sa grossesse.

Au printemps 1958, Jacques reçoit une lettre d'encouragement de Jean Cocteau avec qui il correspond depuis leur rencontre en Avignon en 1949. Dans cette lettre datée du 6 avril, Cocteau écrit : « Mon cher ami, notre époque crève de luxe et d'un désir de luxe. Les grandes choses de l'art ont toujours commencé par être petites et les naissances divines se présentent dans la paille de l'étable. C'est la raison pour laquelle j'aime votre Théâtre de Dix Heures. » Et de signer avec son salut fraternel. Jacques est bouleversé, car il a fermé son théâtre en octobre 1957. Faute de succès et de spectateurs, l'aventure aura duré exactement un an.

Mais Jacques, fidèle à lui-même, a déjà rebondi. Le 1er octobre 1957, il honore la commande du réalisateur Louis-Georges Carrier dans le cadre des téléthéâtres de Radio-Canada. Il écrit ce qui restera sans doute sa plus grande pièce, la plus forte, mais aussi la plus controversée : *Les Grands Départs*. Six personnages occupent la scène qui représente la salle commune d'un modeste appartement où règne le désordre d'une veille de déménagement : meubles, cartons, une pendule, un globe terrestre, des valises, des objets éparpillés.

L'intrigue se passe de nouveau durant une nuit. Les personnages attendent les déménageurs. Il y a là Hector, le père, un écrivain raté qui reproche violemment à sa femme Margot d'avoir entravé son écriture, alors que c'est elle qui subvient aux besoins du foyer. Eulalie, la sœur de Margot, cloîtrée dans sa chambre obscure, attend que revienne l'amoureux qui l'a quittée vingt ans plus tôt. Le vieil homme paralytique, père de

Margot et d'Eulalie, est dans un fauteuil roulant. Margot espère que ce déménagement lui permettra enfin de ficher le camp, et Sophie, la fille d'Hector et de Margot, annonce qu'elle va au cinéma, mais elle compte fuguer elle aussi. La langue de Jacques Languirand y est sèche et dure, sans merci. Les phrases sont tranchantes de lucidité désabusée. Hector prononce des paroles qui semblent plus autobiographiques qu'aucune autre réplique des personnages de son théâtre :

« Je veux dire qu'avec toi, les mille et une choses de la petite vie ont tenté une invasion dans mon œuvre ; et je n'ai pas su prendre la situation en main. J'ai attendu dix ans pour comprendre ce qui s'était passé en moi jusqu'à ma vingtième année. Mais au moment d'écrire, je me suis aperçu qu'il me fallait assimiler mon expérience de vingt ans à trente ans, parce que précisément, elle remettait tout en question[20]. »

L'écriture, très souvent jaillie de l'inconscient, précède le vécu de son auteur. Ainsi peut-on voir, dans ces mots écrits par Jacques Languirand à 26 ans, le bilan de sa vie, de ses priorités et de sa création, bilan qu'il fera un jour, non pas entre 20 et 30 ans, mais à la fin de la trentaine.

Toujours dans *Les Grands Départs*, Hector et sa fille Sophie ont cet échange :

Hector : Et ceux qui partent finissent toujours par rester quelque part, un jour ou l'autre. Il faudrait toujours partir.

Sophie : Eh bien ! moi, je commence ce soir. Quelqu'un d'autre fera la tisane de tante Eulalie, à l'avenir. Je me sens prise dans un cercle vicieux dont je veux sortir.

Hector : Pour aller te faire prendre ailleurs. À quoi bon ? Le cercle n'est pas plus vicieux ici qu'ailleurs, crois-moi[21].

---

20. Jacques Languirand, *Presque tout Languirand*, Montréal, Stanké, 2001, page 189.

21. Jacques Languirand, *Presque tout Languirand*, Montréal, Stanké, 2001, page 201.

Lorsque Jacques expliquera son besoin de quitter à nouveau le Québec pour Paris en 1961, afin d'y tenter une ultime fois sa chance comme auteur et comédien, il dira textuellement, dans une entrevue au *Devoir* : « Je suis dans un cercle vicieux. J'ai l'impression de tourner en rond ici. »

La critique montréalaise se déchaîne contre *Les Grands Départs*. La pièce dérange. La réalisation télévisée est appréciée, mais le sujet, trop nouveau et sans comparaison possible avec le théâtre canadien de l'époque, est mal accueilli. La pièce est une sorte de logorrhée pléthorique, par ailleurs brillante et chargée de sens, qui dénonce en substance les velléités et les grandes paroles jamais suivies d'actes. La démonstration est sans ambages. À la fin de la pièce, le paralytique se lève, prend sa valise et quitte la pièce en claquant violemment la porte. Il est le seul à partir. Hector est lucide, mais insignifiant.

Répondant aux critiques, Jacques déclare dans *Le Devoir* : « J'ai inventé un Hector et je n'aurai pas la cruauté d'en signaler les modèles vivants. » Le torchon brûle. Les téléspectateurs écrivent des lettres de protestation. L'ouverture de la pièce, où l'on voit Hector qui court d'un côté à l'autre de la scène en criant « Hector ! Hector ! » comme pour entendre résonner son propre nom, devient néanmoins une scène mythique, régulièrement reprise, ou parodiée, ici et là. On reproche de nouveau à l'auteur d'avoir écrit une pièce « européenne », ce à quoi il répond dans une nouvelle entrevue au *Devoir*, le 26 octobre 1957 : « Le peu de succès de ma pièce est dû en grande partie au fait qu'elle renvoie aux téléspectateurs une image trop fidèle d'eux-mêmes. » Un mois plus tard néanmoins, la télévision diffuse deux adaptations qu'il a faites : un *Hamlet* d'après Thomas Kyd et *Une lettre perdue* de Caragiale. On ne lui fait pas meilleure réception.

Jacques ne capitule pas. Au cours de l'année 1958, il multiplie les conférences pour lesquelles il est de plus en plus sollicité, et présente *Les Insolites* à Paris, au Centre international d'études esthétiques (cercle Paul Valéry). De retour à Montréal, il accepte le poste de secrétaire général de la Comédie-Canadienne, que lui propose Gratien Gélinas, et il écrira une pièce pour la troupe. Ce qui ne l'empêche pas de créer sa propre troupe, la Compagnie Jacques Languirand, avec laquelle il prend la direction des activités théâtrales estivales du Centre d'art de Percé, en Gaspésie, sur la proposition du couple qui le dirige, Suzanne Guité et Alberto Tommi. Le couple y donne des cours — Guité et Tommi enseignent tous les arts — et demande à Jacques de s'occuper des ateliers de théâtre et des représentations.

Fin juin 1958, Jacques et Yolande (elle est costumière et administratrice de la nouvelle troupe) partent donc s'installer à Percé pour deux mois. Jacques concocte un programme audacieux dont font partie trois de ses pièces : *Les Grands Départs*, remaniée pour la scène et où il insiste plus sur le contenu humoristique du texte ; et deux nouvelles pièces, *L'École du rire* et *Diogène*. Cette fois, il met lui-même en scène ses pièces, en plus de jouer Hector dans *Diogène*. Est-ce le Hector des *Grands Départs*, ou un autre ? Quoi qu'il en soit, il a créé un Hector, c'est-à-dire un personnage générique, sociologique autant que caractériellement emblématique. Dans son esprit, un « Hector » figure un type d'homme velléitaire et sans volonté, un « à-quoi-bonniste » lucide et caustique, en quête d'un bonheur qui, faute de références, demeure informe. Hector s'en remet finalement au destin.

Jacques secoue volontairement les habitudes du public en jouant habilement de ses propres références théâtrales acquises en France et en Allemagne dès 1949. Entre le théâtre de boulevard d'Anouilh, l'absurde de Beckett et Ionesco, l'ambition didactique du théâtre populaire de Vilar, le théâtre comme expression d'une image collective de Brecht. Alors, en ce sens, oui, ses références sont européennes — comment pourrait-il en être autrement ? —, mais elles s'appliquent aussi à la réalité québécoise de son temps, réalité qu'il observe avec des yeux d'ailleurs, une vue aiguisée par des lunettes européennes. Et ce sont forcément des verres grossissants, d'où les réactions du public déstabilisé, et surtout de certains critiques qui n'arrivent pas à ranger les œuvres de Languirand dans des catégories établies.

Pourtant *Diogène* fait la démonstration inverse. Présentée à Percé, la pièce remporte un franc succès, autant que *Les Grands Départs*. Le public est au rendez-vous et les critiques sont élogieuses. Lorsqu'il rentre à Montréal à l'automne, il fait publier *Les Grands Départs*. Le livre est très bien accueilli, comme si l'on redécouvrait le texte de la pièce. Pour étonnant qu'il fût, ce phénomène se reproduira avec presque toutes ses pièces, notamment lorsque *Les Violons de l'automne* et *Les Insolites* seront publiées et vaudront à l'auteur le prix du Gouverneur général du Canada.

Voilà qu'apparaît, alors qu'il n'a pas 30 ans, une caractéristique majeure de la vie et, surtout, du cheminement professionnel et créatif de Jacques. Il est un précurseur, un trublion, un « poil à gratter », souvent en avance sur son époque, mais solidement déterminé, avec son énergie et son enthousiasme exceptionnelles, à donner corps à ses visions, quitte à essuyer les plâtres et à en prendre plein la figure. Il est trop ceci ou trop cela, il en fait trop, il parle trop, fait tout « trop »... Pour lui, c'est une simple nécessité, mais, de l'extérieur, dans ce Québec qu'il juge encore trop peuplé d'Hector, on prendra cela comme de l'arrogance. Il devra renoncer à déranger pour déranger, et s'adapter.

Avec les années, sa réflexion le conduira précisément à renoncer à avancer trop tôt des choses, des idées, des visions, des pensées, alors que le public et la société en général ne sont pas encore prêts à les recevoir, encore moins à les assimiler. C'est en adaptant la forme de transmission, en réévaluant ses méthodes de communication, qu'il parviendra finalement à transmettre le fonds qui lui est cher, en particulier dans son émission *Par 4 chemins*. Et à titre de professeur à l'École nationale de théâtre pendant huit ans, et pendant douze ans à titre de professeur titulaire en communication à l'université McGill, il enseignera à ses élèves que les méthodes de communication doivent obéir aux mêmes impératifs et aux mêmes lois que les méthodes de vente. Quel que soit son produit, c'est le transmetteur, le communicateur, le vendeur, qui doit s'adapter au client, et non l'inverse.

Il y a un hic, cependant : si l'analyse fonctionne dans le domaine des communications, donc dans son métier de journaliste, d'animateur, de professeur et de conférencier, son théâtre, lui, continuera de déranger, d'être incompris et peu populaire. Et cela depuis les débuts en 1956, avec *Les Insolites*, jusqu'à sa dernière pièce écrite, *Faust et les radicaux libres*, en 2001. Cela dit, jamais la qualité de ses pièces et de sa langue ou la pertinence de ses mises en scène n'ont été remises en question, bien au contraire. C'est plutôt qu'il n'a pas trouvé la méthode et la forme pour transmettre efficacement ses œuvres au public et aux professionnels. On a beau savoir l'enseigner avec succès à autrui, on ne sait pas forcément comment faire pour soi.

Fin octobre 1958, Jacques envoie l'édition des *Grands Départs* à Jean Vilar, qui dirige le Théâtre national populaire de Chaillot. Vilar lui répond par écrit dès le 15 novembre : « L'œuvre est valable, elle donne une idée très précise de vos dons. J'en déplore un peu la longueur. Il est toujours dangereux d'insister, quand le sujet même n'exige, comme ici, qu'une extrême concision. Vous touchez souvent à ce que l'on appelle le fait théâtral qui justifie l'aventure. Mais vos personnages s'usent un peu, vous ne les avez pas rendus assez malades. Ils jouent un peu trop. »

Encore aujourd'hui, quand il en parle, Jacques Languirand est impressionné par le fait que Vilar ait lu aussitôt la pièce du tout jeune homme qu'il était, et, dit-il « qu'il ait fait une telle analyse ». Mais Jean Vilar ne donnera pas *Les Grands Départs* à Chaillot, jugeant que la pièce bénéficierait d'un meilleur rapport au public dans une petite salle. De toute façon, Jacques est à ce moment-là occupé à monter une autre de ses pièces, *Le Gibet*, à la Comédie-Canadienne, à la demande de Gratien Gélinas. Guy Mauffette doit jouer le personnage principal de Perplex, mais, pris de vertige, le comédien ne peut rester perché au sommet du poteau durant toute la représentation, comme l'exige le rôle. De plus, Louis-Georges Carrier ne peut assurer la mise en scène. Gélinas trouve la solution : Jacques signera la mise en scène et jouera le rôle de Perplex.

Perplex est un homme qui fait le pari de rester juché sur un gibet pendant vingt-quatre heures. De là-haut, il scrute l'humanité, soit quatorze personnes, hommes et femmes, qui vivent leur vie quotidienne. À cette époque sévit dans toute l'Amérique du Nord une mode des marathons de toutes sortes. Le pianiste André Mathieu, resté ami avec Jacques, a lui-même l'ambition de faire un « pianothon » pour se refaire financièrement. L'idée est toute trouvée pour le personnage de Perplex, qui se lance un défi à lui-même. Mais il échouera, car un policier l'arrêtera avant la fin. Perplex n'est pas exactement un Hector, il serait plutôt aux antipodes, c'est-à-dire un être qui veut infléchir le destin par la force de sa volonté et de son endurance. Pourtant, le destin, en la personne du policier, le rattrape et le contraint à renoncer à son projet.

On retrouve ici un des thèmes majeurs de l'œuvre théâtrale de Jacques Languirand, qui est aussi au cœur de sa propre vie. Entre l'existentialisme sartrien et l'absurdité beckettienne, deux visions qui l'ont influencé dès son premier séjour à Paris, son théâtre pose la question de la réalisation personnelle, libre et volontaire, sinon volontariste, confrontée à un destin irréductible. Cette question, il n'a jamais cessé de se la poser à lui-même pour la conduite de sa propre vie, et y a répondu par le refus opiniâtre de se soumettre aux états de fait. Pour Jacques, si l'on mène une vie médiocre et malheureuse, c'est que l'on n'a pas assez travaillé sur soi pour la transformer. Selon les mots du comédien Jacques Létourneau, Jacques démontre « la ténacité du castor ».

La conclusion de la pièce résonne donc fort — encore plus, peut-être, si on l'entend en pensant à l'état de Jacques aujourd'hui. « Le record d'endurance, dit Perplex à la fin du *Gibet*, c'est de porter son destin à terme, même s'il est dérisoire, pour soi-même, et pour tous ceux qui n'ont pas le courage d'aller jusqu'au bout[22]. »

Le bon accueil que le public fait au *Gibet* est diamétralement opposé aux critiques négatives, voire aux moqueries des journalistes. Qu'à cela ne tienne, Jacques, le « castor[23] », écrira une autre pièce dans la foulée, *Les Violons de l'automne*, qui parle du triangle amoureux entre Elle, Lui et L'Autre, trois personnages âgés. Sujet audacieux et risqué, encore une fois. Échaudé par les critiques de sa pièce précédente, Jacques prend plus de temps, cette fois, pour soupeser et peaufiner son travail avec Jan Doat. Fin prête, la pièce est jouée à la Comédie-Canadienne le 5 mai 1960. Critiques négatives. Nouvel échec. Et peu de spectateurs, malgré les tarifs préférentiels proposés aux abonnés du théâtre.

L'opiniâtreté de castor de Jacques, de bœuf à sa charrue, de fourmi dans une réserve de riz, d'abeille dans sa ruche — quelles que soient les métaphores —, ne paie pas. Il n'accepte pas que ses créations ne soient pas mieux comprises. C'est sans doute, pense-t-il, qu'il n'est pas à la bonne place. Sa

---

22. Jacques Languirand, *Presque tout Languirand*, Montréal, Stanké, 2001, page 417.
23. Rien à voir avec le surnom donné par Jean-Paul Sartre à Simone de Beauvoir.

1. Marguerite Leblanc en 1924, à 19 ans, probablement chez ses cousins dans le Massachusetts.
2. Marguerite au volant. 1931, Acton Vale.
3. Marguerite avec Jacques bébé. Été 1931, Montréal.

1. Clément avec Jacques bébé. Automne 1931, Montréal.
2. Dernière photo de Jacques, 2 ans, avec sa mère Marguerite enceinte de son troisième enfant. Elle mourra en couches trois mois plus tard. Été 1933, Montréal.
3. Jacques avec ses tantes paternelles Hermine et Rosalie, et son père Clément. 1934, Acton Vale.

1. Mariage de Clément Dandurand et de Gabrielle Gauthier, en 1935 à Montréal.
2. Jacques à 6 ans avec Gabrielle. Au verso de la photo, son commentaire : « Quand nous étions heureux… »

1. Clément et Jacques en 1941, au cours d'une de leurs longues randonnées à travers le Québec.
2. Lors d'une marche, Jacques donne de ses nouvelles. Pont Honoré-Mercier, 1941.
3. Promenade jusqu'à Châteauguay en 1941.

1. Photo de Jacques à Paris, en 1952, au célèbre studio Harcourt.
2. Jacques au Cours Simon à Paris, en 1952, avec Gigi, la première compagne parisienne.
3. Yolande Delacroix-Pelletier, en 1953, avant son mariage avec Jacques.

5

1. Mariage de Jacques et de Yolande, le 1er octobre 1954 à la Maison du Canada à Paris. La mariée est en bleu.
2. À la réception après le mariage : Jacques Languirand est à droite ; à gauche, son témoin, Noël Mathieu, dit Pierre Emmanuel, qui le lance à la RTF et que Jacques considère comme son père spirituel et professionnel.
3. Naissance de Martine Languirand, le 22 juin 1957 à Montréal.
4. Pascal et Martine Languirand à Paris, en 1961. Ils ont respectivement 6 et 4 ans.

VOULEZ-VOUS ÊTRE HEUREUX

(a) moralement:
  Lisez la Bible.
  C'est le livre des livres.
  Méditez-la. Vivez-la.

(b) psychologiquement:
  Lisez les pensées contenues dans ce vade-mecum.
  Essayez de vous maintenir dans un juste milieu vis-à-vis d'elles

(c) physiquement:
  Soyez d'une austérité simplement animale.
  Comme les animaux, ne fumez pas non plus.
  Si possible, devenez culturiste.

Une pensée est un livre en résumé.

1. Extraits du *Petit vade-mecum du petit psychologue; Dictionnaire de pensées,* par Clément Dandurand, orienteur.
2. Hubert Aquin (à gauche) et Jacques Languirand au Café des Artistes, à Montréal, en 1955.

1. Affiche promotionnelle de l'émission *Dernière édition* à Radio-Canada, 1956.
2. Affiche promotionnelle de la série télévisée *Le Colombier,* dans laquelle Jacques jouait le rôle du maire de Grandmont, en 1957. Guy Hoffmann lui donne la réplique.
3. Au micro avec René Lévesque pour l'émission matinale *Au lendemain de la veille.* Montréal, 1958.

1. Automne 1960, voyage à Tahiti pour le tournage de l'émission télévisée *Visite à nos cousins.* Il en tirera un essai.
2. À la télévision en 1961 avec la fameuse bague achetée à New York, mal rasé et insolent. Cette allure et ce comportement lui vaudront d'être renvoyé de Radio-Canada de 1963 à 1971.
3. « Michelle Tisseyre a été l'une des meilleures journalistes et animatrices du Québec », dira Jacques, qui a travaillé avec elle à l'émission d'information *Aujourd'hui.*

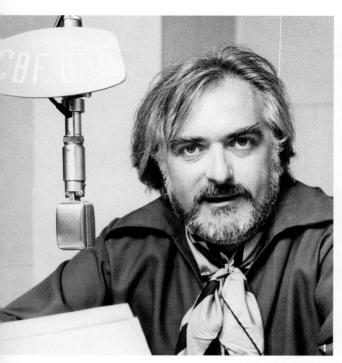

1. 1973 : depuis deux ans,
   Par 4 chemins est une
   émission quotidienne d'une
   durée de quatre heures, à
   très forte audience.
2. Jacques a beaucoup
   voyagé avec ses enfants.
   Ici, avec son fils Pascal,
   18 ans, à Athènes, à l'été
   1973.
3. De 1978 à 1980, Jacques
   a scénarisé et animé
   les émissions télévisées
   Vivre sa vie, puis *Vivre ici
   et maintenant* à Radio-
   Canada.

1. Rencontré en 1973, Placide Gaboury restera son grand ami jusqu'à sa mort en 2012. « Il m'envoie des messages via un médium », affirme Jacques aujourd'hui. Ici, en 1980, en tournée promotionnelle pour leur livre *Réincarnation et Karma*.
2. Les femmes, les voitures, les chiens… Les passions de Jacques. Ici, au volant de sa MG 1953, avec Platon, le « chien philosophe ».
3. Robert Lepage le fait revenir au théâtre. Ici, en tournée avec *Macbeth* en 1994.

1. Avec Mimi, aujourd'hui architecte, en 1996.
2. Avec Julie, devenue avocate, ici en 2006.
3. Jacques avec sa fille Martine et son petit-fils Alexis, en 2007. Photo prise pendant l'enregistrement de l'émission *Contact*.

1. Mariage de Jacques avec Nicole Dumais, le 2 octobre 1998, au Jardin botanique de Montréal. La mariée était en noir.
2. Jacques et Nicole, Baie-Saint-Paul, 2006.
3. Jusqu'à tout récemment, Jacques commençait ses journées en promenant ses chiens. Ici, avec Charlie et Isis, en 2009.

Jacques fume un joint en couverture de l'hebdomadaire *Voir* en 2002.

1. Jacques, militant écologiste et porte-parole du Jour de la Terre. Avril 2007, Montréal.
2. Spectacle à la Fondation One Drop pour le retour de l'espace de Guy Laliberté, en septembre 2009.
3. À la soirée d'ouverture du 47e Festival du film de Karlovy Vary, en République tchèque, le 29 juin 2012. On y présente le film de Martin Villeneuve, *Mars et Avril*. De gauche à droite : Jacques Languirand, Caroline Dhavernas et Martin Villeneuve.
4. Le 25 février 2014, Jacques Languirand devient Citoyen d'honneur de la Ville de Montréal. De gauche à droite : Joël Le Bigot, ami et collègue de Radio-Canada, Alain Stanké, son éditeur et ami de longue date, et le maire Denis Coderre.

Juin 2013, sur le *Queen Mary 2,* Jacques et Nicole en route pour Hambourg et Berlin. La traversée de l'Atlantique revêt une grande importance aux yeux de Jacques. En août 2014, ils font une croisière de l'Angleterre vers l'Irlande et l'Islande.

vraie place, à ses yeux, demeure Paris. Il décide donc de faire une nouvelle tentative d'exil et il élabore un séjour d'au moins deux ans dans la capitale française avec sa famille. Intérieurement, il se dit que, si cette fois n'est pas la bonne, il acceptera « le destin » et reviendra pour de bon à Montréal.

En septembre 1961, après avoir quitté la maison de Clément, rue Lajeunesse, et vécu l'été dans la maison de Fernand Seguin, sur les hauteurs verdoyantes de Saint-Hilaire, la famille Languirand part pour Paris. Jacques a acheté un « talisman » lors d'un voyage à New York avec Yolande l'année précédente : une grosse bague sertie d'une pierre noire, qui ne le quittera plus et qui, évidemment, attirera, comme il le souhaite, l'attention sur lui. La famille s'installe dans le 13e arrondissement, mais Jacques loue en plus une petite chambre de bonne comme bureau. Il a trois objectifs : finir le roman qu'il a entrepris ; faire jouer *Les Violons de l'automne* à Paris ; placer des projets de cinéma. Il souhaite aussi renouer avec tous ses amis, inspirateurs et soutiens parisiens. Toute l'équipe de la RTF, Pierre Emmanuel, Léon Zitrone, Jean Vilar, Jean Cocteau et Michel Vitold.

Avant le départ, Hubert Aquin, qui a des réserves, dit à Jacques qu'il devrait creuser son sillon au Québec plutôt que retourner labourer des champs français laissés en jachère depuis plusieurs années. Mais Aquin connaît son ami. Dire à Jacques de ne pas faire telle chose, c'est l'inciter à la faire. Et puis la fureur de Clément devant le nouveau départ de son fils achève de le persuader.

À Paris, l'attend aussi une maîtresse rencontrée dans les années 1950 en France, qui était venue le voir à Percé. Épouse d'un haut diplomate canadien, de vingt ans son aînée, elle a entretenu avec lui une longue relation avec l'assentiment du mari. « Elle jouait un peu à la mère avec moi, se souvient Jacques. Elle m'achetait des vêtements de luxe, des cravates, des chaussures. Tout ce qu'elle me demandait en retour, c'était de la baiser trois fois par semaine, et moi j'étais armé pour ça. Son mari était ravi, il avait la paix.» Cette maîtresse a offert à Jacques un portrait de lui à cette époque, un dessin au fusain, qui trône désormais au milieu de son salon.

De septembre 1961 à juin 1963, Jacques ne chôme pas. Son roman *Tout compte fait* paraît aux éditions Denoël à Paris. L'œuvre est d'autant plus importante dans sa vie que ce sera son seul roman édité. Grâce à une subvention québécoise, il louera la Comédie de Paris et y produira *Les Violons de l'automne* en mars 1963. C'est l'occasion de revoir tous ses contacts. L'échec de la pièce est retentissant. Le roman, quant à lui, est bien reçu, mais ne «décolle pas».

Michel Vitold, que Jacques est allé voir sur un tournage dans le sud de la France, ne comprend pas ces échecs. «J'ai pris la voiture, raconte Jacques, et j'ai roulé toute la nuit pour le rejoindre. Lorsqu'il m'a vu, il a dit qu'il ne comprenait pas que je me sois "fourvoyé" dans les médias sans poursuivre ma carrière de comédien. Je lui ai expliqué que j'avais une famille, alors il s'est excusé. "Je n'aurais pas dû vous dire ça, m'a-t-il dit. Je comprends votre situation. Mais vous étiez mon meilleur élève."»

En juin 1963, la famille Languirand revient à Montréal. Jacques animera à l'automne le magazine télévisé quotidien *Aujourd'hui*, avec Michelle Tisseyre. Son roman sera réédité à Montréal, aux éditions Alain Stanké. Résigné à rester au Québec, Jacques ne renonce pas au théâtre. Pour tout dire, il n'y renoncera jamais — pourquoi l'aurait-il fait? L'écriture, le théâtre, ce n'est pas un métier, c'est une vocation. Par-delà les aléas et les échecs.

À l'automne 1964, Jean Gascon, directeur du Théâtre du Nouveau Monde, lui propose le poste de secrétaire général du théâtre. Jacques devra changer les statuts juridiques du TNM pour en faire une fondation, créant ainsi le premier organisme sans but lucratif du Québec. Le conseil d'administration lui confie aussi la tâche d'élaborer une stratégie originale pour attirer davantage de spectateurs. Voilà qui est paradoxal, quand on sait que lui-même, avec ses propres pièces, n'a jamais séduit les foules, mais le milieu lui reconnaît tout de même de l'habileté dans ce domaine.

Peu après, le TNM lui commande une nouvelle pièce. C'est l'occasion pour Jacques de se pencher sur l'une des grandes épopées d'ici, l'un des mythes fondateurs de l'identité nord-américaine : la ruée vers l'or. Même si ses références théâtrales formelles étaient et resteraient européennes, ses pièces précédentes touchaient directement l'inconscient collectif de la société québécoise. Cette pièce sur la ruée vers l'or au Klondike en 1896 embrasse quant à elle l'esprit de tout un continent, de la vastitude de la géographie aux ambitions des chercheurs d'or. Un esprit de conquête, de dépassement et d'accomplissement à mains nues, à force de volonté.

Les orpailleurs cherchent d'abord en eux-mêmes pour trouver des pépites. Ils ne sont pas des Hector, ni même des Perplex, c'est-à-dire des penseurs lucides, mais qui ne passent pas à l'action. La figure du chercheur d'or, de l'explorateur, est celle d'un être dont les jambes, en quelque sorte, portent la pensée. Il avance et agit, déterminé à forger sa vie selon sa pensée et son libre arbitre, quitte à plier l'environnement à sa détermination de forcer le destin, et non de s'y soumettre. Ce sont, de fait, des figures américaines au sens continental, celles des chercheurs d'or, mais aussi, avant eux, des navigateurs et des découvreurs qui ont conquis le territoire, à commencer par les défricheurs de la Nouvelle-France.

Cette épopée-là produit forcément des échos en Jacques, réveillant en lui l'exemple des hommes qui l'ont inspiré. Sûrement pas celui de Clément dont il déplore la vie irréalisée, car il la redoute, mais l'exemple d'Alfred, son grand-père. Pas Clément Dandurand, l'intellectuel à l'action restreinte, mais Alfred Languirand le magnifique, parti à pied à 12 ans pour faire fortune dans les chemins de fer américains, et aussi son grand-oncle Wilfrid Morin qui vécut l'aventure de la ruée vers l'or.

Jacques veut faire une pièce flamboyante et lyrique, d'autant que Jean Gascon l'y encourage. On ne peut traiter pareil sujet modestement, au rabais. Il faut quinze personnages, un chœur de sept personnes sur scène, un quatuor vocal, huit musiciens et pas moins de douze tableaux. Une certaine démesure à la mesure de l'épopée inspiratrice. Gabriel Carpentier compose la musique, Robert Prévost réalise les décors et Yolande Delacroix-Pelletier s'occupe des maquillages, spectaculaires. Outre les chansons et le chœur, Jacques intègre de la danse, des projections de films, de l'humour, des numéros presque acrobatiques. Le premier spectacle pluridisciplinaire présenté sur une scène montréalaise, au TNM. Le premier spectacle multidisciplinaire signé Languirand, mais non pas le dernier : suivront *Man Inc.* en 1966, autre épopée sur les rapports entre l'homme et les technologies, en anglais exclusivement ; puis *Faust et les radicaux libres* en 2001, où les nouvelles technologies le disputent au texte et au mouvement, ce qui n'aurait pas déparé la Société des arts technologiques (SAT) de Montréal ; et *Feedback* en 2010.

Présentée en février 1965, *Klondyke* remporte le prix de la meilleure pièce de la saison. À l'automne, elle est reprise dans le cadre du Commonwealth Arts Festival, à Londres, avec un personnage de plus et Jacques dans le rôle d'un chercheur d'or. Il reçoit la médaille du Commonwealth. Contrairement à la critique québécoise, peu convaincue par ce grand déploiement jugé « décousu et interminable », la critique londonienne est très enthousiaste.

Dans son théâtre comme dans bien d'autres domaines, Jacques aura sans doute été un précurseur du spectacle pluriel et multimédia, devenu tellement à la mode de nos jours. Comme le remarque Guy Corneau, psychanalyste jungien, conférencier et auteur, qui se déclare le fils spirituel de Jacques Languirand : « Jacques a souvent été avant la mode. » Il aura fréquemment montré la voie du futur en remettant en question ce qui se faisait et la forme dans laquelle cela se faisait. Il a aussi inspiré d'autres créateurs. En tant que comédien, il a joué pour Robert Lepage dans trois pièces du cycle Shakespeare, dont Prospero dans *La Tempête* et Ménénius dans *Coriolan*. Il a tenu quelques rôles dans des films québécois : *Kid sentiment*, *La Vie d'un héros*, *L'Odyssée d'Alice Tremblay*, *J'en suis* et *Le Grand Serpent du monde*.

Jacques a aussi inspiré les jeunes générations, les enfants de ceux qui furent ses auditeurs dans les années 1970 ou 1980 : Loco Locass dans le vidéoclip *Bonzaïon*, où il apparaît brièvement en 2005 ; Martin Villeneuve pour le roman-photo *Mars et Avril* publié en 2006 et le film éponyme en 2012 ; mais aussi le scénariste et réalisateur Marc Fafard, qui, à la demande de Monique Savoie, directrice de la SAT, réalisera *Jacques en hiver*, un film dont l'objectif est de montrer ce qu'il s'est passé dans le cerveau de Jacques Languirand quarante ans durant. Malgré sa maladie, Jacques en a assuré la narration en août 2014, et l'on pourra éventuellement voir le film à la SAT. « Si Jacques avait pu faire fonctionner le Centre culturel du Vieux-Montréal[24] comme il le souhaitait, dit Nicole Dumais, il en aurait fait un lieu entre la SAT de Montréal et le Diamant de Québec. » Jacques le confirme : « Oui, la SAT, c'est comme chez moi. »

* * *

Y a-t-il dès lors, comme le pense Jacques Languirand, un « malentendu radical » entre son théâtre et le Québec, malentendu qui expliquerait le croisement sans rencontre entre le

---

24. Voir chapitre 13.

public d'ici, les critiques professionnels et ses propositions théâtrales ?

Michel Vaïs, docteur en études théâtrales de l'Université de Paris VIII, a été professeur aux universités de Montréal, McGill et du Québec à Montréal (UQAM), animateur-chroniqueur et critique à la Chaîne culturelle de Radio-Canada, rédacteur en chef de *Cahier de théâtre JEU*, président de l'Association québécoise des critiques de théâtre de 1987 à 1994 et secrétaire général de l'Association internationale des critiques de théâtre depuis 1998. Il est aussi l'auteur d'articles et d'essais sur la critique scénique. Sur le théâtre de Jacques Languirand, il m'écrit :

> « Le théâtre de Languirand première manière (je pense aux *Insolites*) est influencé par le théâtre dit de l'absurde, ou du "nouveau langage", dont les chefs de file étaient Ionesco et Beckett : destruction du langage, critique des comportements petit-bourgeois, héritage théâtral du surréalisme. D'ailleurs, Ionesco a bien écrit que son théâtre, plutôt qu'absurde, était insolite, étrange (dans *Notes et contre-notes*). Cette vision s'oppose à celle des auteurs dramatiques dits "engagés" de l'après-guerre comme Sartre, Camus, et surtout Brecht. Il est sûr que le théâtre de Languirand a d'abord été influencé par le "nouveau théâtre" français, qui l'a marqué pendant son séjour là-bas, alors que, comme une éponge, l'esprit de cet autodidacte absorbait tout ce qui apparaissait de nouveau. Quand je qualifie de "français" ce "nouveau théâtre", je dois cependant préciser que ses auteurs étaient soit roumain (Ionesco), soit irlandais (Beckett), soit espagnol (Arrabal), soit complètement en marge de la société traditionnelle française (Genet). Je traite de ce phénomène dans mon livre *L'Écrivain scénique* (PUQ, 1978), qui est ma thèse de

doctorat. Je pense que Languirand a dû sentir des affinités avec ces étrangers, à Paris en même temps que lui, et qui étaient en train de bouleverser les conventions théâtrales. Je pense bien avoir vu Languirand jouer dans *La Tempête* qu'a mise en scène Robert Lepage, et qui est partie en tournée mondiale pendant un an. C'est trop loin pour que je puisse décrire son jeu autrement qu'en disant qu'il avait toute l'autorité qu'exige le rôle de Prospero. Je ne connais de Languirand que *Les Insolites*, *Les Grands Départs* et *Les Violons de l'automne* (plutôt mélo). J'ai l'impression qu'il faisait alors ses gammes. Ensuite, il y a eu l'interminable *Klondyke* au TNM, que l'on n'a jamais repris ni étudié à ma connaissance. Je ne connais pas ses autres pièces, dont celle qui a semble-t-il fait du bruit en France[25], *Faust et les radicaux libres*. J'ai dû lire *Le Roi ivre* et *Le Gibet*, à l'époque, mais je les ai oubliées… » Et de conclure : « Bref, s'il a été un formidable animateur de radio, je ne pense pas qu'il ait marqué le théâtre québécois, par sa prose ou autrement. »

Sur la recommandation de Michel Vaïs, je rencontre Jean-Cléo Godin, docteur de l'Université d'Aix-Marseille, professeur de 1966 à 1999 à l'Université de Montréal dont il est depuis professeur émérite, membre fondateur de l'Association d'histoire du théâtre du Canada et de la Société d'histoire du théâtre du Québec. Auteur d'ouvrages d'analyse[26], il remet le théâtre de Jacques Languirand dans le contexte de l'histoire socioculturelle québécoise :

---

25. En réalité, cette pièce, jamais jouée en France, recevra le prix spécial de la Fondation Onassis en 2001, en Grèce.

26. Voir : Jean-Cléo Godin et Laurent Mailhot. *Le théâtre québécois*, Tomes I et II, Montréal, Éditions Hurtubise-HMH, 1970 (tome 1) et 1980 (tome 2).

« Jacques Languirand fait partie de ceux que l'on appelait "les retours d'Europe", avec Hubert Aquin, Jacques Godbout et Marcel Dubé. C'est très important de s'en rappeler car la société québécoise était à cette époque [les années 1950] bridée par Duplessis, extrêmement linéaire et conservatrice, où il était pratiquement impossible de remettre en question la religion ou les questions morales. Ces jeunes écrivains sont revenus en important l'Europe avec eux. Ils étaient décidés à faire quelque chose pour transformer la société québécoise, chacun à sa manière, à partir des valeurs acquises en France. Languirand l'a fait avec une vision philosophique, et plus tard avec l'apport du *new age* dans ses émissions à la radio. Marcel Dubé est le seul à avoir choisi une sorte de compromis, notamment par des peintures du milieu urbain, la campagne à la ville en quelque sorte. Alors comment situer Languirand dans ce contexte? D'abord, je maintiens que sa pièce principale est *Les Grands Départs*, essentiellement à cause du personnage d'Hector que je vois comme le premier intellectuel du théâtre québécois. Hector est un philosophe qui réfléchit à la vie, et surtout au bonheur, dans une proposition complexe pour ne pas dire contradictoire. Pour moi Hector, et en général les personnages principaux de Languirand, sont aux prises avec des dualités de nature sexuelle. Et c'est si difficile à porter qu'il faut que l'un tue l'autre. Les personnages de Languirand livrent un duel intérieur entre une part et l'autre d'eux-mêmes, personnifiées par le fils ou la fille du personnage. Ils finissent par s'entre-tuer. C'est vrai dans *Les Grands Départs* comme dans *Les Insolites*. Techniquement, c'est intéressant, car Languirand s'amuse habilement à construire et déconstruire l'action et les répliques les uns des autres. En ce sens, bien que sa référence revendiquée soit Anouilh, je ne le crois pas. Anouilh c'est un théâtre bourgeois, alors que l'œuvre première de Languirand est beaucoup plus influencée par Ionesco et surtout Beckett. »

Jean-Cléo Godin raconte une anecdote qui date de la première des *Insolites* au théâtre du Gesù en 1956 : « La scène du coup de feu a eu lieu dans le noir total. Les spectateurs ont cru à un vrai coup de feu, donc à un attentat. Il a fallu ensuite laisser un peu de lumière durant cette scène pour permettre à la fiction de prendre le pas sur le réel. Ça avait échappé à Languirand et il a dû corriger le tir, si je puis dire ! »

Jacques Languirand a écrit cette première pièce à 24 ans, et les sept suivantes, soit 90 % de son œuvre théâtrale, dans la vingtaine et tout au début de la trentaine, sans compter les pièces écrites pour la radio. Le théâtre apparaît comme son grand départ personnel dans la vie créatrice. À partir de la quarantaine, il a poursuivi une autre carrière, surtout à la radio.

Comment, dès lors, lire l'œuvre de Languirand aujourd'hui, avec le recul ? Jean-Cléo Godin répond : « Hector, qui reste le personnage principal du théâtre de Languirand, est un personnage lucide, toujours prêt, chez les autres plus qu'en lui-même, à dénoncer les fausses valeurs. Lorsque sa fille Margot se découvre heureuse, Hector le dénigre. Il ne faut pas que le bonheur reste. L'optimisme soudain de Margot repose sur un mensonge, une illusion de bonheur. C'est comme la description du parcours de Languirand sur toute sa vie. Qu'est-ce qu'il a fait dans ses chroniques, dans son émission à la radio durant quarante ans ? Il a toujours cherché des solutions pour trouver le bonheur, mais il y en a toujours d'autres, sans cesse. Il n'y a pas de réponses au bonheur, ou il y en a trop. La vie est trop courte, on ne peut pas passer sa vie à trouver des solutions pour être heureux. Mais en même temps, c'est ça qui explique le succès de Languirand. Comme les personnages de son théâtre, les auditeurs sont toujours inquiets, toujours désireux de trouver de nouvelles avenues. Et avec Languirand, s'ils n'avaient pas trouvé de solution le mardi, eh bien ils la trouveraient peut-être le mercredi, et ainsi de suite… Mais ça n'a pas de fin. »

Jacques Languirand estime que son théâtre n'a pas été compris et regrette le peu de succès qu'il a eu dans ce domaine, bien que ce fût sa principale ambition dans la vie. Il affirme même avoir le sentiment d'avoir « raté sa vie ». « Comme Hector, analyse Jean-Cléo Godin. Tous ces personnages poursuivent le bonheur, par la pensée ou par l'action d'ailleurs, mais passent à côté. Ils passent à côté d'eux-mêmes, leur dualité intérieure fait qu'une facette d'eux-mêmes tue l'autre. »

Godin dit ne s'être jamais intéressé à l'émission *Par 4 chemins* et avoir décroché du théâtre de Languirand après *Klondyke*. Il ne l'a pas non plus vu jouer sur scène dans les pièces de Robert Lepage, pas plus qu'au cinéma. Il a lui-même animé à la radio, en 1968, une émission sur le théâtre — en fait, il s'agissait de la mise en ondes de son cours universitaire — dans laquelle il a interviewé les nouveaux dramaturges de l'époque, « à l'exception de Languirand », dit-il. Il ajoute : « Je ne me souviens pas de l'avoir croisé alors à Radio-Canada. Il avait disparu, à l'époque… » En effet, Jacques n'est plus à Radio-Canada depuis 1964. En 1968, il sombre dans une dépression sévère qui durera trois ans.

Dans les faits, l'analyse de Jean-Cléo Godin sur Languirand, dramaturge et comédien, s'arrête donc en 1960. Bien que fragmentaire, elle n'en est pas moins intéressante. Comment explique-t-il le peu de réceptivité suscitée par Languirand au Québec dans ces sphères de créativité ? « Il n'y a pas de malentendu, dit Godin. C'est plutôt que son théâtre ne concernait pas le Québec de cette époque-là. Mais parfois il faut du temps pour qu'une œuvre soit redécouverte. Je pense qu'on redécouvrira le théâtre de Languirand, ça se pourrait bien. »

Il achève son analyse ainsi : « Je crois surtout qu'on ne peut comprendre le théâtre de Jacques Languirand si on ne connaît pas Eugène, le personnage principal de son roman *Tout compte fait*. Eugène, ce personnage à l'image de Languirand, qui court après le bonheur et veut symboliquement "tuer son père", mais finit par mourir lui-même dans un accident. Pour moi, Languirand est un écrivain. C'est peut-être aussi pourquoi ses pièces ont eu plus de succès une fois publiées qu'à la scène. Pour moi, il aurait dû continuer à écrire des romans. » Pourquoi, à son avis, ne l'a-t-il pas fait ? « Parce que ça l'aurait trop révélé », conclut-il.

Écrire est un long cheminement vers soi-même. C'est l'entreprise solitaire, voire isolée, d'un être en quête de l'expression d'une parcelle de vérité intérieure. Mais un roman ne prétend pas donner des réponses. Surtout pas. Au travers de ses personnages, l'écrivain se pose des questions et les pose à la société. L'écriture est une communion, l'exact contraire de la démarche de la communication et du communicateur, laquelle est de se mettre personnellement en retrait pour donner une réponse. Alors, oui, Jacques aura finalement renoncé à devenir pleinement un écrivain pour tenter de donner des réponses, des « solutions de bonheur » à des dizaines de milliers d'auditeurs.

Guy Corneau analyse : « Jacques a fait de sa vie ce qu'elle est devenue, mais la vie lui a joué un tour, elle a fait de lui ce qu'il est devenu. Les métiers à forte image et à forte écoute peuvent détourner, c'est un grand risque. Mais des choix ont été faits, qu'ils aient été imposés par la nécessité, le hasard ou par des exigences intimes, c'est ce qui est. Jacques a beaucoup apporté aux autres. Il a exprimé son essence de communicateur et d'enseignant, mais son essence d'artiste s'est certainement moins déployée. Je comprends qu'il lui en reste du dépit.

Je le comprends personnellement, car j'ai moi aussi renoncé au théâtre, d'une certaine façon, même si j'ai fait une pièce il y a deux ans[27]. Mais le public n'a pas suivi. Au lieu de dire que j'avais écrit une pièce de théâtre, j'aurais dû dire que c'était comme une conférence à deux personnes, ça aurait mieux marché! »

Écrire est une communion avec le silence : quelqu'un écrit, quelque part, seul et sans bruit. Un jour, dans un autre espace-temps, quelqu'un le lira, lui aussi dans la solitude et le silence, parfois dans une autre langue. L'acte d'écriture demeure une transmission silencieuse et intérieure. Un créateur fait une proposition artistique ; la réception, elle, dépend du public et de contingences qui dépassent le créateur.

Si Jacques Languirand n'a pas connu l'immense succès qu'il escomptait depuis toujours avec ses propositions artistiques personnelles, il a quand même eu de belles réussites : des prix dès ses premières pièces au Québec, surtout *Les Insolites* et *Les Grands Départs* ; un grand prix international avec *Klondyke* ; un impact auprès du public anglophone de Toronto et Montréal avec *Man Inc.* ; le prix spécial du jury du Concours international de Théâtre de la Fondation Onassis pour *Faust et les radicaux libres*, son ultime œuvre écrite, jamais montée sur scène, que Nicole considère comme « le grand œuvre de sa vie, un résumé de tous les thèmes obsessionnels de Jacques ». Mais il voulait plus que cela, ce qui n'est jamais advenu.

Contrairement à ce qu'affirme Jean-Cléo Godin, le grand regret de Jacques ne semble pas être de ne pas avoir écrit d'autres romans, ni même de n'avoir pas été connu comme auteur de théâtre ou comme comédien. Il se satisfait tout de même d'avoir eu dans ce domaine bien plus de reconnaissance que beaucoup d'autres. Selon Nicole, son grand regret

---

27. *Céline et André*, pièce interactive écrite et produite par Guy Corneau, interprétée par Danielle Proulx et Guy Corneau au théâtre du Gesù en février 2012.

est de ne pas avoir été reconnu comme metteur en scène. Cela explique la peine, encore vive, de n'avoir jamais vu *Faust et les radicaux libres* mise en scène. Mais il en est responsable. « *Faust* est pourtant son texte le plus fort, dit Nicole, un concentré de sa vision du monde, une sorte de testament. » Un texte infiniment mieux écrit, faut-il le préciser, que ses manuels de développement personnel… Mais le roman, non, il ne regrette pas de n'en avoir écrit qu'un seul. D'ailleurs, il n'en lit plus depuis longtemps, préférant, encore aujourd'hui, les livres de philosophie, de psychologie, et les revues scientifiques.

Et puis, le « hasard » de la vie a fait que le succès immense est arrivé avec *Par 4 chemins*, c'est-à-dire au moment où, au lieu de faire des propositions artistiques personnelles, il a satisfait les besoins profonds de ses auditeurs en pleine crise d'identité. Se détournant de lui-même, il s'est tourné vers les autres pour leur apporter, sinon des réponses — encore moins de « vulgaires recettes de bonheur » —, de multiples pistes de réflexion. Il faut dire les choses comme elles sont : *Par 4 chemins* aura eu le plus grand taux d'écoute de toute l'histoire de la radio québécoise. Yvan Asselin, directeur général de la Première chaîne et de la Chaîne culturelle de la société d'État, le confirme et analyse le phénomène plus loin.

Pour qu'un tel phénomène se produise, il faut forcément que s'établisse une connexion entre une proposition et une attente collective. *Par 4 chemins* a éclaté comme une sorte de réaction chimique. Jacques s'est dès lors consacré à « être utile », comme il dit, plutôt qu'à exprimer sa propre vérité intérieure. D'une écriture qui répondait à ses seuls besoins, il est passé à la communication pour répondre aux besoins des autres, se mettre à leur service. La parole, dès lors, a pris le pas sur l'écrit. Au point que, lui dont le niveau d'écriture, théâtral ou romanesque, avait toujours été reconnu, écrira des livres de développement personnel, directement issus ou liés à son émission de radio, sortes de produits dérivés de *Par 4 chemins*, dont la qualité littéraire est, selon lui, « très mauvaise », étonnamment mauvaise d'ailleurs, à tel point que, aujourd'hui, sa fille Martine doive les récrire afin qu'ils soient réédités. C'est que, dans ces livres-là comme dans l'émission de radio, l'objet n'est pas tant la structure littéraire sur laquelle Jacques fut pourtant si exigeant, mais le message, l'attention tournée vers l'auditoire, auditeurs ou lecteurs.

Jacques Languirand se révèle pourtant beaucoup dans son roman, *Tout compte fait*, du moins tel qu'il était à l'âge où il l'a écrit. Son Eugène renvoie directement à ce qu'il dit de lui-même quand il affirme qu'« il y a plusieurs Languirand », ce qui ne signifie pas que certaines facettes de sa personnalité sont fausses, mais bien qu'elles cohabitent toutes, fussent-elles apparemment contradictoires. Eugène passe une nuit à se chercher intérieurement, entre lumière et ténèbres (le roman se passe symboliquement la nuit), tout en trompant son épouse Margot, tandis que celle-ci demeure certaine de bien connaître son mari.

Le roman se termine ainsi : « Mais je suis aussi un être de ténèbres. Après la révélation des dernières heures, je devrais sans doute me cacher jusqu'à la nuit pour attendre le retour de mes fantasmagories. Et pourtant, je pactise avec le matin : l'être du matin rejette l'autre. À l'avenir, je serai plus que jamais partagé entre les deux. Tantôt l'un, tantôt l'autre, tiré à hue et à dia, je finirai par me disloquer. À moins que je ne crève de faim, comme l'âne entre deux tas de foin. »

Puis arrive l'accident, fatal et révélateur : « Eugène s'avance lentement, sans but. La neige qui a durci pendant la nuit crisse sous les pas. Il voit soudain l'énorme masse qui fonce sur lui, mais trop tard. Et c'est la fin de la difficulté qu'Eugène a toujours éprouvée de vivre avec lui-même et avec les autres. »

Prévenue par la police, sa femme Margot (même prénom que la fille d'Hector dans *Les Grands Départs*) ne veut pas croire que l'accident ait pu se produire à l'aube : « Margot voulut écrire à tous les directeurs de journaux pour leur expliquer que son mari ne pouvait pas avoir été renversé par un camion et tué net, aux petites heures du matin, puisqu'il n'avait jamais découché.

— Comme si je ne le connaissais pas, moi, l'Eugène.»

Jacques dit aujourd'hui qu'il aurait pu écrire d'autres romans, *Tout compte fait* ayant eu, comme ses pièces une fois publiées, un réel succès critique. Mais il a fait d'autres choix. Est-ce parce qu'il ne souhaitait pas se révéler davantage, alors? Pourtant, il ne cesse encore aujourd'hui de revendiquer sa complexité, ainsi que son désir ultime de «tout dire» et d'apparaître sincèrement tel qu'il est.

Tout compte fait était en réalité son second roman: le premier, écrit à 20 ans à Paris, avait été refusé par trois éditeurs. Quand on sait que la grande majorité des écrivains célèbres ont vu leurs premiers écrits refusés des dizaines de fois, on comprend que réussir à faire publier son second roman, écrit à 26 ans, chez un grand éditeur français (Denoël), n'est pas la moindre des choses. Jacques n'a pas attendu Jean-Cléo Godin pour se sentir encouragé à devenir «l'écrivain qu'il était». Hubert Aquin l'avait obstinément fait avant lui. René Barjavel, lui ayant dit qu'il fallait «de la maturité pour écrire des romans», l'avait aiguillonné, et Jacques avait d'emblée décidé de prouver le contraire.

Dans la postface de l'édition de poche de *Tout compte fait*[28], il explique lui-même sa démarche et son roman:

> «Ma démarche dans ce roman tenait, sans que je le susse, du crime rituel. C'est ainsi qu'il y a peu de moi et beaucoup de mon père dans le personnage d'Eugène. Il n'y a pas de doute que je voulais finir par tuer mon père. Il a occupé dans ma vie une place démesurée, avec son génie particulier et sa paranoïa. Il m'aura fallu plusieurs années pour en venir à bout. Y suis-je même parvenu?

---

28. Jacques Languirand, *Tout compte fait*, Montréal, Stanké, collection 10/10, 1985.

Je le suppose. Avec le recul, je me demande quelle était ma hantise. Quelle était donc la terreur que je cherchais à surmonter ? À la fois dans le contenu de plusieurs de mes œuvres, en particulier ce roman, aussi bien que dans ma vie elle-même, en me lançant dans des entreprises exigeantes, comme écrire ce roman ? Je me rends compte, en effet, qu'il y a dans le contenu de plusieurs de mes œuvres et dans la force de les entreprendre et surtout de les mener à bien, la volonté d'échapper à la médiocrité, à l'ordinaire inertie de la vie. […]

Il s'agissait pour moi d'en sortir. D'échapper à un milieu médiocre. […] Mon héros, lui, n'a pas survécu. […] Il eut fallu arroser sa folie un peu chaque jour. Comme une plante exotique dans un décor hivernal. L'entretenir afin de n'être pas embrassé par la pieuvre de la médiocrité qui étouffe tout ce qu'elle étreint. En cherchant à tuer mon père, c'est cette médiocrité-là que j'ai voulu tuer en moi. »

Cette autoanalyse ne laisse guère de place au doute. Aujourd'hui pourtant, trente ans après avoir écrit ces mots, eux-mêmes écrits trente ans après le roman, Jacques se montre bien moins affirmatif. Cet Eugène, ce pourrait bien être lui, en vérité. De plus, il admet enfin, sans haine ni dépit, combien Clément a été un élément constitutif de son être. Car si Clément est derrière les personnages d'Hector, de Diogène et d'Eugène, Jacques ne poursuit-il pas, à la barre de *Par 4 chemins* à partir de 1971, une démarche étonnamment parallèle à celle de Clément avec les deux tomes autopubliés de son *Petit vade-mecum du petit psychologue* vendus au porte-à-porte ? Bien sûr, l'impact en est incomparable. Jacques le fait à une dimension gigantesque, tandis que Clément l'a fait à la sienne, « petite et médiocre ». « Mon père écoutait *Par 4 chemins*, dit Jacques aujourd'hui, Hubert me l'a dit, et je sais que tous ces sujets-là le passionnaient. Mais lui ne m'en a jamais parlé. Quand je pense à lui aujourd'hui, j'ai de la peine. »

Donc, dramaturge, comédien, metteur en scène, auteur de pièces intimistes ou à grand déploiement multidisciplinaire, écrivain, professeur d'université, animateur de radio et de télévision, communicateur, éveilleur des consciences, homme tourné vers lui-même ou utile aux autres — quel est le « vrai » Languirand ? Et s'ils étaient tous vrais, avec ou sans succès public ?

S'il y a plusieurs Languirand, il n'y a qu'un seul Jacques. Celui-là est certainement parvenu à conjurer la médiocrité incarnée par Clément, que dès l'adolescence il redoutait comme un danger plus mortel que tous les autres. En ce sens, Clément aura bien joué son rôle de père, de re-père, peu importe qu'il l'ait fait *a contrario*, montrant à son fils le chemin à ne pas suivre.

Guy Corneau dit : « Puisque Jacques s'est construit en réaction à son père, il a incarné le désir de rupture de toute une génération québécoise qui avait besoin d'une autre sorte de père pour une ère nouvelle. Il faut comprendre *Par 4 chemins* dans le contexte de la contre-culture qu'il a incarnée. On ne voulait rien savoir du Québec d'avant, et Jacques, lui, apportait une nouvelle culture, les traditions anciennes et les sagesses orientales qui semblaient d'un coup nouvelles. Une nouvelle vision, de nouvelles pensées, une nouvelle musique. Bref, un éveil. Il n'a jamais été un gourou. Il était plutôt un père ouvert, un père accompagnant, comme un guide dans un musée, une sorte de père idéal. »

En définitive, ce rôle de « père idéal », Jacques Languirand l'aura davantage rempli par la communication orale, par la transmission des écrits d'autres penseurs et écrivains, que par la communion écrite de ses œuvres artistiques.

Cela dit, quel père a-t-il été pour ses propres enfants ?

CHAPITRE 12

Dessine-moi une famille

Jacques Languirand a épousé Yolande Delacroix-Pelletier à l'automne 1954. Leur fils Pascal est né le 3 mai 1955 à Paris, et leur fille Martine, le 22 juin 1957 à Montréal. Si Jacques a toujours mis un point d'honneur à assurer pleinement son rôle de chef de famille, acceptant contrat sur contrat pour bien faire vivre femme et enfants, quel mari et quel père a-t-il été?

Les témoignages de Pascal et de Martine à propos de leur enfance interviennent alors qu'aujourd'hui la situation s'est apaisée entre Jacques et ses enfants, et entre lui et les enfants de Martine, notamment avec Alexis, qui prend régulièrement soin de son grand-père. Le temps qui a passé, la maladie de Jacques, ses enfants qui en sont à la fin de la cinquantaine, ses propres 83 ans, les efforts de Nicole pour assurer de bonnes relations entre tous, expliquent l'état des choses. Ressentiments, batailles et incompréhensions mutuelles semblent résorbés. Dès lors, on peut se retourner vers le passé pour témoigner de ce qu'on a traversé. De leur propre chef, Pascal et Martine ont dit ce qu'ils ont choisi d'en dire.

Quant à la première question — quel genre de mari a-t-il été? (dans son premier mariage, du moins) —, la réponse de Jacques fuse, lapidaire: «Infidèle et égoïste.» Et il ajoute: «Je n'ai pas été bon dans la vie de famille.» Yolande Delacroix-Pelletier n'étant plus là pour témoigner, nous devons nous en remettre à l'opinion des autres, à leurs analyses et interprétations. Yolande n'a pas laissé d'écrits non plus, mais il existe un témoin privilégié: son amie Marielle Fleury, qui l'a connue dès 1942, alors qu'à 16 ans elles entraient toutes les deux à l'École des beaux-arts de Montréal. Elles resteront amies jusqu'au décès de Yolande, le 23 juin 1997.

Le couple formé par Yolande Delacroix-Pelletier et Jacques Languirand aura duré quarante-trois ans et demi. Une telle longévité implique que le mariage a traversé des périodes diverses, connu des époques fastes et moins fastes, vogué et perduré au gré des hauts et des bas. Cela dit, selon les propos de Jacques, de Pascal, de Martine et de Marielle, Yolande s'est non seulement tenue *aux côtés* de son époux, mais toujours *de son côté*. Dès le début et jusqu'à la toute fin, et en toutes circonstances.

De son bord, elle l'aura toujours été. Lorsque, moins d'un an après leur rencontre, elle décide de le rejoindre à Paris en dépit de l'opposition de ses parents. Lorsqu'ils se marient à Paris et que leur premier enfant y naît, les parents de Yolande estimant par la suite que Jacques avait « influencé » leur fille. Ils feront deux séjours à Paris, où leur quotidien sera difficile et précaire, mais jamais Yolande ne s'en plaindra. Elle ne se plaindra pas non plus quand son mari perdra de nombreux contrats et fera faillite trois fois. Elle est contente qu'il lui demande, à quelques reprises, de réaliser les décors et les costumes de ses pièces, mais aussi d'administrer certains de ses projets, comme la Compagnie de théâtre Jacques Languirand et le centre de développement personnel Mater Materia, que Jacques fondera en 1980 pour y inviter des conférenciers et y mettre en pratique les techniques de mieux-être dont il parlait dans son émission *Par 4 chemins*. Yolande sera toutefois une mère au foyer d'abord, fourmi organisatrice de la vie quotidienne, alors que Jacques, toujours, préférera travailler, écrire, concevoir des émissions, réfléchir en marchant de long en large, en fumant, un verre à la main, recevoir de longues heures durant ses amis et ses collaborateurs. La vie du foyer échoit à Yolande, tandis que Jacques assure les rentrées financières, retiré la plupart du temps dans son bureau encombré et en désordre. Ce bureau fut situé au sous-sol de leur maison de la rue Lajeunesse, puis dans le grenier de leur maison du chemin de la Côte-Saint-Antoine — où l'on accédait par une porte de presbytère.

Yolande restera *de son bord* lorsqu'ils voyageront d'un bout à l'autre du continent américain, en voiture avec les enfants ; lorsqu'elle apprendra, année après année, notamment pendant qu'elle sera enceinte de sa fille, l'existence des maîtresses qui se succèdent, dont certaines sont des relations importantes et de longue durée ; lorsque Jacques adoptera le végétarisme et qu'elle deviendra une experte en cuisine végétarienne, jusqu'à en faire un livre et des émissions à la télévision ; lorsqu'il entreprendra sa quête spirituelle et qu'elle cheminera avec lui. Même lorsque dans les années 1960 il y aura des soirées échangistes sous leur toit — soirées que Jacques appelle « la sexualité amicale et fraternelle entre collaborateurs de Radio-Canada et gens du théâtre ». Yolande souhaitera participer à ces ébats plutôt que de rester sur la touche, ce que Jacques en définitive ne vivra pas bien et qui, selon lui, contribuera à les éloigner l'un de l'autre. Et même lorsqu'elle voit son fils Pascal aller mal et être de plus en plus dépressif, notamment à l'adolescence — la bipolarité dont il souffrait depuis l'enfance n'ayant finalement été diagnostiquée qu'en 2007, à l'âge de 52 ans —, et qu'elle n'agit pas, semblant privilégier le bien-être de son mari plutôt que celui de ses enfants. De même, elle ne soutiendra pas sa fille lorsque celle-ci lui demandera de l'aider dans la relation trouble et difficile qu'elle entretient avec son père. Yolande ne veut pas en entendre parler et Martine devra s'adresser à sa grand-mère maternelle qui, elle, interviendra auprès de son gendre. Gendre que, par ailleurs, elle n'aime pas beaucoup.

Yolande ne réagira pas non plus lorsque, dans la dernière décennie de sa vie, Jacques a une liaison qui dure dix ans, et qu'ils vivent chacun de leur côté, sous le même toit. Elle sombrera plutôt dans l'alcool, jusqu'à avoir un accident de voiture qui laissera des traces sur son physique, ce physique que Jacques trouvait si parfait et qui le rendait fier de se montrer en société avec son épouse. En toutes circonstances, pour le meilleur et pour le pire, Yolande continuera à soutenir celui qui est vraiment l'homme de sa vie. Et cela même quand, après une cure de désintoxication chez les Alcooliques Anonymes, elle finira par lâcher un peu prise et vivra la majeure partie de l'année dans leur condo en Floride, entourée d'amis. Sa sérénité, durement acquise, sera de courte durée.

Tout au long des quarante-quatre années de mariage, comment expliquer ce qui ressemble à de la dévotion? Car même s'ils en sont venus, à partir de la fin des années 1970, à vivre pratiquement chacun leur vie, Yolande et Jacques sont restés très complices, en plus de partager, outre les sorties mondaines, leurs convictions, leur quête spirituelle autant qu'une attraction sexuelle pérenne. Yolande est d'ailleurs celle qui, au moment où Jacques plongera dans une profonde dépression, de 1968 à 1971, lui offrira deux cadeaux qui symboliquement lui ouvriront d'autres voies : une statue du Bouddha qui le suit partout encore aujourd'hui, et un chien, le premier d'une longue lignée, les chiens étant devenus pour lui des compagnons indispensables.

On peut se demander alors laquelle de ces deux phrases peut décrire le plus justement la longue relation qui a uni Yolande et Jacques sur plus de quatre décennies : celle du romancier Henri Troyat (« Je rends grâce à mes maîtresses d'avoir sauvé mon mariage ») ou celle du sociologue Francesco Alberoni, spécialiste de la rencontre amoureuse (« L'amour prépare le lit dans lequel se couche l'amitié ») ? Les deux, peut-être.

* * *

« Yolande était une fille très entreprenante, raconte Marielle Fleury. Elle était présidente de l'association étudiante à 17 ans et elle avait beaucoup d'énergie et d'initiative. À la fin de nos études en peinture, elle est entrée, comme beaucoup de diplômés des Beaux-Arts à l'époque, à la télévision de Radio-Canada au moment de sa création. Elle est allée en maquillage. C'est là qu'elle a rencontré Jacques, alors qu'il rentrait de Paris en 1953. Ils ont eu un vrai coup de foudre. Il faut dire qu'elle était très jolie, les hommes lui tournaient autour. Elle avait eu quelques histoires avant Jacques, mais rien de sérieux. Elle était désireuse de faire quelque chose de sa vie, surtout avec sa création, elle voulait peindre, elle ne voulait pas être maquilleuse toute sa vie. Mais elle a rencontré Jacques et l'a suivi toute sa vie. Jacques était très attaché à elle aussi, et il a toujours dit qu'elle avait été la femme qu'il avait le plus désirée. Ils ont d'ailleurs eu de très bons moments ensemble, surtout au début, et ils ont eu une vie intéressante ensemble, c'est sûr. »

Voulait-elle vivre à Paris, elle aussi ? « Non, répond Marielle, c'est Jacques qui avait pour ambition de faire sa vie là-bas. Il voulait aller à Paris, alors elle y est allée. Deux fois, ils ont vécu à Paris, et sont finalement revenus à Montréal. Il y a bien d'autres choses que Yolande a faites parce que Jacques le voulait. » Quoi, par exemple ? « Eh bien, elle s'occupait de tout, la maison, les enfants, l'intendance et l'administration de ses projets aussi. On ne peut pas vivre avec un homme de la personnalité de Jacques sans suivre sa vie. Il n'y a pas d'autres façons de vivre avec lui. Le centre Mater Materia en particulier, ça ne l'intéressait pas, elle n'était pas d'accord, mais elle est devenue directrice générale du centre, elle l'a fait. Ça n'a pas marché. Elle n'était pas étonnée que ça ne fonctionne pas et elle en a même été soulagée à la fin, mais Jacques, lui, a vécu ça très difficilement, comme un échec très dur. »

Avait-elle une vie à elle — la peinture, des amis? « Elle n'a rien fait d'autre que suivre Jacques. Elle s'occupait des enfants, d'ailleurs elle surprotégeait Pascal, mais même quand ils ont été grands, elle a continué de vivre la vie de Jacques. Elle m'en parlait souvent et s'en plaignait. Je lui disais que ce n'était pas Jacques, c'était elle qui devait changer, prendre des initiatives, décider de faire des choses personnelles, mais non. Yolande a sacrifié sa vie à Jacques. Elle était soumise et n'avait pas la force pour résister à une personnalité comme celle de Jacques. Pour elle, il était tout. » L'homme de sa vie, comme on dit? « Ah oui, ça c'est sûr. Pour Yolande, c'était l'homme de toute sa vie. Ils ont fini par vivre une vie libre, chacun de leur côté, alors elle a eu des liaisons, mais rien de sérieux non plus, elle n'était pas amoureuse de quelqu'un d'autre. »

Et Jacques? « Jacques avait ses maîtresses. Il vivait comme les hommes de cette génération, il apportait tout ce dont sa famille avait besoin, il donnait à Yolande tout ce qu'elle voulait, il était très généreux même, alors elle se sentait sécurisée et elle restait, même si à côté, comme beaucoup d'hommes de cette génération, il avait ses histoires. » Et parfois plus que des liaisons, de vraies histoires d'amour, non? « Ça, je ne sais pas, dit Marielle. J'étais surtout avec Yolande. Je me suis mise à voir Jacques plus souvent après la mort de Yolande. Mais en tout cas, il a choisi de rester. Il a pensé à la quitter, mais il est resté. Au fond, il lui est resté fidèle, mais avec des liaisons à côté. Elle était très jalouse et se sentait menacée. »

Quelles étaient les relations entre Yolande et ses enfants? « Elle était très attachée à Pascal, je crois que Martine en était jalouse même. Je lui disais de se détacher de son fils, c'était un peu caricatural comme relation entre mère et fils unique. Elle aussi était fille unique. Mais sa relation avec Martine a toujours été difficile. Martine n'était pas une enfant facile et entre elles ce n'était pas facile non plus. Martine admirait beaucoup plus son père. »

Yolande s'occupait-elle plus de son mari ou de ses enfants? «Jacques prenait beaucoup de place. En fait, il prenait toute la place. Yolande l'admirait énormément et elle était prise là-dedans, elle était trop dominée dans sa relation avec lui. Elle a suivi la carrière de Jacques et c'est tout, elle n'a pas eu le temps de faire quoi que ce soit d'autre. Elle a eu des bouts heureux avec lui, mais à la fin, elle était très, très déprimée de n'avoir au fond rien fait de sa vie.» Jacques était-il conscient de ce sacrifice? «Oui, mais lui il devait faire ses choses, c'était sa priorité, et il vivait sa vie comme il l'entendait, même s'il restait attaché à Yolande et la respectait comme la mère de ses enfants. Mais je crois qu'il y a beaucoup réfléchi quand même, et qu'il s'est culpabilisé. C'est pour ça qu'il lui a offert ce condo en Floride, pour qu'elle aille vivre là-bas, pour qu'elle voie ses amis et fasse ses propres choses.»

Est-elle allée souvent en Floride? «À la toute fin seulement. Elle avait vraiment du mal à lâcher. Mais elle a fini par se désintoxiquer, elle a longtemps été alcoolique, et elle a enfin décidé de partir. Elle revenait de temps en temps à Montréal, mais quand même, sa vie en Floride, dans les dernières années, lui a fait du bien. Puis elle est morte subitement, d'un AVC et d'une embolie. Ç'a été très vite.» Était-elle plus sereine, finalement? «Non. Elle est morte avec le sentiment d'avoir raté sa vie, d'autant qu'à la fin le lien entre elle et Jacques était complètement cassé. Ils n'avaient plus rien à se dire et elle s'en plaignait. C'est là qu'elle a décidé de partir en Floride. Si elle avait vécu plus longtemps, elle aurait peut-être trouvé un certain apaisement, je ne sais pas...»

Et Jacques? Que pense de lui Marielle Fleury, aujourd'hui? «Jacques a été honnête avec Yolande. Il n'a jamais caché qu'il voulait d'abord réussir ses choses à lui, ni quel genre de vie il voulait vivre. Il avait besoin de se sentir parfaitement libre, aussi. Mais il est resté avec Yolande jusqu'au bout. C'est Yolande qui n'avait pas la force de vivre pour elle-même, elle était fille unique et ne s'entendait pas bien avec sa famille non plus, surtout avec sa mère, à la fin. »

Et Nicole Dumais, que Jacques a rencontrée six mois après la mort de Yolande et épousée un peu plus d'un an plus tard, a-t-elle le même genre de relation avec Jacques ? « Non. Nicole est plus forte. Elle était plus âgée aussi quand elle a rencontré Jacques qui, lui aussi, avait vieilli. Et puis Nicole est une bien meilleure secrétaire-assistante que ne l'était Yolande, elle est plus déterminée. Il manquait à Jacques une femme à la maison de toute façon, ces hommes-là ne vivent pas seuls. Il reste que ce n'est pas facile de vivre avec des artistes. »

Marielle ajoute : « Mais il y a surtout une chose pour laquelle j'admire beaucoup Jacques : il a été capable de changer complètement sa personnalité. Jeune, il était très égocentrique et colérique aussi. Il n'y avait que lui-même qui l'intéressait, il voulait réussir à tout prix. Après sa dépression, il a réussi à changer complètement, il s'est retiré en lui, il a fait des recherches et s'est soigné, et il a été capable de mettre son passé derrière lui. Il s'est ouvert aux autres, à la vie des autres et de la planète au lieu de regarder seulement son nombril. Il n'y a pas beaucoup de personnes qui sont capables d'une telle transformation. C'est ça qui a produit l'émission *Par 4 chemins*. Il a changé et il a pu faire cette émission, pendant quarante-trois ans. Qui d'autre aurait pu faire ça ? »

Pourtant, lui aussi a le sentiment, pour d'autres raisons que Yolande, d'avoir raté sa vie. « Oui, je sais ça, dit Marielle. Il en parle souvent, parce qu'il rêvait de devenir dramaturge et comédien et d'en vivre, mais ça n'a pas marché comme il pensait, le public n'a pas suivi. Tout le monde lui dit qu'il n'a pas raté sa vie, que *Par 4 chemins* est son accomplissement, mais il ne le croit pas. Disons qu'il n'a pas réalisé son rêve, mais il a réalisé sa vie, ce qui est beaucoup plus difficile. La vie est comme ça, elle nous amène à prendre d'autres chemins parfois, c'est comme ça. La vie lui a tracé un autre chemin, par quatre chemins ! De toute façon, la vie c'est comme une répétition, ce n'est pas la vraie représentation. Quand on est enfin prêt pour commencer la représentation, c'est fini. »

Parle-t-elle du *Muss es sein ? Es muss sein !*[29] de Beethoven, que l'écrivain Milan Kundera évoque dans son roman *L'insoutenable Légèreté de l'être*, et Léo Ferré dans une de ses chansons symphoniques ? Ce *Es muss sein* explique la vie comme une esquisse, un brouillon, une répétition, sur lesquels on ne peut pas retravailler, car on peut rarement réparer ses erreurs et ses égarements. Quand on a compris, le rideau tombe.

Quand Jacques dit qu'il va « devoir revenir pour une autre réincarnation », il dit deux choses : que l'évolution exigeante a toujours été sa principale force motrice, mais aussi qu'il n'a pas fini de travailler sur lui-même.

* * *

En ce mois de mai 2013, Pascal Languirand est venu à Montréal, comme il le fait chaque année pour l'anniversaire de Jacques, le 1er mai, et le sien, le 3 mai. Il en profite pour passer deux semaines avec son père. Il habite désormais à Mexico où il mène une belle carrière de musicien. C'est une vraie star que les gens arrêtent dans la rue pour prendre des *selfies* avec lui. Il vient de fêter ses 58 ans et se dit « enfin bien avec [lui]-même », ayant « cessé de souffrir terriblement depuis environ cinq ans », c'est-à-dire depuis que sa maladie psychique a été diagnostiquée et que les médicaments ont commencé à faire leur effet. « C'est comme une nouvelle vie », dit-il, souriant dans la lumière, sur la terrasse de la maison de Jacques et Nicole.

---

29. « Le faut-il ? Il le faut ! » Note que le compositeur a inscrite sur la partition du *Quatuor à cordes n° 16*, dans le dernier mouvement intitulé *La résolution difficilement prise.*

C'est la première fois qu'il parle de lui, de son père, de son enfance. Il le fait posément, poussant de temps en temps sa mèche blonde tout en prenant le temps de réfléchir. Introspectif, il s'exprime bien et avec profondeur. Exactement comme le fera d'ailleurs sa sœur Martine, un mois plus tard, assise dans le même fauteuil face à moi, avec ce bleu si bleu des yeux, et ce regard intense que Jacques a hérité de sa mère et transmis à ses enfants.

D'emblée, Pascal commence par dire comment il voit son père : « Il a été correspondant, journaliste, animateur à la télévision, à la radio… C'est un vrai destin, car dès l'âge de onze ans, il jouait au communicateur, un micro à la main. Mais lui voulait réussir dans le théâtre et il n'a pas réussi là. » Que pense-t-il des pièces de Jacques ? Il ne répond pas directement et analyse plutôt : « Il a une force unique : il est capable de cerner l'inconscient collectif de son public. Je pense qu'il l'a mieux fait dans ses émissions que dans ses pièces. » Il donne une référence musicale : « C'est comme Jimi Hendrix qui mettait ses rêves en musique et communiait avec l'inconscient collectif de son public. Il a vraiment su comment jouer de la guitare électrique, presque électronique. Mais je me souviens quand Jacques a apporté un disque du groupe Tangerine Dream, *Rubicon*. Ce disque de musique électronique planante a été une révélation pour moi, et c'est ce disque qui m'a ouvert les portes vers la musique électronique. Moi qui cherchais à composer une musique nouvelle avec les nouveaux synthétiseurs qui venaient d'apparaître sur le marché. »

L'univers de Pascal Languirand, c'est la musique avant tout. Son génie musical pur et spontané lui vient directement de Clément. Quand il l'a découvert, alors que son fils avait 15 ans, Jacques l'a non seulement beaucoup admiré, mais il l'a aussi encouragé, en lui offrant tous les instruments et les ordinateurs qui lui permettraient de composer de la musique électronique. Mais pas de cours de musique, non. Pascal a appris seul, «comme ça, oui», comme il dit, avec un sourire humble, alors qu'on est de fait en train de parler d'un don exceptionnel. «Clément avait ça aussi, explique-t-il, mais il n'en a rien fait vraiment.»

Est-ce pour cette raison que Jacques, découvrant le génie de son fils, fait tout pour que celui-ci le développe? «Peut-être bien», répond sobrement Pascal, puis il ajoute: «Jacques a su appliquer sa capacité à cerner l'inconscient collectif par la parole, et non par la musique. Il a étudié Marshall McLuhan[30], qui était vraiment un visionnaire de la communication. Il a compris l'essentiel.» Jacques ou McLuhan? «Jacques, au travers de McLuhan. Le livre que Jacques a écrit sur McLuhan[31] est un de mes préférés. C'est peut-être à cause de ce livre que j'ai décidé de faire des études en communication et non en musique. D'ailleurs, j'avais Jacques comme professeur à McGill.» L'essentiel, qu'est-ce que c'est? «Le médium n'est pas juste un véhicule du message, il est le message. Ça s'applique aussi à la musique.» La forme est le fond, et cela s'applique en effet à toute forme de création et de transmission. Mais Pascal a-t-il aussi lu les autres livres de Jacques? «Bien sûr. Je les ai tous lus, plusieurs fois. Je les ai intégrés. Parfois, je pense que j'ai plus intégré les livres de Jacques qu'il ne l'a fait lui-même.»

Il nous faut reprendre par le début. Sa naissance à Paris. «Je suis né et j'ai passé les six premiers mois de ma vie à Paris. J'y ai aussi fait une année scolaire à l'âge de sept ans. Mais je ne suis pas attaché plus que ça à la France et ma musique n'a jamais marché là-bas.» Est-il plus attaché au Québec? «Non. Ma musique ne marche pas ici non plus. Ç'a marché un peu à Toronto, mais c'est tout. D'ailleurs je ne vis pas ici, mais j'aime venir en vacances, voir ma famille. D'autres

---

30. Herbert Marshall McLuhan (1911-1980) est un intellectuel canadien. Professeur de littérature anglaise et théoricien de la communication, il est un des fondateurs des études contemporaines sur les médias.
31. *De McLuhan à Pythagore*. Voir la bibliographie.

pays sont beaucoup plus importants pour moi et pour ma musique. Je vis au Mexique, parce que c'est là que j'ai le plus de succès avec ma création, aujourd'hui, mais j'ai aussi du succès dans d'autres pays.»

En 1982, à 27 ans, il connaît un premier succès fulgurant avec son titre *Living on Video*, avec son groupe Trans-X. Sur l'autre face du *single*, *Message on the Radio* est aussi un tube. Pris par Polydor, il est disque d'or en Italie, en Hollande, en Allemagne, en Angleterre; disque de platine au Mexique en 1984 et classé dixième des palmarès américains en 1986. Pascal Languirand et son groupe donnent des concerts partout. «Trente-cinq mille personnes à Moscou, dit-il, deux fois plus au Mexique, au Japon. Je n'en revenais pas, mais j'adore la scène, c'est vraiment inné chez moi, jouer, danser, me démener sur scène. C'est de la musique de transe, de la musique pour les discothèques[32].»

En 1990, il réalise deux albums à Los Angeles. Il a alors 35 ans. Puis il part pour l'Europe. «De 1992 à 1996, j'ai vécu à Barcelone. J'ai fait plusieurs tentatives en Espagne, mais ça n'a pas fonctionné. En 1997, je me suis marié, divorcé en 1999. Cette période a été terrible pour moi. J'avais coupé les ponts avec tout le monde, je vivais dans un total isolement, sans lien avec ma sœur, ni avec ma mère, ni avec mon père. Ma mère est morte en 1997 et je suis revenu au Québec dans un état suicidaire, je souffrais trop. Je vivais chez Jacques. Je souffrais depuis l'adolescence en fait, mais cette crise-là a été plus dure que les autres. J'ai fait une autre tentative en Espagne de 2001 à 2004, ça a été un nouvel échec, même si j'ai composé la chanson de la finale espagnole de l'Eurovision. Je suis revenu à Montréal en 2004, ruiné. Et là, j'ai été interné dans un hôpital du nord de la ville. On a enfin établi un diagnostic de bipolarité et j'ai été médicalisé. À cinquante-

---

32. http://www.allmusic.com/artist/pascal-languirand-mn0000131398/discography/all

deux ans, j'ai vécu une véritable renaissance. Je suis sorti de ma prison mentale. »

Il se reprend en main. Repart faire des spectacles à travers le monde. En Russie et en Allemagne en 2007. Et puis arrive ce qu'il appelle la « surprise mexicaine ». « En 2008, j'ai fait un spectacle au Mexique, six spectacles à Los Angeles, et d'un coup ç'a été la gloire. Ça marche très fort pour moi au Mexique. Je mène bien ma création et j'ai repris les commandes de mes affaires, avec de nouveaux associés. » Sur ce point, il conclut : « Je suis un homme qui apprend à souffrir moins. J'ai une copine très jeune, professeure d'histoire, ça va bien. Il me fait plaisir de venir à Montréal, maintenant. »

Pourquoi sa maladie n'a-t-elle pas été diagnostiquée avant l'année 2004 ? Il ne le sait pas. Cette maladie est-elle héréditaire ou non ? « C'est à cause de quelque chose qui s'est passé dans mon enfance », me répond-il, mais il n'en dira pas plus. Quels souvenirs conserve-t-il de son enfance et de sa famille ? « J'étais souvent avec ma mère, puis avec Martine, qui a deux ans de moins que moi. Maintenant, je la vois une journée par an, quand je viens ici. Yolande ne montrait pas ses émotions. Martine et moi avons eu une enfance entourée d'adultes. Moi, j'étais asocial avec les gens de mon âge. Quand j'étais jeune, j'étais entouré de personnes âgées, et maintenant je suis tout le temps entouré de jeunes. Et je donne beaucoup de mon temps aux autres. »

Son père a eu une grande influence sur lui : « Vers quinze ans, j'ai découvert que j'avais de la facilité à créer avec les nouvelles technologies. J'écoutais de la musique électro et Jacques écoutait aussi cette musique-là. Il m'a acheté l'équipement pour m'encourager. De 1973 à 1983, soit de treize à vingt-trois ans, j'ai vécu ma période psychédélique, avec des expérimentations de divers hallucinogènes. On prenait des drogues ensemble pour éveiller la conscience dans un but spirituel. Ça faisait un tout : les expérimentations psychédéliques et les expérimentations musicales avec les nouvelles technologies. C'est une période dont je me souviens avec grand plaisir. »

Et les études ? « J'ai étudié au collège Stanislas, puis en communication à McGill. J'ai aussi fait du théâtre dans une troupe anglophone et j'ai suivi des cours avec les Ballets Jazz. Des cours de chant, aussi. Tout ça était inné pour moi. Quand j'ai découvert la scène, j'ai vu que c'était mon élément. » Il a travaillé avec Jacques à plusieurs reprises : « En 1978, j'ai travaillé à la post-production des émissions *Vivre sa vie* et *Vivre ici maintenant*, que Jacques faisait. Puis, au début des années 2000, j'ai composé des musiques pour ses émissions et Jacques les aimait beaucoup. J'ai aussi fait son site en 2008. Je suis revenu du Mexique pendant deux mois pour organiser son bureau, et quand le site a été en place, je l'ai confié à Nicole. » Comment s'entend-il avec Nicole ? « Très bien. On s'est toujours bien entendus. Je lui parle plus souvent qu'à Jacques au téléphone. »

Il dit que Jacques a été un père très stimulant : « Il m'a aidé à m'incarner, moi qui me sentais très désincarné. » Je lui parle de son physique de prince androgyne que l'on peut voir sur YouTube, sur des vidéos des années 1980, physique qu'il a encore aujourd'hui, lors des grandes raves qu'il donne devant des foules immenses, et cela le fait sourire. Instantanément, s'interpose l'image du personnage de Jacob Obus interprété par Jacques dans le film *Mars et Avril* : un musicien désincarné qui rallie les foules avec sa musique…

Pascal poursuit : « Jacques m'a aussi ouvert au bouddhisme, et c'est la philosophie à laquelle j'adhère encore. Il m'a aussi fait découvrir les religions préhispaniques. Il s'est lui-même intéressé aux peuples amérindiens et à leurs religions. Dans la période psychédélique, on prenait des hallucinogènes et on communiquait avec les statues. On appelait ça "faire de la fumée derrière les statues". Elles nous parlaient. » Vivant au Mexique, il s'intéresse particulièrement aux Indiens

Huichol du nord du Mexique. « Ils ont gardé leurs traditions ancestrales. Notamment l'utilisation du peyotl. J'en consomme encore. Les médicaments que je prends apaisent la souffrance psychique, mais ne la transforment pas, alors que le peyotl le fait. »

Quel souvenir garde-t-il de Yolande ? « Elle s'occupait de nous, de la maison. Elle a beaucoup aidé mon père, surtout dans la période où il avait perdu son emploi, c'est elle qui gérait les choses. Mais à la fin, elle était détruite. Sauf pendant les six derniers mois, quand elle allait en Floride, où elle avait ses amis. Et elle s'est remise à peindre. » Où sont ses toiles ? « On les a toutes jetées, je crois. »

Comment se sent-il maintenant que Jacques est malade ? « Je suis content de venir le voir. Il a gardé un ego très fort. Il pourrait être plus détaché, apprendre le lâcher-prise. Il est très "cerveau gauche", peut-être trop, alors que moi, je suis peut-être trop "cerveau droit". » Il conclut, avec un sourire : « Il devrait relire ses livres. »

L'entretien terminé, Jacques vient nous rejoindre. Il dit qu'il est très fier de son fils, qu'il admire ce qu'il a accompli. Le courage aussi qu'il a eu de faire sa vie comme il l'entendait, ailleurs. Mais y avait-il vraiment de la place pour deux Languirand célèbres à Montréal ? Jacques se dit aussi désolé : « Je ne me suis pas rendu compte que mon fils était malade et qu'il souffrait tant. J'ai mis ça sur le compte de son tempérament d'artiste. J'en suis désolé. »

* * *

Lorsque je rencontre Martine à la mi-juillet 2013, elle vient tout juste de se réconcilier avec son père, avec lequel elle était fâchée depuis plusieurs années. C'est Pascal qui, lors de son séjour en juin 2013, a joué les intermédiaires, auprès de Nicole d'abord, en l'alertant de la difficile situation financière de

Martine, professionnelle dans les domaines des communications et du marketing — elle aussi a étudié à McGill et a eu son père parmi ses professeurs —, qui avait perdu son emploi. Nicole décide d'agir en envoyant un chèque à Martine et en lui proposant, de concert avec Jacques, de réviser et corriger les livres de son père, livres qui, pour être réédités, doivent être actualisés et récrits. Cette situation leur a donné l'occasion de se réconcilier.

Martine s'assied et plonge ses grands yeux dans les miens, prête à raconter son enfance, sa vie familiale d'autrefois et sa vie actuelle. D'emblée, elle dit être une «femme heureuse», en couple avec sa compagne, et une «mère fière de la réussite de ses trois enfants», Julie, 27 ans, Alexis, 25 ans, et Mimi, 20 ans, «après un divorce tumultueux», mais qui lui aura permis, selon ses termes, «de régler tout en même temps». Comme si la bataille autour de ce divorce avait tenu lieu de règlement de comptes — pour solde de tous les comptes et contentieux.

«J'ai toujours été aux femmes, dit-elle, mais je voulais des enfants, alors je me suis mariée. Mais quand je me suis révoltée contre ce mariage, ç'a été comme si je me révoltais d'un coup contre toute ma vie. Ce divorce a été comme le règlement de tout. J'ai repris mon pouvoir. J'ai attendu quarante ans pour reprendre mon pouvoir.» Et elle ajoute: «Jacques m'a soutenue quand je me suis révoltée et battue pour me sortir de mon mariage. Il m'a dit: "Tu es une vraie Languirand." Ç'a pris tout ça pour avoir sa reconnaissance.»

Martine a aujourd'hui 57 ans. C'est une belle femme blonde, à l'énergie alerte et communicative. Dirait-elle que dans sa vie il y a eu l'avant et l'après-quarantaine? «Absolument.» Cette division se rapporte-t-elle à la mort de sa mère? «Oui. Elle a même réussi à me gâcher mon quarantième anniversaire. Elle a fait un anévrisme le lendemain de mes quarante ans. Mais je me suis réconciliée avec elle avant qu'elle ne meure, pendant son coma qui a duré du 23 au 28 juin 1997.

Elle était inconsciente, mais elle ne lâchait pas. Je suis allée lui parler et je lui ai dit que je l'aimais, pour qu'elle décroche. Elle est morte le soir même.»

Comment était Jacques à ce moment-là? «Il a fait un black-out. Il errait, complètement déconnecté. J'avais peur pour lui. Puis il s'est ressaisi. Après les obsèques, il a reçu tous les amis de Yolande à la maison, toute sa communauté de Floride, on a fait une grande cérémonie.» Elle explique: «Tout était planifié pour qu'elle soit veuve un jour, parce que c'est Jacques qui avait des ennuis de santé. Mais elle est morte brutalement. C'était l'envers du décor. Pendant les six mois où il a été tout seul après la mort de Yolande, je suis restée avec lui tout le temps. Il venait de perdre sa femme et de quitter sa maîtresse de dix ans. Il était seul, je suis restée avec lui dans sa caverne.»

Comment a-t-elle réagi lorsque Jacques a rencontré Nicole au bout de six mois, et lorsqu'ils se sont mariés un an plus tard? «Très bien. Je me suis toujours bien entendue avec Nicole. J'ai travaillé avec eux sur *Par 4 chemins*, on faisait une bonne équipe.» S'entendent-elles toujours bien, aujourd'hui? «Oui, c'est Nicole qui a refait les liens entre Jacques et moi. Et moi, j'ai fait disparaître l'urne avec les cendres de ma mère qui se trouvait dans la chambre de Jacques, pour faire de la place pour Nicole. Nicole est l'égale intellectuelle de Jacques, elle a les mêmes intérêts que lui. Jacques est très colérique. On en avait tous peur, sauf Nicole qui l'a d'emblée remis à sa place. Elle est aujourd'hui le pilier de la maison, comme Yolande était aussi le pilier familial sur le plan du quotidien.»

Martine poursuit: «Dans la famille, c'était moi la plus solide. Toute mon enfance, j'ai été le bloc de ciment qui retenait trois ballons d'hélium. J'étais la *groundée* de la famille. J'avais l'impression que si je les lâchais, ils allaient s'envoler dans le cosmos. Pendant les années du centre Mater Materia, c'était le pire. Je haïssais ce centre pour mourir et Yolande le détestait aussi. Je l'appelais "Le centre Enterre-ta-mère-là". J'étais assez contente quand ç'a été fini. » Elle était alors dans la jeune vingtaine. Ne s'est-elle pas révoltée, à ce moment-là ? « Non. J'ai attendu quarante ans. Ç'a été une conjonction de choses. Le divorce, la mort de ma mère, le fait que je devais m'occuper de mes enfants, le remariage de Jacques. En bloc. Je me suis battue. Jacques m'a soutenue et félicitée. »

Mais n'a-t-elle pas rompu les liens avec lui à la même époque ? « C'est arrivé quelques années après. Je me suis fâchée, parce que Jacques avait rejeté mon fils Alexis. Moi, faut pas toucher à mes enfants. J'ai réagi pour Alexis. » Pourtant, Alexis s'occupe beaucoup de son grand-père à présent, non ? « Oui. Aujourd'hui, tout le monde s'entend très bien avec tout le monde. On est une famille réconciliée. Il y a des familles recomposées. Nous, on est une famille réconciliée. »

Est-ce elle qui a subtilisé les coordonnées de sa demi-sœur parisienne, cette première fille que Jacques recherche à présent par tous les moyens, mais en vain ? Martine s'insurge : « Voyons donc ! Bien sûr que ce n'est pas moi qui ai pris ces documents ! Si j'avais su que j'avais une demi-sœur, la première chose que j'aurais faite c'est d'aller la voir. J'aurais adoré ça, avoir une grande sœur ! »

Contre quoi aurait-elle dû se révolter avant l'âge de 40 ans ? Martine soupire en secouant la tête : « Si je pense à l'enfant que j'étais, j'ai de la peine pour elle. Ce dont je suis le plus tannée, c'est de me faire tout le temps dire "oh ! ça doit donc être extraordinaire d'être la fille de Jacques Languirand !". Alors que moi, toute ma vie, je me suis dit que j'avais dû tuer père et mère dans une autre vie pour vivre des souffrances pareilles. On dirait que j'ai évacué toute ma colère avec mon divorce. Toute ma colère contre mon père. Pour survivre à cette enfance, je me suis détachée, je me disais que ça ne m'arrivait pas à moi. » Qui l'a aidée, ces années-là ? « Ma grand-mère maternelle. C'est elle qui a parlé à Jacques. C'est bizarre, d'ailleurs, parce que, quand je suis revenue l'autre jour, on ne s'était pas vus depuis longtemps, Jacques et moi. Je suis entrée dans la cuisine, il était assis à la table. Je me suis assise à côté de lui. Il ne m'a pas reconnue. Il m'a dit: "Partez, j'attends ma fille." Je lui ai dit que c'était moi. Il m'a regardée longuement, il était très ému et confus. Il croyait que j'étais la mère de ma mère, justement... »

Ne s'est-elle jamais sentie protégée par sa mère? « Pas du tout! Ma mère ne voulait rien savoir de rien. Elle, tout ce qui l'intéressait, c'était "qu'est-ce que je vais me mettre?" et "qu'est-ce qu'il manque dans la maison?". Tout tournait autour de sa maison. Jacques avait besoin de la *maison* [elle insiste sur ce mot]. La maison, c'était son port, mais ce port-là partait à la dérive. Mais elle, ce qu'elle aimait, c'était que les gens viennent manger à la maison. Organiser des soupers, des *partys*. Toute sa vie tournait autour de Jacques. Et de son drame personnel. Ma mère était très dramatique. Elle disait: "Ahhh! Qu'est-ce que je vais faire, moi?" C'est sûr que je suis une mère à l'opposé d'elle. J'ai voulu donner à mes enfants ce que je n'avais pas reçu. »

C'était une femme qui souffrait, non? « C'est sûr. Elle m'a dit qu'elle avait mal vécu sa grossesse avec moi, parce que Jacques avait une maîtresse pendant ce temps-là. Elle m'en voulait, à moi. Alors, ce n'est pas elle qui allait me protéger. De toute façon, elle n'a jamais eu de relation correcte avec moi. Elle aimait beaucoup Pascal, et moi elle ne m'aimait pas. Mais je continuais à être en demande de son amour. Et je n'en ai jamais voulu à Pascal, au contraire, je l'ai toujours protégé. » Contre quoi? « Contre tout, je pense. On était toujours ensemble. C'est mon grand frère, mais c'est moi qui le protégeais. »

Elle dit avoir néanmoins vécu une enfance en deux parties: un côté noir et un côté merveilleux. « Du côté merveilleux, dit-elle, c'est sûr que je n'ai pas eu l'enfance de tout le monde. On était une famille d'hurluberlus, jamais comme tout le monde. La vie avec Jacques avait un côté magique, improvisé, inattendu. On a fait de longs voyages en auto, tout le continent américain. Je me souviens d'un voyage au Mexique à l'âge de huit ans, on a parcouru dix mille miles et on a fêté le dix millième dans un lave-auto en forme de chien. On était une famille bohème, la vraie famille Fenouillard ! Ça, c'était vraiment le côté merveilleux, les moments de bonheur.» Pascal a raconté la même chose, disant que Yolande a été heureuse, elle aussi, dans ces voyages au long cours, en voiture ou en camping-car. «Oui, confirme Martine, je pense aussi que c'étaient leurs meilleurs moments ensemble. Déjà, ils étaient ensemble, pour commencer...»

Y a-t-il eu d'autres moments heureux ? «Des moments, oui, et des phrases inoubliables. Jacques m'a dit des phrases extraordinaires. Lumineuses. J'ai beaucoup appris avec lui, c'était très stimulant. Ça ouvrait sur le monde et sur les autres. Du coup, j'ai développé un côté *superkid*. *I'm gonna be a super-kid !* Une enfant parfaite, gentille, avec le souci de pouvoir aider les autres, de donner aux autres.»

Jacques dit que le sens de sa vie, à lui aussi, c'est le service. «Oui, répond Martine. Il est devenu un *superkid* lui aussi, après son enfance difficile. Il ne faut pas oublier de dire que Jacques est un orphelin qui a voulu montrer qu'il était quelqu'un. On ne dit jamais assez combien Jacques a fait pour les autres. On n'a jamais assez parlé de son impact sur les autres. À la radio, mais aussi dans la vie. Je trouve d'ailleurs que *Par 4 chemins* s'est trop éloignée de la mission première de l'émission, au tout début, quand ç'a eu le plus d'impact, parce qu'il parlait des problèmes du monde, des souffrances des gens, et qu'il apportait des réponses à ces problèmes. Après, l'émission a évolué autrement, elle est devenue beaucoup plus intellectuelle et cérébrale. Selon moi, il aurait fallu revenir aux fondamentaux : parler des problèmes des gens, les aider concrètement.»

Elle hésite un moment, puis dit : « D'ailleurs, je pense que je serais très bonne pour reprendre le flambeau de Jacques. Joël Le Bigot m'y a toujours encouragée. C'est la première fois que j'ose dire ça, mais je pense que c'est ma place. Quand j'ai vu quelqu'un d'autre faire l'émission *Les Repères de Languirand* avec Jacques, ça m'a fait mal : c'était ma place. J'ai toujours eu les mêmes intérêts que mon père pour les questions humaines, la psychologie et la spiritualité. Je pense que j'ai quelque chose à faire dans ce domaine, mais je suis patiente, ça se fera si ça doit se faire. Moi, je ramènerais l'émission sur la difficulté de vivre, comme c'était avant. »

En attendant, Martine récrit les livres écrits par son père et Placide Gaboury[33] : « J'adorais Placide, dit-elle. Il me disait toujours que j'étais la plus forte, la seule capable de tenir tête à mon père. Et c'est vrai. J'étais le mouton noir en même temps que le bloc solide de la famille. Je piquais mes colères aussi, puis je revenais avec un drapeau blanc. Je suis celle qui lui ressemble le plus, c'est sûr. »

En écho, Jacques dira de son côté, après leurs retrouvailles, les larmes aux yeux : « Martine est comme moi. Autant Pascal et moi n'avons rien à nous dire, autant je me sens très proche de ma fille. Je ne l'avais pas vue depuis longtemps, et là je l'ai vue tout à coup, peut-être pour la première fois. Je l'ai trouvée belle, intelligente. J'avais oublié sa force, sa physionomie, ses yeux, son allure. Je l'ai vue et je l'ai reconnue. J'espère que les choses iront bien. »

Martine aussi parle en écho : « Je m'en veux. Comment ai-je réussi à être à nouveau dépendante de mon père, à mon âge ? Je n'ai pas encore trouvé ce que j'allais faire à plus grande échelle, non. On verra bien. » Au printemps 2014, elle a obtenu une charge de cours dans un cégep. Une fois par semaine, elle continue de travailler chez Nicole et Jacques, où elle s'occupe

---

33. *La Voie initiatique* ; *Réincarnation et Karma* ; *Vivre sa vie*. Nouvelles éditions aux Éditions du Dauphin Blanc (2014).

de son père toute la soirée, ce qui procure à Nicole un moment de répit.

Elle conclut: «Je n'ai que mon père. C'est mon seul point d'ancrage. Il vieillit. Le voir malade comme ça, c'est difficile. Je ne sais pas encore comment je vais faire.»

* * *

Yolande, Pascal, Martine, et bien sûr Nicole: tout l'entourage proche s'est en quelque sorte consacré à la vie de Jacques, Pascal étant celui qui l'a certainement fait le moins. En se consacrant ainsi à lui, son entourage semble adhérer à quelque chose de plus grand que la seule relation intime qui les unit. Mais n'est-ce pas toujours le cas des fortes personnalités? Ayant voué leur vie à une ambition, à une vision ou à une cause qui les a dépassés, certains grands hommes font de piètres pères, de mauvais maris et même de médiocres amis, parce qu'ils se sont consacrés à leur travail, à la collectivité et à la postérité, plutôt qu'à jardiner leur bonheur quotidien et celui de leurs proches.

Jacques Languirand, qui depuis sa prime jeunesse s'interrogeait sur la distance qui existe entre un personnage et l'être humain derrière lui — notamment à propos de Bertolt Brecht, dont il a tant admiré la dramaturgie sans aimer l'homme —, est conscient de cette distance chez lui-même et il l'assume, comme d'ailleurs il tient à assumer authentiquement et sincèrement tous ses actes, faits et gestes, les meilleurs comme les pires.

À la fin de sa vie, il veut qu'on le voie tel qu'il est, avec ses caractéristiques majeures: la tension entre ses dimensions charnelle et spirituelle; son ambition de réussite et de reconnaissance; son désir impérieux d'apprendre, de découvrir; et son besoin non moins exigeant d'être utile, de donner et de transmettre. «Il faut bien finir par être tout à fait sincère», répète-t-il. Il ressent aussi le besoin de présenter ses excuses à ses enfants. De dire sa vérité, quitte à ébranler l'image qu'il a lui-même nourrie, mais qui, ultimement, semble l'enserrer comme une gangue trop étriquée pour contenir toute la palette kaléidoscopique de son humanité.

Ce qui le préoccupe pourtant, ce dont il se souvient le plus à présent qu'il a oublié les choses contingentes, n'est pas ce qu'il a réussi, mais ce qu'il estime avoir raté. Ou plutôt le fait qu'il pense avoir réussi dans un domaine où il n'avait que peu d'ambitions au départ. Il dit : « Je crois que j'ai assez payé. Je crois que je suis correct, maintenant. » De quelles dettes parle-t-il ? Et quel en fut le prix ? Les proches des grands hommes leur pardonnent-ils tout au nom de leur grandeur et de tout ce qu'ils ont apporté à la collectivité ? En tout cas, les proches de Jacques, ses enfants d'abord, l'ont fait. Et cela, certainement parce que lui-même a su regarder ses turpitudes en face, les analyser, en même temps qu'il a réhabilité l'influence positive de son père sur lui. À l'heure où il oublie tout, il n'oublie pas cela, qui demeure essentiel à son cœur.

Il aura beaucoup travaillé à réparer la sphère familiale et intime de sa vie, qui a été la plus problématique, jusqu'à assez récemment. L'idée de dette semble renvoyer à un sentiment de culpabilité. Mais à l'aune de sa vie actuelle, il est « devenu correct », selon ses termes. Il est parvenu à vivre une belle relation de couple avec sa seconde épouse, Nicole Dumais, depuis 1998, avec fidélité et authenticité. À se réconcilier avec ses deux enfants, et avec ses petits-enfants, avec lesquels il entretient désormais des rapports pacifiés. « Il faut se pardonner avant de se quitter », dit-il. Et même si Nicole le dément, sourire en coin, il dit avoir atteint une « certaine sérénité ».

À le voir, tranquille et pensif, renversé dans un fauteuil en osier sur la terrasse récemment refaite de leur maison, au milieu des bacs à fleurs, les chiens Isis et Charlie à ses pieds et les quatre chats alentour, une pipe à la main et le chapeau de paille sur la tête, on le croit. Il a tellement travaillé.

« J'ai appris », conclut-il, confirmant l'évolution dont parle Marielle Fleury. On se rappelle alors qu'il revient de loin. L'image de la mère, la relation au père, le modèle de couple, la sphère affective, sexuelle et relationnelle dans son ensemble, tous ces fondamentaux sur lesquels tout un chacun s'appuie pour élaborer sa vie propre, n'ont pas fait partie de sa donne originelle. Des modèles viables, il n'en a reçu aucun, ni de ses parents ni des générations d'avant eux. Ces fondamentaux lui ont été donnés comme des problèmes à résoudre, voire comme un talon d'Achille.

Trouver la paix avec ses intimes en plus de la reconnaissance professionnelle, entre l'image de soi et l'image sociale, lui aura pris du temps. Toute une vie. Clément est mort avant que Jacques et lui se soient réconciliés. Jacques a beaucoup fait pour s'affranchir de cet héritage paternel.

À propos d'héritage, justement, Martine dit que son frère Pascal et elle n'ont pas connu Clément avant la fin de leur adolescence. À cette époque, Clément, paranoïaque et souffrant de cleptomanie, ramassait des choses dans les rues — des bouteilles, des cartons, de menus objets — et les apportait dans des sacs à la porte de Yolande, qui avait peur de lui. Il vivait dans une chambre, où il mourra, seul. « Clément était bizarre, se souvient Martine, mais je l'aimais bien. Il était drôle. Un jour, il a demandé à nous voir, Pascal et moi, et il nous a donné vingt mille dollars à chacun. »

Jacques n'avait-il pas, toute sa vie, renié l'héritage paternel autant, par extension, que celui de sa patrie ? Clément l'a bien compris. Il a délesté son fils unique de son héritage financier, en choisissant de le donner plutôt à ses petits-enfants. Pascal et Martine se sont retrouvés héritiers de leur grand-père paternel, de la même façon que Jacques s'est toujours revendiqué comme l'héritier de son propre grand-père paternel, Alfred Languirand. Tout est en ordre.

CHAPITRE 13

La chute et le chemin

En juin 1963, la famille Languirand rentre à Montréal. Jacques est morose. L'échec de sa pièce *Les Violons de l'automne* à Paris le contraint au renoncement. Trois tentatives de s'implanter définitivement à Paris, trois échecs; c'est assez. Il ne s'obstinera plus dans cette idée. Encore faut-il intégrer ce renoncement, et en cet été 1963, la pilule est tellement amère qu'elle risque d'étouffer Jacques.

Certes, il y a eu beaucoup de bruit autour de sa pièce jouée à la Comédie de Paris, des articles dans les journaux parisiens et québécois. Certes, il a reçu le prix du Gouverneur général en mars de la même année, ce qui a poussé un journaliste à écrire dans *La Presse* du 9 mars que « les bonnes fées se sont penchées sur son berceau », formule qui fait hurler Clément de dépit. Hurler? Pas exactement. En vérité, Clément ne dira rien à son fils. En marge de l'article, il écrit plutôt des commentaires que Jacques, les découvrant plus tard, recevra comme une salve de feu supplémentaire : « !!! quel père ! ? écrit Clément. J'ai changé mon optique. Aujourd'hui, si c'était à refaire, j'aimerais mieux engendrer des cochons que d'engendrer des génies. Les deux extrêmes se touchent. » Pourquoi est-il si furieux contre Jacques, alors qu'ils ne se voient plus? « Noblesse oblige, écrit-il encore. Noblesse, si noblesse il y a, oblige maintenant tes émissions, si émissions tu as, à être culturelles et purgées de tes facéties, inepties et croquis. Je pense encore à toi parce que j'ai manqué à penser à moi-même. Noblesse sans argent est encombrement. »

En effet, Jacques est célèbre. Tout un reportage est paru dans *Paris Match Canada* sur sa vie de famille à Paris. Il est connu à la radio et à la télévision, mais il n'a pas beaucoup d'argent. C'est surtout que, de nouveau, ce sujet est une pomme de discorde entre père et fils. Pourtant, Clément s'est mis à signer son nom « Languirand » lui aussi, comme si, renversant les rôles, il cherchait à s'affilier à son célèbre fils. Jacques, lui, a d'autant moins d'argent que la production de sa pièce à Paris l'a ruiné, malgré la subvention que le Conseil des arts et des lettres du Québec lui avait octroyée pour qu'il puisse mener à bien cette aventure. Et ce n'est pas Clément qui l'aiderait financièrement… Néanmoins, Jacques travaille toujours autant et arrive à bien faire vivre sa famille. Alors, contre quoi Clément s'insurge-t-il avec des mots si violents ? Si Jacques renonce à le comprendre, cette animosité ajoute à la dépression qui déjà commence à lâcher ses papillons noirs autour de son esprit. Une dépression comme une zone d'ombre qui menace de l'engloutir.

Il se sent incompris. Le 18 mai 1963, juste avant son retour à Montréal, paraît dans *La Presse* un nouvel article intitulé « Un Canadien insolite à la conquête de Paris », signé par la journaliste Hélène Pilotte :

> « Il y a un cas Languirand. Dans le milieu artistique montréalais, Languirand est discuté. Violemment parfois. On l'accuse de voler des idées, si on ne peut pas l'accuser tout bonnement de plagiat (le plagiat, ça se prouve). On lui reproche de vouloir réussir au prix de n'importe quels sacrifices, et de multiplier les intrigues pour arriver à ses buts. À Paris, dans le milieu canadien non officiel, l'annonce de la création des *Violons de l'automne* n'a pas déchaîné l'enthousiasme : c'était encore un coup de Languirand. Mais les mêmes personnes qui haussaient les épaules avec

scepticisme se plaignaient ensuite que les Canadiens fussent méconnus à Paris. [...] Le bilan de son œuvre est un peu déroutant, même pour ses détracteurs, de quelque pays qu'ils soient. »

Si solide qu'il puisse paraître, Jacques n'est pas le roc inoxydable qu'il s'est habitué à montrer, ce personnage public rieur et original qu'il a créé, avec Yolande même, car, se vou-voyant en public, ils forment un couple insolite qui lui aussi laisse songeur. Contrairement au titre de cet article d'Hélène Pilotte, c'est plutôt Montréal que Jacques a l'impression de devoir conquérir, pour y faire sa place à nouveau, à tout le moins comme écrivain et artiste.

Revenu à Montréal à la fin juin 1963, il doit donc à la fois renoncer à son rêve français autant qu'à celui de se faire recon-naître à titre d'auteur et de comédien à part entière. Malgré le prix du Gouverneur général et le bon accueil qu'on fait à son roman, ses pairs québécois le déconsidèrent. Presque aussi violemment que son propre père. Le courage et l'obstination ne lui manquent pas, mais la « malédiction » lui semble de plus en plus difficile à conjurer. Décidément, les artistes et intellectuels québécois n'acceptent pas que l'on prétende être à la fois un artiste et un journaliste. Celui qui s'y risque est forcément un imposteur. À 32 ans, cela fait presque quinze ans que Jacques s'acharne vaillamment à prouver le contraire, mais une petite voix insidieuse lui murmure de plus en plus souvent de jeter l'éponge.

C'est le genre de voix relayée par plusieurs échos. Une voix qui s'insinue et sape l'énergie en commençant par s'at-taquer à la confiance en soi, sinon à l'estime de soi. Les per-sonnes qui, comme Jacques, ont beaucoup d'énergie, savent pourtant faire illusion. Elles ripostent aux doutes par l'ac-tion, en élaborant de nouveaux projets et en redoublant de créativité, comme investies d'une mission personnelle. Elles préfèrent éventuellement passer pour arrogantes plutôt que de montrer qu'elles sont atteintes. Or, Jacques a beaucoup, beaucoup d'énergie. Le spectre de l'échec et de la médiocrité lui semble à ses trousses, et il n'est pas près de se laisser engloutir. En 1985, dans la postface de l'édition de poche de son roman, il écrit : « J'ai été hanté par une volonté de dépassement. Encore aujourd'hui, c'est à peine si je puis reprendre mon souffle. J'ai peur de l'inertie. » Pourtant, au moment où il écrit ces mots, il a 54 ans et il s'agite sans doute moins qu'avant, même s'il demeure un éternel insatisfait qui ne regarde que vers l'avant.

En 1963, en revanche, on peut facilement imaginer qu'il est plus essoufflé. Depuis l'âge de 18 ans, il ne s'est pas économisé, lancé dans un incessant marathon. Bien implanté à la télévision et à la radio de Radio-Canada dès l'âge de 25 ans, comme journaliste, animateur et reporter, il aurait pu thésauriser et se contenter d'y mener une carrière confortable. Oui, mais cela aurait impliqué de renoncer à son ambition première : être célébré comme auteur et comédien. À ses yeux, le métier de journaliste a toujours eu pour fonction de lui permettre d'assurer la vie matérielle, donc de poursuivre sa vocation. Depuis ses débuts à Paris en 1949, le journalisme est un moyen, et non pas une finalité.

C'est précisément sur ce point que la décennie 1960 (de 1963 à 1971, pour être exact) entraînera une suite de désenchantements, de remises en question et de renoncements forcés. Cette litanie d'échecs se soldera en 1968 par une dépression profonde, sévère, qui durera trois ans. De 1968 à 1971, il chutera dans les replis intérieurs qui le menaçaient déjà en 1963, mais auxquels il répond à sa manière, par une résistance farouche et une énergie phénoménale au travail. Dans les années 1980, il publiera un livre et un coffret sur le thème du *burn-out*, mais dans les années 1960 il n'envisage même pas qu'un épuisement psychique et émotif puisse jamais l'affecter.

Disons tout de suite, même si nous y reviendrons, qu'il n'émergera des profondeurs intimes de sa dépression qu'en 1971, par le hasard d'une proposition qu'on lui fait de but en blanc. En septembre de cette année-là, on lui demande en effet de « trouver un truc » pour combler un « trou » dans la grille quotidienne de la radio française de Radio-Canada. Ce « truc », ce sera *Par 4 chemins*. Cette émission mythique, qui a fait de son créateur une « icône », comme on l'entend souvent dire, n'aurait donc pas existé sans la chute qui l'a précédée, aussi violente et radicale que la remontée qui suivra. Tel un Hermès, messager des dieux et guide des voyageurs, Jacques Languirand, précipité dans les ténèbres en 1968, en ressortira trois ans plus tard avec une émission à l'image de sa métamorphose personnelle.

Contrairement à ses créations, *Par 4 chemins* sera l'expression d'une fulgurance, et non d'une ambition nourrie, comme le sont tous ses projets. *Par 4 chemins*, c'est le résultat d'une extraordinaire rencontre cathartique entre un auditoire québécois dépressif, en rupture avec ses valeurs passées et en quête d'un nouveau sens, et les recherches, les lectures et la psychanalyse que Jacques a poursuivies uniquement pour lui-même, de 1968 à 1971, pour se sortir de sa dépression.

Et ce hasard a opéré grâce à un coup de fil, inattendu et inespéré, reçu par un beau matin de septembre 1971, alors même que Jacques avait été renvoyé de Radio-Canada en 1964. Son interlocuteur lui dit : « Jacques, une émission quotidienne de quatre heures devait prendre l'antenne la semaine prochaine, mais elle n'est pas prête. Trouve un truc pour combler le trou. » Une émission quotidienne de quatre heures, une broutille ! Mais il relève le défi et, n'ayant pas le temps d'une longue élaboration, décide de parler sur les ondes de ce qui constitue son quotidien, partageant avec les auditeurs ses lectures, sa quête, ses interrogations, son mal de vivre aussi. Telle est la genèse presque incroyable de *Par 4 chemins*.

Au lieu de durer un mois, comme il était prévu, l'émission durera quarante-trois ans, sans doute parce que, dès le commencement, dans sa conception même, il y a eu une alchimie inimaginable, une rencontre, au sens fort du terme, entre un homme et un auditoire qui étaient au même endroit, en même temps, dans le même état intérieur, et qui, d'un coup, se sont mutuellement reconnus. Sortie de ses replis intérieurs comme d'un athanor, la voix de Jacques Languirand a soudain exprimé un inconscient collectif.

En ce mois de juin 1963, il n'en est cependant pas encore là. Meurtri et désenchanté, déjà atteint dans ses bases profondes, Jacques a admis qu'il devait renoncer à la France et constaté que son théâtre n'est pas compris comme il le souhaiterait, ce qui le contraint à le mettre en veilleuse. S'il avait eu le loisir de s'écouter, il se serait peut-être entendu craquer de l'intérieur. Mais il a résisté, évitant l'inertie qui le terrorise. Il est prêt à chuter, mais il ne le sait pas encore. Il réagit plutôt par un sursaut de résistance.

En septembre 1963, il anime à la télévision le magazine *Aujourd'hui* avec Michelle Tisseyre. S'il a beaucoup d'admiration pour le professionnalisme de sa co-animatrice, il n'est pas heureux dans la répétitivité qu'impose une émission quotidienne. Il s'ennuie. À l'heure du bilan de la saison, au printemps 1964, les critiques pleuvent. On le juge arrogant, voire méprisant avec les invités, loufoque et importun, irrespectueux du travail préparatoire des recherchistes. Pour tout dire, il perturbe autant l'équipe que les téléspectateurs. Son personnage singulier et excentrique ne paie plus et devient carrément un motif de renvoi. Ce licenciement constitue un rejet supplémentaire, auquel s'ajoute la rebuffade de ses pairs qui ne l'élisent pas à la vice-présidence qu'il briguait à l'Association des auteurs dramatiques.

L'araignée tisse sa toile sombre. Après le renoncement à Paris, l'échec de son théâtre, les rejets professionnels, c'est la lassitude qui s'insinue dans son couple et sa vie familiale — il a à ce moment-là une liaison sérieuse qui lui fait envisager le divorce —, malgré les soirées arrosées et lubriques qui se succèdent. Sa fille se rebelle contre lui et bientôt sa belle-mère intervient pour défendre sa petite-fille. Il se sait entièrement responsable dans cette affaire et la culpabilité, le dégoût de lui-même et le sentiment d'échec le taraudent.

Pourtant, il lui arrive encore de belles choses. Ainsi, de la fin 1964 à 1966, c'est le théâtre qui cette fois vient vers lui, en la personne de Jean Gascon, une des rares figures importantes du théâtre montréalais qui admire ses pièces. Secrétaire général du Théâtre du Nouveau Monde, il s'attelle à l'épopée de son opéra multidisciplinaire *Klondyke*, d'abord à Montréal, puis à Londres et en Australie. Cette pièce constitue la principale aventure de ces années-là, mais la désaffection des critiques et du public québécois le blessera de nouveau.

En 1966, invité à l'émission *Le Sel de la semaine*, il critique vertement « le manque d'orientation du théâtre québécois, son absence de contenu et de vision philosophique et sociologique », et prédit que, grâce à l'Expo 67, qui ouvre enfin des perspectives sur le monde, le théâtre québécois « prendra un sacré coup de vieux quand il sera enfin comparé au théâtre qui se fait ailleurs dans le monde ». Dans *Le Devoir*, il déclare que « le théâtre d'ici [l]'emmerde », avant d'enfoncer le clou : « Le théâtre québécois vit à l'ère de la charrette, alors que nous sommes passés à l'ère des fusées. » Propos acerbes, peu propices à le réconcilier avec le public et les critiques, et encore moins avec ses pairs. A-t-il conscience d'aggraver son propre isolement ? S'en fiche-t-il ? À moins qu'il ne le recherche délibérément. À cette époque, Jacques Languirand ne représente pas la culture, ni l'identité, pas plus que la « parlure » du Québec. Quant à lui, il ne supporte pas la réduction, le repli sur soi, et encore moins l'étroitesse des définitions et des appartenances exclusives. Il n'y voit que de la médiocrité et ne veut pas s'y laisser enfermer. Perçoit-il que le Québec est en pleine ébullition ? Peut-être, mais cette ébullition ne semble pas le concerner. La rencontre entre le Québec et lui se fera plus tard, mais dans ces années-là elle n'a pas lieu.

Pourtant, des personnes pleines d'idées et de talent, des personnes qu'il admire, le soutiennent et reconnaissent son originalité et sa créativité, sa vision novatrice aussi. Jean Gascon, mais aussi Hubert Aquin qui l'encourage sans relâche, et René Lévesque qui le suit sans jamais oublier leur formidable collaboration du temps de *Carrefour*. Rébarbatif aux engagements exclusifs, Jacques refusera en 1968, pour la première fois mais non la dernière, l'aventure politique que Lévesque lui proposera. Cette aventure-là n'est pas la sienne. En revanche, il accueille avec enthousiasme une proposition de Jacques Godbout au début de 1966.

Chargé de concevoir le pavillon *L'Homme dans la cité* à l'Exposition universelle de Montréal, Godbout fait appel à Jacques Languirand, à Gilles Carle et à Paul Buissonneau pour lancer des idées. Seul Jacques est vraiment disponible, n'ayant aucun autre projet en cours. Il saute sur la proposition avec exaltation, ravi que, à l'occasion de l'Expo, on aborde l'ouverture sur le monde et les technologies modernes, et il donne ainsi le coup d'envoi d'une modernisation de la société. Il y voit aussi l'occasion de poursuivre ce qu'il a commencé avec *Klondyke* : une exposition multimédia après un opéra multimédia.

Concevoir un tout nouveau genre d'exposition est fascinant et Jacques se met au travail avec frénésie et audace, comme toujours, ne comptant pas ses heures, d'autant que les délais sont courts. Il se passe quelque chose de nouveau et de stimulant où il peut se jeter corps et esprit, sans s'économiser, décidé à mener de front plusieurs contrats confiés par des exposants. « Ç'a été formidable, se souvient-il. J'ai fait appel à tout ce que le Québec comptait de chercheurs, de types de génie dans les technologies et la connaissance de l'humain, et je les ai associés avec des artistes, sculpteurs, peintres, cinéastes… Les idées fusaient à la seconde. On se disait: "Et si on faisait ça? Si on essayait ça?" C'était phénoménal, extrêmement stimulant. Je passais tout mon temps là, parfois je ne rentrais pas chez moi pendant plusieurs jours, on était tous dans une fièvre permanente. Quand Godbout a vu ce qu'on avait fait, il a été très impressionné. Il disait "ça oui, ça non, comme ça, pas comme ça", et on repartait pour un autre *brainstorming*. Je dirigeais une équipe de types de très grand talent. » Une vraie pépinière dont il est le chef d'orchestre.

En même temps qu'il conçoit les pavillons *L'Homme dans la cité*, *Citérama*, *La Ville des solitudes* ainsi que ceux du CN et des régions polaires, il invente un nouveau métier d'avenir, celui de designer d'exposition[34], qu'il se voit bien poursuivre. « Je suis un homme de show, explique-t-il, et l'Expo c'était un show énorme, et j'ai été le *boss* de la création. L'idée que j'avais était d'illustrer les avancées technologiques et les découvertes de l'époque au Québec: la technologie au service de la médecine, c'était une statue de Vénus; la mécanique était représentée par une moto; et il y avait une mise en scène des transports, mais aussi des questions d'environnement. Le tout dans des pavillons en bois franc. Il y a eu des sommes énormes, du mécénat et du sponsoring que je suis allé chercher. Pour la première fois, on est allés chercher l'argent dans le monde des affaires. Le but était d'ouvrir le public au monde. Je voyais ça comme ça, et ça répondait à ce qui a toujours été mon désir profond: donner au Québec une culture plus élevée. Il y a deux choses qui font avancer le monde: la candeur, et je suis un grand candide, toujours prêt à tenter une nouvelle aventure; et l'engagement. Je n'accorde d'importance qu'à l'engagement. »

---

34. Designer d'exposition: concepteur et directeur artistique.

Qu'en pense-t-il, avec le recul ? L'Expo 67 a-t-elle produit l'effet d'ouverture escompté ? « Ç'a été un immense succès. Le Québec s'est ouvert à ce moment-là, je crois. J'y ai cru candidement, parce qu'à cette époque je me sentais étouffer. Mais je crois que seuls quelques hommes et quelques femmes ont vraiment eu la préoccupation de s'ouvrir, comme Jean Drapeau. » Le public est-il venu nombreux à l'Expo[35] ? « Oui, dit-il, les gens sont venus en masse. Mais j'ai déchanté. Ç'a été une déception terrible. Tout a été détruit dès le lendemain de la fermeture, avec tout ce qui était dans les pavillons. Des créations uniques, un travail fou, des objets d'art et de technologie. Les bulldozers sont arrivés le matin et ont tout détruit. Tout a disparu, du jour au lendemain. Il n'y avait aucune volonté de conserver toutes ces choses, il n'y avait pas l'idée de la transmission. Après l'Expo 67, tout ce savoir et cette ouverture qu'on disait vouloir offrir au grand public ont été récupérés par l'élite à laquelle ils étaient réservés : les politiques, les universitaires, Radio-Canada. Je n'ai jamais été d'accord avec ça. J'étais opposé à cette vision élitiste de la culture. »

Lui aurait voulu conserver toutes ces créations pour les exposer dans le centre culturel qu'il prévoyait fonder avec son nouvel ami Léon Klein. Au moment de signer les contrats de designer d'exposition, il a créé une société de production, Les Productions Languirand, et il a demandé à Klein d'en être l'administrateur. « On m'a reproché d'être allé chercher un Juif, carrément, raconte-t-il, alors que moi j'ai choisi un homme éveillé, intègre, honnête, très bon administrateur, organisateur, connu dans le milieu du théâtre anglophone. C'est peut-être ça aussi qu'on n'a pas apprécié. »

35. Du 28 avril au 29 octobre 1967, l'Expo a réuni 60 pays et accueilli 51 millions de visiteurs. Néanmoins, le déficit de l'événement représente près de la moitié de l'investissement initial (coût : 431 904 684 $, revenu : 221 239 873 $).

Avant de devenir associés et amis, Léon Klein et Jacques Languirand ont été en concurrence pour acheter l'immeuble de l'ancienne Bourse de Montréal, à des fins différentes. Lorsqu'il l'apprend, Jacques propose à Klein non seulement de devenir l'administrateur de sa compagnie, mais aussi d'acheter avec lui le bâtiment pour le transformer en un centre culturel novateur, bilingue, où il y aurait deux salles de spectacle, une salle d'exposition multimédia, une librairie, une discothèque et un bar-restaurant. Un projet d'envergure auquel ils adhèrent avec un dynamisme certain. « Nous voulions utiliser du matériel de haute technologie, précise Jacques. Ça n'avait jamais été fait. Nous pensions que c'était le moment de profiter des retombées de l'Expo 67, avant que ça meure. »

Pour lui, ce rêve vient réunir et remplacer tout ce qu'il a fait jusque-là dans sa vie. C'est rien de moins que l'œuvre de sa vie. Il s'accroche avec toute la force de sa fragilité intérieure, sachant bien que si cela devait ne pas fonctionner, rien ne pourrait plus empêcher la chute. Alors Léon et lui redoublent d'énergie. Jacques baptise le lieu « Centre culturel du Vieux-Montréal ». Il compte y faire la démonstration de sa vision du théâtre et de la production scénique. Il expose la mission du centre, la sienne : « Présenter des pièces contemporaines qui témoignent du monde dans lequel nous vivons ; des pièces du grand répertoire pour leur signification actuelle ; des créations canadiennes[36]. »

C'est alors que le maire de Montréal Jean Drapeau décide que les éléments des pavillons qui n'ont pas été détruits au lendemain de la fermeture de l'Expo feront l'objet d'une exposition permanente, en plus, bien sûr, de plusieurs pavillons et bâtiments. Jacques ne pourra donc rien récupérer de l'Expo pour son centre culturel.

Décidant d'ouvrir le centre en novembre 1967, les deux associés, sur présentation de leur projet et de leurs objectifs

---

36. Selon le dépliant de présentation des activités du centre.

artistiques, obtiennent 100 000 $ du Secrétariat d'État du Canada, 30 000 $ du Comité du centenaire, alors que les Productions Languirand injectent elles-mêmes 50 000 $. Jacques et Léon Klein comptent trouver du financement privé, comme ils l'avaient fait pour les pavillons de l'Expo. Léon estime le coût des travaux à 350 000 $, sans compter les équipements, qu'ils devront acheter. Alors que l'ouverture est imminente, ils attendent encore les subventions du Conseil provincial des arts (l'actuel Conseil des arts et des lettres du Québec) et de la Ville de Montréal.

Jacques, avec son assistant Yves Gélinas, a concocté une programmation d'ouverture audacieuse. Impressionné par les deux romans du jeune Réjean Ducharme parus chez Gallimard[37], il a acheté les droits de sa pièce *Ines Pérée et Inat Tendu*. Il rencontre également le jeune Michel Tremblay qui cherche un producteur pour sa pièce *Les Belles-Sœurs*, mise en scène par son ami André Brassard. « Leur théâtre était très loin du mien et de toutes mes références, dit Jacques. Leur langage était très nouveau. Mais je sais reconnaître le génie. Ils apportaient quelque chose de nouveau dans la littérature et le théâtre québécois. Ça correspondait exactement à ce que j'imaginais être la mission de ce centre culturel : découvrir des talents en même temps que présenter les grands classiques. » Il acquiert donc les droits des *Belles-Sœurs*, aux conditions de Michel Tremblay. « J'aimais l'idée des chœurs, dit Jacques, il y en avait dans *Klondyke*. Tremblay et moi avons longtemps discuté du rôle des chœurs dans *Les Belles-Sœurs*. » En plus des pièces de Ducharme et Tremblay, il prévoit écrire une pièce et programmer celle d'un auteur anglophone.

Jacques est excité par ce beau programme. Il y place tous ses espoirs, d'autant que, personnellement, il n'a pas encore réussi à éponger ses dettes, quatre ans après son retour de

---

37. *L'Avalée des avalées* (1966) et *Le Nez qui voque* (1967).

Paris. Parallèlement, en octobre 1967, il coécrit les dialogues de l'opéra *Louis Riel* avec Mavor Moore pour la Canadian Opera Company à Toronto. L'œuvre sera également jouée à la salle Wilfrid-Pelletier de la Place des Arts de Montréal. En ce même automne 1967, il coscénarise aussi le film *YUL 871* avec Jacques Godbout.

C'est alors que l'épée de Damoclès s'abat sur le Centre culturel du Vieux-Montréal et sur la tête des deux associés. Ils la redoutaient, sans croire que «le Québec puisse [les] trahir», selon les paroles de Jacques, aujourd'hui. En novembre 1967, le Conseil provincial de la culture refuse la subvention demandée. Dans la foulée, la Ville de Montréal répond aussi par la négative. Or, les travaux avancent et les fournisseurs veulent être payés, sachant que les prévisions budgétaires de Léon Klein sont déjà largement dépassées. Abattu, Jacques téléphone directement à Pierre Elliott Trudeau qui, depuis le début, appuie fortement la création du centre culturel. Jacques se souvient: «Il m'a dit "bon courage". Il était atterré, mais ne pouvait pas se mêler des affaires du Québec. Il était mon dernier espoir, alors j'ai compris que c'était la fin.» À l'époque, les relations entre Trudeau et le Premier ministre du Québec Daniel Johnson sont déjà très tendues.

Pourtant, Jacques ne se résout pas encore à abdiquer. Léon Klein et lui tentent une ultime action, un baroud d'honneur. Ils décident de mettre les autorités québécoises devant le fait accompli, afin de, peut-être, renflouer un tant soit peu les caisses par la vente de billets. L'une des deux salles de spectacle du centre étant prête, Jacques programme la pièce de Ducharme. En vain. Le 5 décembre 1967, un syndic de faillite prend possession des locaux du centre culturel moribond et prononce sa fin. Le déficit est estimé à 500 000 $, auquel il faut ajouter 600 000 $ d'engagements signés (achats de droits, contrats avec les artistes, etc.). Cela causera la première faillite professionnelle, mais aussi personnelle, de Jacques, qui a cru, jusqu'en janvier 1968, que des fonds privés sauveraient le lieu à la suite de ses interventions dans les médias. Il va même jusqu'à proposer un plan de relance. Mais rien n'y fait. Le syndic ferme le centre au début de janvier 1968. L'aventure est finie. Les locaux deviendront plus tard ceux du Théâtre du Centaur. « Ç'a été la fin du monde », résume Jacques aujourd'hui.

En ce début d'année 1968, Jacques a 36 ans et demi. Yolande, son épouse, vient d'avoir 41 ans. La famille habite une maison dans la rue Grosvenor à Westmount. Toute la journée, Jacques tourne en rond, ou promène son chien malamute dans les rues enneigées. Il grimpe sur le mont Royal, qu'il a toujours affectionné, seul, abattu. Aucun rempart ne se dresse plus contre la dépression qui le menaçait depuis le retour de Paris en juin 1963. Aucun projet, aucune perspective à laquelle se raccrocher pour éviter de se trouver irrémédiablement face à lui-même et à toutes les blessures devant lesquelles il a couru avec l'énergie d'un diable qui craint de tomber dans l'eau bénite.

La métaphore n'est pas sans lien avec la désespérance métaphysique qui grève tout son être. Quatre facteurs majeurs concourent à précipiter Jacques Languirand dans la dépression : la faillite matérielle ; le renoncement à la France et à sa réussite en France, espoirs qui jusque-là portaient sa foi professionnelle et artistique ; le renvoi de Radio-Canada et la quasi-absence de contrats payants ; la lourdeur de la vie familiale, des responsabilités paternelles, du conflit avec son père, du sévère jugement de sa belle-famille, et des relations difficiles avec sa fille. À cela s'ajoute son impression d'être rejeté, incompris, banni par le milieu culturel québécois. C'est bien assez pour envoyer quelqu'un au tapis, mais il y a plus : l'absence de sens à sa vie entière. Dans ce brouillard, les raisons de vivre lui paraissent vaines et inutiles. La dimension principale de son caractère sombre, exigeant, sans merci ni complaisance, s'abat sur lui en même temps que remontent ses souvenirs d'enfance et d'adolescence. Entre la colère et l'abattement, la souffrance est insupportable.

De 1968 à 1971, Jacques, au fond de son creuset, ne fera qu'une chose, mis à part ses rares contrats de designer d'exposition : il réapprendra à vivre. En trois étapes : d'abord survivre ; puis tenter de trouver des raisons de vivre ; et, enfin, découvrir un sens à la mort. Retour aux fondamentaux : il lui faut devenir son propre père, en rupture avec toutes ses références passées, celles de la religion catholique, des formes artistiques et de la création, des pulsions sexuelles et de leur assouvissement effréné, des voyages et des découvertes lointaines, des sorties, soirées, fêtes, spectacles qui s'enchaînaient dans un tourbillon.

Il commence à tenir son journal dans un cahier noir — de 1968 à 1987, il remplira vingt-cinq de ces cahiers, rédigeant ainsi le récit de sa mort et de sa renaissance. Outre la psychanalyse freudienne qu'il suit pendant trois ans, à raison de trois séances hebdomadaires, il plonge dans des lectures qui ne l'avaient jamais intéressé auparavant. Dans son bureau, des piles de livres se dressent comme pour le protéger. Des livres et encore des livres, comme autant de pierres blanches sur la longue route intérieure de la quête de sens : cultures et traditions anciennes, religions et philosophies orientales et occidentales, penseurs, psychologues et psychanalystes, théories scientifiques, essais d'histoire antique et contemporaine, anthropologie, archéologie, mysticisme et traditions ésotériques — au sens étymologique de « tourné vers l'intériorité » —, recherches scientifiques, médicales, astrophysiques et parapsychiques, théories économiques et fondements écologiques, etc. Une vision éclectique, plurielle, contradictoire et sans réponses ultimes ; une vision philosophique et encyclopédique — que l'on rebaptise, dans ces années de *new age*, « pensée holistique » —, une curiosité tous azimuts issue de son complexe de n'avoir aucun diplôme et attisée par sa soif d'apprendre toujours plus.

On lui a reproché, dans les débuts de *Par 4 chemins*, de privilégier les penseurs et scientifiques américains. « C'est faux, dit-il. Je me suis d'abord référé à la tradition philosophique et spirituelle européenne, puis au bouddhisme, pour les comparer au christianisme, mais j'ai été beaucoup plus loin que tout ça. » Et il répète ce qu'il a déjà dit : « Seulement dix pour cent des gens comprennent les choses en profondeur. La plupart s'arrêtent à la boîte "est-ce que ça vient des États-Unis ou de France ou de Mars…" au lieu de s'intéresser à ce qui est dans la boîte. » Sa vision à lui, comme ses engagements personnels, ne sont pas réductibles à des définitions limitées, et encore moins localisées. Il aurait même tendance à ne pas se préoccuper du tout de la « boîte » pour poursuivre sa quête universelle. C'était vrai dans son théâtre, c'est encore plus vrai dans sa quête de sens et dans la transmission de celle-ci.

Car la quête de sens reste forcément sans réponse, sans limites ni fin. Sans dieu ni maître. « J'ai longtemps cherché un maître, dit-il aujourd'hui, n'ayant eu ni mère ni père, du moins je le voyais ainsi à cette époque, jusqu'à ce que je m'aperçoive que mon père avait bien été un maître. Il a fait de moi ce que je suis devenu. » Un contremaître, pourrait-on dire, non ? Il rit : « Oui, c'est ça, un contremaître dans mes chantiers personnels ! » Dans le cas de Clément, il faut plutôt l'entendre comme un « maître contre », qui vous apprend des choses dans l'opposition, la douleur et la constante critique, et non par l'accompagnement et l'encouragement. Jacques réfléchit : « C'est exactement ça. C'est pourquoi j'ai mis du temps à reconnaître qu'il a été majeur dans ma vie et qu'au fond il a fait de moi ce que je suis devenu. Je l'ai d'abord pris pour contre-modèle, puis je me suis rendu compte qu'il était mon modèle. »

Néanmoins, depuis l'origine de la philosophie, c'est-à-dire depuis la maïeutique socratique qui consiste à répondre à une question par une autre question, aucun penseur n'a prétendu avoir trouvé une réponse à la quête de sens. Les questions sur lesquelles se penche Jacques à partir de sa dépression majeure de 1968 sont les trois questions originelles de la philosophie: Qui suis-je? D'où viens-je? Où vais-je? Prétendre y trouver une seule réponse, en interrogeant un seul angle ou une seule discipline, serait littéralement insensé. Ne peut-on pas dire qu'il a été, lui aussi, un contremaître, dans la mesure où il a toujours refusé de jouer au gourou qui détient les réponses à toutes les questions? Plus encore, lorsqu'il s'est rendu compte qu'on lui demandait de remplir cette mission ou qu'on détournait ses propos et ses objectifs, il a toujours violemment réagi en arrêtant tout, comme le prouve l'article «Je défroque», publié dans le *Guide Ressources* en 1992, dans lequel il se dissocie fermement et définitivement du *new age*[38], après la fermeture du centre de développement personnel Mater Materia. «Oui, confirme Jacques, j'ai un temps cherché un maître et je n'ai trouvé que des pistes, des chemins. J'ai donc toujours refusé de devenir un maître moi-même. L'important, c'est le chemin, mais il n'est pas unique, il n'y a pas de réponses, mais une multitude de pistes. C'est un chemin sans fin et chacun est seul sur ce chemin. En ce sens, j'ai pu être un guide, témoigner de ma quête personnelle, de mes lectures et de mes intérêts, mais certainement pas plus.»

Il cite à cet égard Dostoïevski: «Ce n'est pas le but qui compte, mais le chemin vers le but.» En juin 2013, lorsque je lui demande ce qui l'interpelle dans le roman *Crime et Châtiment*, il répond que c'est un livre majeur pour lui. Mais quand, en juillet 2014, je cherche à savoir quel rôle a joué ce roman dans sa pensée, il ne s'en souvient plus. Il est cependant intéressant de se reporter au roman qu'il a adapté et mis en scène au Théâtre de la Poudrière de l'île Sainte-Hélène en

---

38. Voir l'article complet au chapitre suivant.

1963, recevant le prix de la meilleure présentation visuelle de l'année décerné par le quotidien *Montreal Star*.

Dostoïevski met cette phrase dans la bouche du personnage principal du roman, Raskolnikov, étudiant famélique de Saint-Pétersbourg. Après avoir vendu à une usurière son dernier bien, la montre de son père, Raskolnikov en vient à assassiner la vieille femme et la sœur de celle-ci. Comme c'est le cas pour la plupart des héros de Dostoïevski, notamment Ivan dans *Les Frères Karamazov*, Raskolnikov est aux prises avec des questions métaphysiques, existentielles, religieuses et morales. Quelle issue, que l'écrivain appelle tantôt « sortie », « solution », « issue fatale » ou « châtiment », le héros trouvera-t-il pour accéder à la rédemption et au repentir ? La question se pose pour tous les personnages du roman, mais en particulier dans le cas de Sonia, une jeune fille dont Raskolnikov est amoureux et qui se prostitue pour nourrir sa famille. Cherchant lui-même une issue à sa culpabilité, un châtiment pour expier son crime, il demande à Sonia si Dieu lui apporte, à elle, un certain réconfort dans son mal-être. Sonia dit que Dieu lui apporte tout, mais Raskolnikov ne la croit pas. Il pense plutôt qu'elle est prête au suicide. Réfléchissant au destin de Sonia, il dit : « Trois chemins pour elle [...]. »

Le thème de la marche est obsédant dans le roman. Le héros ne cesse de marcher en ruminant ses questions existentielles. Or, le mot crime, en russe, se traduirait littéralement par « un pas au-delà », « un pas par-dessus », comme dans l'anglais *trespass*. Dans l'esprit de Dostoïevski, quand on a fait un pas de trop, commis un crime, réel ou moral, que reste-t-il ? Un long chemin de rédemption par le questionnement et la souffrance. C'est dans ce contexte que tombe la phrase citée par Jacques : « Ce n'est pas le but qui compte, mais le chemin vers le but. » C'est-à-dire le questionnement et la souffrance vers la rédemption, après le châtiment.

Revenons au destin de Sonia : « Trois chemins pour elle, dit Raskolnikov. Se jeter dans le canal, se retrouver chez les fous, ou bien… ou bien, à la fin, se jeter dans la débauche qui vous embrume l'esprit et qui vous pétrifie le cœur. » Raskolnikov, lui, au bout de son cheminement intérieur, se dénoncera et finira emprisonné en Sibérie. Bien entendu, s'il s'agissait seulement de savoir ce qu'il advient de lui ou de Sonia, Dostoïevski ne prendrait pas la peine d'écrire quelque mille pages. Ce sont les questionnements existentiels, spirituels et moraux (ces « chemins » sur lesquels marchent les personnages), ainsi que la souffrance rédemptrice, qui font sens, et non leur issue fatale.

Trois chemins, donc ? Jacques lui-même les connaît fort bien. Il connaît les tendances suicidaires de son ami, son frère, Hubert Aquin, qui a déjà fait une tentative au début des années 1960, puis une autre en 1971, avant de se suicider en 1977. Il connaît aussi ses propres tendances suicidaires et les problèmes psychologiques de Pascal, mais aussi la maladie psychiatrique, celle de Clément, son père, qu'il voit aujourd'hui comme un génie malade et incompris. La débauche, bien sûr, toutes ses propres années de débauche — sexe, drogues, alcool. Il ne les regrette pas et n'en fait pas une soudaine analyse moralisatrice, mais il constate en 1968, pour l'avoir fréquenté, que ce chemin-là, qui, comme l'écrit Dostoïevski, « vous embrume l'esprit et vous pétrifie le cœur », ne mène nulle part, et serait même plutôt une impasse. Les deux autres chemins, ceux du suicide et de la folie, qui l'ont tenté, sont aussi des impasses. Lui a choisi un quatrième chemin, celui de la quête de sens, « par quatre chemins » et même beaucoup plus. Il a cherché et partagé les multiples et infinies pistes de réponses à la triple question fondamentale de l'être humain — Qui suis-je, d'où viens-je, où vais-je ?

Est-ce, comme chez les personnages de Dostoïevski, un cheminement vers la rédemption, et, si oui, laquelle ? Un cheminement pour moins souffrir ? « Au fond, on est là pour souffrir et aider, dit-il aujourd'hui. Le sens de la vie, c'est le service. » Il semble avoir trouvé ultimement cette réponse à la souffrance qu'il a éprouvée et qui est au cœur du christianisme comme du bouddhisme. « Au fond, c'est vrai, dit-il pensif, ma vie aura été basée sur le fondement du christianisme originel : l'amour et l'aide utile au prochain. » Il y aura trouvé le sens de sa quête et la réconciliation qu'il dit avoir atteinte aujourd'hui. Et dans la notion de réincarnation aussi, à laquelle il ne croyait pas, mais qu'il a découverte sur son chemin, avec Placide Gaboury, à partir de 1974. La réincarnation qui, à ses yeux, donne un sens, un ordre au non-sens existentiel. Le service et la réincarnation, cela lui va bien, maintenant. Au fond, cela correspond profondément à son caractère actif, à son goût du travail et du progrès intérieur.

Si Jacques espère avoir été utile et « finalement correct », jamais il n'a prétendu avoir trouvé (ni même avoir cherché) le « bonheur ». « Le bonheur, c'est l'équilibre, dit-il alors que nous buvons un verre de rouge sur la terrasse, parmi les fleurs. L'équilibre entre tout, passé, avenir, déceptions et projets. Trouver le bonheur, c'est trouver l'équilibre, éventuellement. » Alors, l'a-t-il trouvé ? « Personne ne l'a trouvé, dit-il. C'est la recherche qui rend heureux. » Et on revient à la phrase de Dostoïevski…

* * *

De 1968 à 1971, sa propre spéléologie psychanalytique apaise un peu ses souffrances malgré sa dépression, l'aide surtout à mieux se connaître. Il s'ouvre aux autres, désormais plus intéressé par ceux qu'il ne connaît pas encore que par sa seule réussite individuelle. Ce voyage immobile de trois ans lui ouvre des horizons immenses. Il s'essaie à des techniques aussi : méditation et voyages psychédéliques pour comprendre le fonctionnement du cerveau et expérimenter des états comparables à la mort, la vie n'ayant de sens qu'en regard de la mort. Se découvrant comme un être écartelé entre des passions charnelles et spirituelles, il opte pour les secondes — il y tend, du moins, par choix.

De matérialiste, il devient, dit-il, « spiritualiste ». Il rejette sciemment et définitivement ce que déjà il exécrait instinctivement : les acquis, les élites, les cercles privilégiés, les nombrilistes, les définitions étroites et fermées, dans quelque domaine que ce soit. Mais il ne lit plus de romans. Ni de théâtre. Il n'écrira plus de romans non plus, mais retournera au théâtre trente ans plus tard en tant que comédien, et quarante ans plus tard en tant qu'auteur. Peu à peu, il sort de son athanor, concassé et transformé. Il est prêt à vivre le « prochain épisode », en référence au roman d'Hubert Aquin. Alors que Jacques va mieux, son ami fait une deuxième tentative de suicide en mars 1971. Jacques lui suggère alors une thérapie et tente de l'intéresser aux questions spirituelles. « Hubert aimait beaucoup *Par 4 chemins*, dit-il, il m'écoutait toujours, et après nous en parlions ensemble. Il me disait que la radio apportait un nouveau médium pour parler des questions métaphysiques, comme le théâtre l'avait été avant. »

Il analyse aujourd'hui cette période et ses conséquences pérennes sur lui-même et sur la suite de sa vie, dévoilant au passage, pour la première fois, les vraies raisons de la faillite du Centre culturel du Vieux-Montréal : « La raison pour laquelle le Québec n'a pas donné d'argent, je l'ai sue plus tard. Un des membres du jury de trois pairs chargés d'évaluer les demandes de subventions m'a tout raconté. C'est Yves Thériault, le curé, qui a dit "c'est un peu juif, tout ça", parlant de Léon Klein. Et puis je voulais un centre bilingue et les Juifs de Montréal sont majoritairement anglophones. C'est comme ça que deux des trois membres du jury n'ont pas appuyé le centre. C'est ça, c'est lamentable.» Mais la Ville de Montréal n'a pas appuyé non plus ce projet. Était-ce pour les mêmes raisons? «Non. Eux, ils ont préféré le projet de mon ami Robert LaPalme, et c'est correct. Si le Conseil des arts du Québec n'avait pas donné d'argent parce qu'on avait jugé mon projet sans intérêt, ça aurait été correct, mais c'est la raison invoquée et la mentalité qu'elle révèle qui sont choquantes. C'est pour ça que, quand on parle de l'ouverture du Québec après l'Expo 67, je rigole. C'est faux. Les élites ont tout récupéré pour elles. De toute façon, les anglophones québécois ont toujours été beaucoup plus ouverts.»

Il en veut notamment pour preuve l'ouverture d'esprit dont a témoigné l'université McGill en lui proposant un poste de chargé de cours, puis de professeur titulaire de 1971 à 1983, en anglais. «C'est une belle conséquence de l'Expo, raconte-t-il. Un ancien élève de Marshall McLuhan est venu me voir lors de l'Expo et nous avons longuement parlé. Quand il a eu un poste à McGill, il a convaincu la direction de m'en confier un. C'était extraordinaire. Jamais ça n'aurait pu arriver à l'UQAM ni même à l'Université de Montréal. Je n'avais même pas les diplômes requis pour suivre mes propres cours!» Mais ses enfants, Pascal et Martine, eux, si; et ils étudieront en communication à McGill.

Il faut rappeler, pour nuancer ce qu'il dit, que l'UQAM a ouvert ses portes en septembre 1969 et que, depuis lors, les choses ont beaucoup évolué. Et bien sûr qu'il y a, à l'UQAM comme à l'UdM, des enseignants, chargés de cours ou professeurs associés, qui sont là pour enseigner leur expérience, même s'ils n'ont pas toujours le diplôme requis. Nicole Dumais tient d'ailleurs à relativiser les propos de son mari: «Les lendemains d'Expo 67, à partir de 1968, ont été un deuil ou plutôt un post-partum collectif au Québec. Fait d'erreurs, mais aussi de douleur. Mais c'est dans cette douleur que le

Québec est entré dans la modernité. On a assisté à la création des cégeps, donc à la fin des écoles normales et classiques, et donc à la fin de l'influence des religieux sur l'éducation. Ce fut la fin de la domination des religions dans les écoles et par conséquent dans les églises. Il y a eu la naissance de l'Université du Québec comme université populaire, et, peu après, le mouvement McGill en français. Sans oublier qu'en 1969 est née la Régie de l'assurance maladie du Québec... Le film *La Mémoire des anges* montre bien tout cela. On ne peut pas dire que l'élite ait tout récupéré. » Jacques ne remet pas du tout en question la modernité dans laquelle le Québec est entré après 1967. Il en a lui-même profité en même temps qu'il l'a accompagnée. Simplement, son analyse *a posteriori* demeure. « Sans doute, dit-il, l'ouverture a été fulgurante. Il reste que, quand j'ai commencé à enseigner à McGill, ce n'était pas le cas. En plus, après que j'ai cessé d'enseigner, ils m'ont remis un doctorat *honoris causa*[39]. Aujourd'hui, je suis retraité de McGill, alors que je n'ai droit à rien de la part de Radio-Canada, où j'ai travaillé soixante ans. »

De fait, à partir de 1973, la direction de McGill, appréciant l'encyclopédisme de *Par 4 chemins* et intéressée par les recherches sur l'effet des drogues sur le cerveau (recherches que Jacques a poursuivies en tant que « sujet LSD » contrôlé par les chercheurs de l'institut Allan Memorial de Montréal et du Addiction Research Foundation de Toronto), lui propose de participer aux travaux menés à l'université sur l'hémisphère droit du cerveau. Pour Jacques, ces recherches sous psychotropes, LSD mélangé à d'autres drogues ou LSD pur, ont été une façon de faire des voyages psychédéliques, mais aussi une aide pour comprendre les grandes questions de sa vie. Il entraînera son fils dans ces expériences. En 1974, vivant une très mauvaise expérience qui lui fait clairement

---

39. En 2002.

entrevoir l'état de mort, il cesse complètement de prendre du LSD.

On retient tout de même que l'université McGill ne l'a pas rejeté, contrairement au milieu universitaire québécois francophone qui n'avait déjà pas d'estime pour son théâtre et l'a considéré comme un hurluberlu du *new age* à cause de *Par 4 chemins*. C'est ainsi qu'à McGill il a pu poursuivre ses recherches et son enseignement sur la communication.

« La pensée de McLuhan est supérieure, reprend-il. C'est majeur dans le domaine de la communication. J'ai repris à mon compte, pour la travailler dans mes cours, sa formule selon laquelle "le message, c'est le médium", le moyen de communication est plus important que son contenu. J'ai appliqué ça dans mon travail à partir des années 1970. » Il ajoute : « Je me demande souvent ce qu'il dirait du livre électronique et du fait qu'on trouve tout sur ce qu'on cherche sur Internet[40], sans jamais avoir besoin de lire des livres ni de faire la recherche par soi-même… » Nous y reviendrons.

Comment éviter de lui rappeler que cette année 1968 et les suivantes marquent l'émergence d'un parti souverainiste au Québec ? Est-ce parce qu'il était en dépression qu'il ne s'est pas engagé, lui qui place l'engagement parmi ses valeurs cardinales ? Il soupire : « J'ai été un souverainiste candide. Les idées étaient stimulantes à cette époque-là, mais pas assez pour moi. Les gens qui portaient ces idées étaient mes amis, et eux étaient passionnants. Il y avait René [Lévesque], bien sûr, mais j'ai refusé de m'engager à ses côtés. J'ai refusé une nouvelle fois en 1984. Il était désespéré et je lui ai encore dit non. Je l'ai regretté, pas du tout pour les idées politiques, mais parce que j'ai dit non à un ami qui m'appelait à l'aide. Il y avait Hubert [Aquin], aussi bien sûr, très proche de Godbout sur

---

40. McLuhan a notamment étudié les transformations culturelles provoquées par l'imprimerie dans le monde occidental, puis celles engendrées par la télévision. Il en a conclu que l'ère de l'écrit est dépassée.

cette question-là. Lui non plus [Aquin], la politique ne l'a pas sauvé, pas plus qu'il n'a sauvé le Québec[41]... Moi, le souverainisme m'a vite déçu. En 1981, j'ai voté oui au référendum parce que c'était René, mais après ça je n'ai plus jamais voté. Je refuse de rentrer dans une définition étriquée. »

Est-ce à dire qu'il s'intéresse plus aux idées qu'à leur application, dans la collectivité par exemple? « Les idées collectives comportent toujours le risque d'être déviées, même si je suis engagé dans des courants de pensée altermondialistes, comme les questions environnementales. Fondamentalement, on change le monde individu par individu. » Ne dit-il pas là ce qu'est précisément la spécificité de la radio? Toutes les idées qu'il a véhiculées puisaient aux sources de traditions et de courants collectifs, anciens ou contemporains, mais il a toujours tenu à exprimer seulement la façon dont lui-même les comprenait, la façon dont il établissait des liens entre ces courants et traditions, et il appliquait ce savoir pour lui-même. Quelle que fût l'ampleur de l'auditoire, il a toujours parlé à un auditeur à la fois. La radio seule permet cela. Et quand on a voulu l'entraîner dans des mouvements collectifs, ou, pire, le considérer comme un gourou qui conduirait les foules, il y a toujours mis un terme, par un refus net et abrupt.

Après quoi, il ne parlera plus de politique. Il exprime simplement le fait que la politique n'a jamais mobilisé son engagement et ne lui a jamais semblé propice à porter sa vision du monde — pas plus aujourd'hui qu'à la fin des années 1960. « De toute façon, analyse-t-il aujourd'hui, c'est vrai que je me suis toujours trop exposé comme un personnage différent. Je n'étais jamais dans le groupe. Pourtant, quand on n'est pas

41. Militant pour l'indépendance du Québec, Aquin devient membre exécutif du Rassemblement pour l'indépendance nationale de 1960 à 1968. En 1964, il se joint au Front de libération du Québec. Le 15 mars 1977, il se suicide d'un coup de carabine dans les jardins du collège Villa-Maria, où sa première femme avait étudié.

dans le groupe, on n'est pas reconnu, et c'est comme ça que j'ai mangé tant de marde. »

Les groupes, les systèmes, comment aurait-il pu s'y intégrer, alors que, depuis la mort de Marguerite en novembre 1933, quand il a 2 ans et demi, jusqu'à son départ pour Paris en juin 1949, la vie lui a inlassablement assené sa différence, voire son incongruité, et les lui a fait payer par des rejets répétés ? Survivre, faire sa route, réussir même : depuis sa prime enfance, il y est arrivé hors de toute identification collective. Il n'aime pas les grands messages généraux, mais les individus qui les incarnent. Ainsi, il s'attache à Jung et non à la notion de synchronicité ; à Le Corbusier et à Lloyd Wright, et non à l'architecture dans son ensemble ; à John Howard Griffin[42] plutôt qu'aux effets globaux du racisme ou de l'ambition à tout crin ; à Marshall McLuhan et non aux théories sur la communication en général. Même quand il signe des ouvrages sur des traditions spirituelles et sur des recherches scientifiques qui l'inspirent[43], il y inclut toujours une partie personnelle où il explique ce qu'il en a compris et retenu, en écho à sa propre expérience de vie. C'est sa façon d'intégrer le savoir, mais aussi de le transmettre.

Sa métamorphose, il l'aura donc vécue seul. Il a 41 ans lorsqu'en septembre 1971 il reçoit l'appel urgent et inattendu de Radio-Canada. Il a fait un grand ménage par l'effet d'un travail introspectif doublé d'une ouverture sur le monde, mar-

---

42. Cet universitaire blanc, conseiller de John F. Kennedy en matière de racisme et auteur de *Black Like Me*, a fait noircir sa peau en prenant certains médicaments afin de mener une enquête dans les universités américaines sur le rejet des étudiants noirs. Devenu pour cela la cible du Ku Klux Klan, il doit vivre dans la clandestinité. Jacques Languirand le rencontre en 1960 et retient son message : « Quelle que soit la voie choisie, il faut toujours qu'il y ait une part de service, de générosité. Cela seul importe. »

43. *J'ai découvert Tahiti et les îles du « bonheur »* (Les Éditions de l'Homme, 1961) ; *Le Dieu cosmique. À la recherche du dieu d'Einstein* (avec Jean Proulx, Le Jour, 2008) ; *L'Héritage spirituel amérindien* (avec Jean Proulx, Le Jour, 2009) ; mais aussi la postface de l'édition de sa pièce *Klondyke*, où il parle de son américanité. Voir la bibliographie en annexe.

chant «où ton cœur te mène et selon le regard de tes yeux[44]».
Il s'assume mieux, ayant pris des décisions personnelles,
comme celle de ne pas divorcer, même si son couple ne s'amé-
liorera pas, au point que Yolande et lui décideront de vivre
sous le même toit, mais d'avoir des vies parallèles. Il décide
également de mettre le théâtre de côté, ce qui lui fera dire dans
une entrevue donnée au *Soleil* en janvier 1994 : « Quand j'ai
rompu avec le théâtre, j'ai rompu avec mon âme […]. Je me
suis détourné de tout ça pour ne pas rouvrir la blessure. » Il
décide enfin d'être un bon père, meilleur qu'il ne l'a jamais
été. Il y parviendra.

Alors, en septembre 1971, quand Radio-Canada le rappelle après huit ans d'éloignement, il est prêt.

---

44. Devise de l'exploratrice française Alexandra David-Néel, tirée du livre de
l'Ecclésiaste.

CHAPITRE 14

Pâââârrrr quâätre chemins...

Jusqu'en 1971, les forces motrices de Jacques ont été l'ambition, la détermination, le travail... L'audace, l'habileté relationnelle, le travail... La résistance, la passion, la vision, la créativité, l'originalité, le travail... L'assouvissement des désirs et des plaisirs personnels, la mise en scène de soi dans le théâtre de la vie, et le travail... Ces moteurs-là l'ont propulsé pendant deux fois dix-huit ans, exactement de l'âge de 18 à 36 ans. Ils ont assuré sa réussite et bâti sa notoriété comme journaliste, animateur et auteur.

Le 5 septembre 1971, alors qu'il se prépare à enseigner les techniques d'éclairage à l'École nationale de théâtre, le téléphone sonne. Au cours de l'été, il a fait quelques remplacements, amorçant ainsi un timide retour après sept ans d'absence des ondes. Au bout du fil, un réalisateur lui demande s'il pourrait remplacer quelqu'un d'autre pendant un mois. Un gros magazine quotidien de quatre heures devait prendre l'antenne le 13 septembre 1971, mais il n'est pas prêt. « Il m'a dit "trouve un truc pour combler le trou" », se souvient Jacques, et il éclate de rire. Drôle d'expression, en effet, mais il relève aussitôt le défi.

« Je lui ai demandé si je devais penser à quelque chose de précis, raconte-t-il, quel sujet, quel genre d'émission ?... Il m'a dit : "Fais ce que tu veux. C'est juste en attendant que l'émission soit prête." J'ai réfléchi. Il n'y avait aucun moyen mis là-dedans. Aucune équipe. Juste un réalisateur et moi. Je faisais ma recherche, c'étaient mes livres, mes recherches, il n'y avait qu'à aller en ondes, sans filet. Je sais faire ça. Je me suis dit que j'allais parler de ce que je faisais moi-même, de ce qui m'intéressait à ce moment-là et qui constituait mes propres recherches depuis quelques années. Il me semblait que le monde autour de moi en avait besoin aussi. Quatre heures par jour ? Très bien. J'ai pensé à classer ça en quatre parties, et voilà, ç'a commencé comme ça. Ç'a duré quarante ans. »

Du 13 septembre 1971 au 1er février 2014 : une pérennité, et donc un renouvellement, unique dans toute l'histoire des communications au Québec. Dès la première émission, la rencontre entre la proposition de Jacques et la réception publique, comme la rencontre du feu et de la poudre, s'est enflammée. Dès lors, le programme radiophonique de Radio-Canada a été réaménagé pour faire une place adéquate à cette émission nouvelle, jaillie comme un geyser dans le désert, à la faveur d'un hasard conjoncturel, un « trou » dans la grille de programmes.

Dès le départ, l'émission est minutieusement élaborée. Même s'il n'a pas eu le temps d'y penser longtemps, Jacques ne l'a pas moins architecturée comme l'aurait fait un géomètre inspiré tout à la fois par l'incubation d'un savoir éclectique issu d'innombrables lectures, par l'assimilation des connaissances et par le génie de la transmission. Génie double, là aussi : génie du vulgarisateur pédagogue et de l'homme de théâtre rompu aux meilleures écoles.

D'accord avec Marshall McLuhan sur le fait que la civilisation de l'écrit est dépassée, il conçoit l'écriture comme la base d'un prolongement autre. Ainsi utilise-t-il l'écriture, la sienne et, surtout dans *Par 4 chemins*, les écrits de tant d'autres, comme la fondation d'une communication orale. L'écriture est bien sûr à la base de tout, le théâtre, la radio, les séries télévisées, les films, les chorégraphies, les spectacles multimédias, le *spoken word* comme le RAP (*Rhythm And Poetry*), les médias sociaux et les jeux vidéo, mais il semble qu'elle ne suffise pas totalement à Jacques. L'écrit est pour lui une fondation sur laquelle il s'appuie pour la déployer à travers d'autres médias. C'est peut-être, nous l'avons déjà dit, que quelque chose le frustre dans la communion silencieuse qu'est l'écriture, tout particulièrement le roman. Parti du théâtre et de la littérature, Jacques n'a jamais cessé de transmettre l'écrit par les médias modernes, plus en phase selon lui avec le monde d'aujourd'hui. Il insiste cependant sur la nécessité de ne jamais couper l'écrit des nouveaux médias, communion et communication devant, selon lui, demeurer complémentaires.

Par 4 chemins, c'est donc une parole qui se déploie, altière, pour véhiculer des écrits. En 1978, il dit[45] : « Je dis souvent que j'ai la tête comme une poubelle [...]. Je suis en fait une machine à digérer l'information, d'abord pour moi-même et ensuite pour les autres. J'aime mon métier de vulgarisateur et je m'étonne tous les jours de constater que des informations importantes ne sont pas communiquées, ou si peu, par les médias : concernant l'homme, notre époque, l'évolution. Les vraies grandes questions ! »

Certes, l'information va si vite, les médias sont si préoccupés à « sortir la nouvelle » qu'ils en occultent souvent la base, mais comment faire autrement ? Il existe pourtant des analyses historiques d'événements mondiaux et des sources et des discussions sur leur évolution, mais il y en a peu, et les médias imprimés sont les plus aptes à relayer ces informations.

Pour acquérir une compréhension verticale, et non seulement horizontale, il faut lire et intégrer, seul. Que ce soit sur un support électronique ou papier n'y change rien, on parle de contenu et non de contenant. Le processus de l'effort d'acquisition et d'analyse critique ne peut pas faire l'économie de cette compréhension verticale, personnelle et solitaire. Les médias technologiques ne sont pas faits pour cela. C'est bien

---

45. *TV Hebdo*, octobre 1978.

pourquoi Jacques a toujours, pendant quatre décennies, répété à ses nombreux auditeurs : « Ne croyez pas ce que je dis, allez y voir par vous-mêmes, lisez. » On revient à l'écrit et à la complémentarité des médias sur laquelle il n'a cessé d'insister, comme professeur autant que comme animateur ou conférencier. Ce qu'il dit, c'est que les médias, depuis l'invention de l'imprimerie, s'ajoutent les uns aux autres sans jamais s'exclure. S'ils devaient le faire, ou lorsqu'ils le font, nous risquons une perte de sens.

Jamais n'a-t-on tant entendu et vu de choses, reçu tant d'informations en temps réel, mais que sait-on véritablement ? Dans *Par 4 chemins*, et c'est un des éléments clefs de la réussite de l'émission, Jacques Languirand n'a jamais sacrifié le sens, le temps et l'effort au profit de réponses toutes faites, évanescentes comme des topos de deux minutes. Dès la première mise en ondes, et de plus en plus avec les années, il a opté pour un autre créneau : celui du retour vers les fondamentaux, celui du sens, éveillant sans cesse la curiosité des auditeurs pour qu'ils fassent leur propre chemin, au lieu de simplement leur mâcher le travail.

Très conscient des effets pervers des nouvelles technologies qu'il a toujours affectionnées, il a déjà tiré la sonnette d'alarme. Ravi de voir ses pensées, lectures et propos consignés sur Internet, il s'inquiète néanmoins. Dès 1995[46], il écrit : « J'espère seulement que cette nouvelle simulation de Dieu ne connaîtra pas le sort des précédentes et qu'à propos d'Internet il n'y aura pas lieu de citer, comme je l'ai fait déjà à propos du Nouvel Âge, Madame du Deffand[47] : "Une grande idée lorsqu'elle tombe dans un petit esprit, elle en prend le

---

46. Dans *Guide Ressources*, avril 1995.
47. Marie de Vichy-Chamrond, marquise du Deffand, femme de lettres et célèbre salonnière, amie intime de Voltaire à qui elle écrivit ces mots en 1743.

contour[48]." » Dès les débuts d'Internet, il a compris que le message délivré par l'écrit ne peut pas être remplacé par les médias technologiques. Ils doivent demeurer complémentaires, cheminer ensemble. Cette conception donne la mesure de la force de notre époque. À l'inverse, si les médias se remplaçaient et s'excluaient mutuellement, ils contribueraient à affaiblir notre époque.

Par 4 chemins impose aussi une langue, celle de Jacques, un français riche et impeccable, celui que l'on moquait dans les années 1960 et 1970 en pleine époque du joual, le français «pointu et perlé». Mais Jacques n'a-t-il pas suivi des cours à l'Alliance française, à Paris, pour l'acquérir? En 2004, recevant à 73 ans le prix Georges-Émile Lapalme pour l'excellence de son français, il dit: «Pour exprimer et ressentir ce que l'on est, il faut un vocabulaire et des mots précis. S'il n'y a pas la langue, il n'y a pas de réflexion.» Là aussi, intense discussion entre nous. Comment ne pas s'inquiéter collectivement de la déperdition massive et accélérée, non seulement de la syntaxe, mais aussi de la grammaire et de l'orthographe, au Québec et peut-être encore plus en France? La question n'est pas du tout celle des performances scolaires — avoir une bonne ou une mauvaise note, le problème n'est pas là. Le problème, quand on ne sait pas pourquoi une langue est architecturée de telle façon et pas d'une autre, c'est que l'on ignore du même coup comment l'utiliser pour architecturer et exprimer sa propre pensée.

«Malheureusement, c'est ça, dit Jacques. Le problème n'est pas de parler des langues, ou de les mélanger. Plus on parle de langues, mieux on est censé savoir ce qui caractérise la sienne. Bien sûr que la richesse du Canada est dans sa dualité linguistique. Encore faut-il savoir parler le français et savoir l'enseigner.» Le danger ne vient pas de la langue de l'autre alors,

---

48. Lire plus loin l'article complet au sujet du Nouvel Âge.

mais de l'ignorance de la sienne propre. Parfaitement bilingue, enseignant en anglais à McGill, ayant fait jouer et ayant joué lui-même ses pièces en anglais, Jacques a toujours refusé l'opposition de l'anglais et du français, et tout compromis quant à l'excellence du français, à la radio, à la télévision comme ailleurs.

Par 4 chemins apparaît donc comme une construction complexe, en prise sur le monde et minutieusement élaborée. L'émission reposait solidement sur la complémentarité des médias, la transmission de sens par le retour aux fondamentaux et la vulgarisation de ceux-ci, par l'exigence de la réflexion et donc de la langue. Elle reposait aussi fermement sur l'architecture en quatre parties, quatre vases communicants, quatre chemins à la croisée desquels se tient l'être humain, entre son corps, son esprit, son rapport aux autres et à son environnement proche et global, urbain, scientifique comme écologique, sa quête de sens et sa dimension métaphysique et spirituelle.

« La Santé et la Connaissance de soi / La Cité et les Échanges / La Nature et la Vie / La Recherche du sens. Tout a toujours été réparti en ces quatre volets, explique Nicole Dumais. C'est l'ordre strict qui a toujours été suivi dans l'émission, parce qu'il s'agissait d'aller de ce qui concernait le plus grand nombre d'auditeurs vers ce qui intéressait un public plus pointu. Il y avait ceux qui écoutaient juste ce qui les intéressait — la santé et la psychologie par exemple, ou les découvertes astronomiques, ou les dernières études environnementales, ou la quête du sacré… — et puis ceux qui écoutaient tout pendant quatre heures, jour après jour, ou semaine après semaine, année après année. Beaucoup allaient en plus sur le site des *Repères de Languirand,* véritable encyclopédie complète. Le site a été construit par Pascal [Languirand], et quand Jacques a vu ce qu'on a été capables de faire, il n'en revenait pas, même s'il n'a pas manqué de nous mettre en garde contre le "tout à la machine". Il en est très fier. *Les repères de Languirand* constitue l'encyclopédie Languirand, en 999 entrées, 9 étant le nombre de la spiritualité et de la complétude : c'est la fin et le début[49]. »

Quand l'émission durait quatre heures, cette division était adéquate. Comment l'a-t-on adaptée lorsque le format a changé, passant de quatre heures quotidiennes au début à quatre heures hebdomadaires pendant plus de deux décennies, de cinq heures hebdomadaires dans les années 1970 à deux heures hebdomadaires jusqu'en 2012, et finalement à une seule heure hebdomadaire ? « L'ordre des thématiques — qui passait du très court terme (plus près de l'actualité) au long terme (évolution de l'actualité) — a toujours été conservé, explique Nicole Dumais, même si on devait rallonger ou raccourcir la durée de chaque segment selon la durée de l'émission. Quand on recevait un livre, tous les membres de l'équipe savaient dans quelle section il irait. Et puis, il y a eu plusieurs fois où on a décidé de faire toute une émission avec un seul livre, si c'était un livre majeur sur lequel il y avait beaucoup à dire. Les gens aimaient beaucoup ça. On recevait beaucoup de courrier qui nous demandait de faire deux heures ou plus avec un seul livre, car Jacques à ce moment-là pouvait approfondir et aller plus loin. »

Au gré de l'évolution de l'émission, des changements de grille horaire et de durée, et malgré le niveau et la sophistication qui n'ont cessé d'augmenter avec les décennies, le public s'est adapté et a toujours suivi Jacques sans défaillir.

Certains, comme Jean-Cléo Godin, écrivain et professeur émérite de l'Université de Montréal, y ont entendu une quête de bonheur. D'autres, comme Martine Languirand, ont préféré la période du début, quand Jacques parlait davantage des problèmes et du mal-être, et suggérait des pistes de compréhension pour atténuer les souffrances. Nicole Dumais, tout

---

49. *Les repères de Languirand* : www.reperes.tv

comme Yvan Asselin, a plutôt préféré l'éclectisme et l'approfondissement rigoureux des deux dernières décennies. Beaucoup affirment, à l'instar du maire de Montréal Denis Coderre[50], qu'ils se sont sentis plus intelligents en écoutant *Par 4 chemins*. D'autres, tel Guy Corneau, ne pouvaient se détacher de l'émission, l'écoutant d'abord dans la voiture, puis dans le salon, et enfin dans leur lit pour ne pas en rater une minute. «*Par 4 chemins* est apparue dans un monde qui voulait se refaire, dit Guy Corneau, un monde en pleine rupture volontaire avec les modèles parentaux. La société était en plein éveil, toutes les portes s'ouvraient, et Jacques a porté tout cela, il ouvrait nos yeux, nos pensées et nos oreilles.»

Explosion contre-culturelle au départ, l'émission s'est transformée en s'adaptant aux besoins évolutifs de son auditoire. Diane Dufresne dit que les propos de Jacques l'ont inspirée et l'ont fait grandir. Pour Winston McQuade, écouter *Par 4 chemins* a été non seulement important sur le plan personnel, mais aussi sur le plan professionnel: «D'un coup, dit-il, alors qu'on parlait de beaucoup de choses, Jacques arrivait à ramasser tout ça et à l'expliquer clairement en établissant des liens. Pour moi, il a aussi été un modèle sur le plan professionnel, comme communicateur exceptionnel.»

En disant que son père a su «rester connecté sur l'inconscient collectif», Pascal exprime l'essentiel: de 1971 à 2014, *Par 4 chemins* a su suivre l'évolution de la société québécoise, lui donner une voix, la résonnance d'un écho, tout en ouvrant des perspectives vastes et exigeantes. L'émission a su capter le vent du moment, et l'a même pressenti, l'ayant non seulement

---

50. Le 24 février 2014, le maire Coderre remit à Jacques un certificat de citoyen d'honneur et une sculpture, *L'homme de la paix*, œuvre de l'artiste montréalais Jean-Daniel Rohrer. À cette occasion, M. Coderre dit: «Par ce geste, nous voulons remercier des gens qui, dans leur parcours, ont véhiculé un message de paix et de tolérance. Voilà pourquoi il convient si bien à Jacques Languirand.»

amplifié, mais aussi canalisé. Jacques a bien été, pour reprendre les paroles de Guy Corneau, un « père idéal » et « accompagnant ». Consolateur et révélateur, pédagogue ouvert et tolérant. Tout cela sur quatre générations, au moins : des baby-boomers, « enfants du Verseau » et de la Révolution tranquille, à la génération X née dans les années 1960, jusqu'à la génération Y qui a suivi. Et sa parole reste assurément pertinente pour les jeunes d'aujourd'hui. C'est même ce qui le motive le plus. Jacques demeure préoccupé par l'état du Québec, de la société en manque d'idées, en faillite culturelle, autant que par l'état du monde et de la planète.

Toute sa vie, il a eu du flair pour repérer les jeunes intelligents et prometteurs, et a toujours su leur faire de la place, leur mettre le pied à l'étrier. Il est resté profondément fidèle à ceux qui ont fait confiance au « vert bien habile », comme l'appelait Léon Zitrone alors qu'il n'avait que 18 ans à Paris : Pierre Emmanuel, Jean Vilar, Michel Vitold, Jean Cocteau, Peter Brook, René Lévesque. Des figures tutélaires. Des monstres sacrés, accueillants, attentifs et généreux qui, dans son panthéon personnel, lui montrent toujours la voie et dont il a suivi l'exemple. Puis le mouvement s'est inversé. Ces jeunes qu'il a tant voulu encourager se sont mis à penser à lui. En 1998, il écrivait :

> « Il n'y a pas si longtemps, c'est moi qui donnais leur chance à des jeunes. Désormais les rôles sont inversés. Ce ne sera plus jamais comme avant. Et je ne serai peut-être jamais plus moi-même comme avant.
>
> Vulnérable, oui. Un sentiment qui me paraît associé au vieillissement. C'est peut-être pour vaincre ce sentiment de vulnérabilité que je tente de vivre dangereusement. [...]
>
> Je pense à Prospero et à son virage en épingle à cheveux vers la sagesse.

Je ne suis pas encore parvenu à cette étape dans ma vie. Tout se passe plutôt comme si je souhaitais que la sagesse me soit donnée, un jour, par surcroît[51]... »

Parmi les créateurs d'autres générations que la sienne, qui ont pensé à lui offrir de nouvelles opportunités, mentionnons Robert Lepage, qui lui a proposé l'aventure de Prospero, et Martin Villeneuve, qui lui a permis d'incarner Jacob Obus dans *Mars et Avril*, aux côtés de Lepage d'ailleurs. Citons aussi le site Web *Globologos.com*, véritable oasis pour les idées, créé à la SAT dans le cadre du Festival Mutek 2008, site que Jacques a conçu avec les designers avant-gardistes du Collectif SID LEE ; et le film de Marc Fafard, *Jacques en hiver*. Ce film montre ce qui s'est passé dans le cerveau de Jacques Languirand depuis quarante ans et sera bientôt programmé à la SAT — la SAT que Nicole appelle la « deuxième maison de Jacques ».

Michel Vitold ne lui avait-il pas dit, impressionné par son interprétation du fameux monologue de Don Diègue, alors qu'il n'avait pas 19 ans, qu'il était fait pour les rôles de vieillards ? Il aura fallu en effet que Jacques atteigne le grand âge pour que de jeunes créateurs pensent à utiliser toute son envergure dans des rôles de sages. Ces jeunes créateurs ont tous écouté un jour *Par 4 chemins* et se sont rappelé que Jacques Languirand était aussi un artiste, et, par-delà l'âge, se sont reconnus en lui, découvrant des affinités électives. Dans sa propre jeunesse, Jacques a été un visionnaire souvent en avance sur son temps, puis il est devenu un vénérable *flyé*. Est-il pour autant devenu un sage ? « La sagesse, c'est l'épuisement », tranche-t-il. Pas obséquieux devant sa propre personne, Jacques Languirand. Il ne se laissera pas enfermer dans cette définition-là non plus. Le virage majeur qu'il revendique, c'est plutôt celui de l'ouverture vers les autres, d'une génération à l'autre.

---

51. *Les Voyages de Languirand ou le journal de Prospéro*, Stanké, 1998.

« Guy Corneau, Robert Lepage, Monique Savoie, Josée Blanchette, Pierre Lussier[52], Martin Villeneuve, Marc Fafard, Michel Lemieux, Victor Pilon, François Girard… Ce sont les enfants de Jacques », dit Nicole. Des enfants spirituels qui s'ajoutent aux siens propres, Pascal et Martine, et qui, dans leur vie professionnelle, assurent le relais du père, du professeur à l'université ou du patron avec lequel ils ont parfois travaillé. Pascal, comme star internationale de véritables bacchanales modernes — bacchanales au sens propre, quand par la musique, la danse et l'absorption de certaines substances on parvient à modifier son état de conscience. Des études récentes révèlent l'effet bénéfique de la musique et de la danse à l'unisson (par exemple dans les concerts ou les festivals) sur la connaissance de soi, l'optimisme et la cohésion sociale[53]. Pascal semble bien traduire dans son art, grâce à ce génie musical hérité de son grand-père, la vision paternelle du monde. Autant que Martine, qui elle aussi a écouté *Par 4 chemins*, lu les livres de son père, travaillé sur ses émissions, et transcrit tout cela dans sa vie personnelle et dans sa propre vision du monde, mais aussi dans sa carrière de directrice d'équipes, dans le domaine des communications, notamment la macrophotographie et le multimédia.

Outre sa vision du monde, Jacques aura donc transmis à ses héritiers d'esprit autant qu'à ceux de son sang le goût du travail, de l'ouverture, du bilinguisme, de la curiosité, de l'éloquence. Il aura joué ce rôle d'éveilleur auprès de plusieurs millions d'auditeurs comme auprès de ses proches.

Un projet récent, élaboré lors de discussions avec des amis de tous les horizons, témoigne du souci de Jacques pour les jeunes générations. En effet, au printemps 2013, Nicole et lui

---

52. Directeur du Jour de la Terre, fêté le 22 avril au Québec depuis 1995, dont Jacques Languirand est le porte-parole.
53. Voir : Tan, Siu-Lan, Pfordresher, Peter et Rom Harré. *Psychology of Music : From Sound to Significance*, Psychology Press, 2010.

s'enthousiasmaient pour Jeunesse 2017, un grand événement public qu'ils voulaient organiser pour le cinquantenaire de l'Expo 67. À cette occasion, Jacques aurait pu s'adresser aux jeunes Québécois. Que leur aurait-il dit? « Je voudrais leur adresser un message, disait Jacques en juillet 2013, les convaincre de l'importance de s'engager envers les autres et dans le monde, hors de leur monde personnel. Je leur dirais : "Soyez utiles et agréables, intervenez dans la société, sur la planète." » Une sorte de Lorelei 2017 ? « Une nouvelle Lorelei, ce serait formidable, approuve-t-il, mais je ne crois pas que ce soit possible, ici, aujourd'hui. »

Dans son manifeste *Indignez-vous!*, Stéphane Hessel invitait les gens à s'indigner ; Jacques voudrait-il plaider pour l'engagement ? « Il faut s'engager, s'impliquer, dit-il, retrouvant un ton de harangueur. Moi, je me suis beaucoup engagé pour éveiller les gens, mais je suis fatigué maintenant, je suis vraiment vieux, j'ai perdu la foi un peu, mais je me suis battu pour des causes, à condition qu'elles fussent vastes, comme l'écologie par exemple. L'écologie est devenue un mythe aujourd'hui, j'ai perdu de mes convictions, mais ça reste un combat à mener. L'essentiel, pour les jeunes, c'est d'avoir un combat à mener. » Il disait cela en 2013, mais maintenant, un an après, il ne s'en souvient plus, et n'est de toute façon plus en état d'envisager un tel projet. Nicole elle-même y a renoncé.

Éveiller les gens, est-ce donc ce qu'il souhaitait en créant *Par 4 chemins* ? « Au début, j'ai fait une tentative. Quand j'ai vu que c'était bien reçu, j'ai structuré de plus en plus, lu de plus en plus, et puis j'ai commencé à amener des sujets de plus en plus vastes, en montant petit à petit le niveau. J'ai toujours eu pour but de monter le niveau culturel. Mais tu ne peux pas faire ça comme ça. Tu ne peux pas dire juste ce qui te passe par la tête, même si tu sais que tu as raison. Il faut être vigilant. Par exemple, je sais que si je veux casser une idée ou une notion, que j'enlève ça aux gens, je dois leur donner autre chose à la place. Si je n'ai rien à leur donner, alors je ne dis rien, j'attends qu'ils soient prêts. C'est un cheminement. » Et une leçon de communication.

Ainsi *Par 4 chemins* a-t-elle accompagné, parfois précédé, parfois suivi, l'évolution de la société québécoise durant quarante ans. Depuis la dépression collective du début des années 1970 causée par la fracture identitaire et la quête d'une nouvelle affirmation dans de nouvelles valeurs, jusqu'au Québec d'aujourd'hui. Quarante ans d'un véritable et brusque bond en avant. Ce que dit Jacques, c'est que, contrairement à l'expression dont s'inspire le titre de son émission, « ne pas y aller par quatre chemins », lui, au contraire, a pris soin d'y aller *Par 4 chemins*, en quatre segments distincts, mais aussi en suivant une progression lente, attentive à la fois à son auditoire et au pouls de la société.

Sa voix a porté tout cela. Elle n'a jamais cherché à être la voix de « celui qui sait », mais celle de celui qui veut rassurer. En expert de la communication, mais aussi en comédien formé par de grands noms du théâtre européen, il a toujours su que les mots que l'on prononce constituent seulement 13 % de ce que l'on transmet. Le reste, soit 87 %, est exprimé par le langage corporel et surtout par le ton et les inflexions de la voix. À la radio, le corps disparaissant, les mots seuls représentent 22 % de ce qui est transmis. La voix représente donc, au-delà des mots prononcés, 78 % du message. Il enseignera cela à ses étudiants de McGill et de l'École nationale de théâtre, mais il l'applique d'abord dans son propre travail. Il sait que si le média permet de « vendre sa salade », la voix traduit, ou trahit, ce qui se trouve sous la salade...

Si *Par 4 chemins* a conquis le plus vaste auditoire de toute l'histoire de la radio de Radio-Canada, c'est que des générations d'auditeurs ont écouté son message, mais aussi sa voix, indissociables. Grâce à cette fusion parfaite du message et de la voix, *Par 4 chemins* tenait à la fois de la conférence, de la confidence intime, de la pièce de théâtre, de la conversation privée, de la transmission du savoir, de la recherche d'équipe, de la captation de l'inconscient collectif mais aussi de la voix intérieure, celle de l'auditeur. Au travers de la voix de l'animateur, l'auditeur entendait son propre écho, se parlant à lui-même en quelque sorte et se répondant, entretenant un dialogue avec lui-même. Il a bien fallu cela pour que la catharsis ait une telle ampleur et sur une si longue période. Cette voix ne faisait pas que témoigner, ou informer, et encore moins donner des recettes de bonheur : c'était une voix qui non seulement répondait à une écoute, mais qui écoutait elle-même. Elle n'était pas qu'aidante ou informative. Elle était respectueuse. « Ce qu'on communique, c'est ce qu'on est, pas ce qu'on dit », résume-t-il. Il faut donc le faire avec authenticité, sinon, cela s'entend.

La voix pouvait aussi produire l'effet inverse, car tout le Québec n'a pas écouté Jacques Languirand... « Languirand ? dit Anne-Évangéline, une Montréalaise de 57 ans. Je n'ai jamais pu supporter sa voix. Elle me révulse. Une aversion viscérale. Ça m'agresse littéralement. Une voix déviée, qui sonne la démagogie, la manipulation et la perversion. Je sais, je dois être la seule à ne pas *triper* sur lui. Malgré le fait que je sois très intéressée et passionnée par les sujets qu'il aborde et par une quête spirituelle, quelque chose cloche entre ce qu'il dit et ce que sa voix traduit. Languirand, ce n'est pas pour moi. Ce n'est pas mon son. »

À l'inverse, Mathieu, un Montréalais de 42 ans, explique : « J'ai commencé à l'écouter en 2002. J'avais trente ans et je rentrais d'Europe. Tout à coup, sa voix a résonné en moi. Cette voix parlait des questions que je me posais à ce moment-là. Il m'a appris beaucoup de choses, et souvent je suis allé lire les livres dont il parlait. Il est un peu comme ces encyclopédistes ou comme ces philosophes de l'Antiquité qui ne séparaient pas les disciplines et ne méprisaient aucune réponse en faveur d'une autre. Des religions à l'ésotérisme, de la psychologie aux recherches scientifiques de pointe, il y a des occasions de réfléchir à la condition humaine partout. C'est ça qui est intéressant. Je l'ai écouté pendant une dizaine d'années, mais moins depuis quelque temps. » Ces témoignages d'auditeurs existent par centaines. Ces deux-là sont un concentré des avis contrastés au sujet de *Par 4 chemins*.

Les professionnels, et d'abord ses pairs de Radio-Canada, l'ont écouté aussi. C'est le cas de Winston McQuade, journaliste et animateur sportif, puis culturel, à la radio et à la télévision, pendant plus de trois décennies. Il a décidé de quitter la SRC en 2000 pour retourner à sa vocation première, la peinture et la sculpture (il a étudié aux Beaux-Arts de Québec dans sa jeunesse). Depuis 2000, McQuade se consacre à sa création et à ses expositions partout au Québec, mais aussi à New York. Il demeure un interlocuteur privilégié pour parler à la fois du métier de communicateur, de la vocation d'artiste, et des liens parfois complexes entre les deux.

« Jacques a toujours eu une aisance naturelle, commence-t-il par dire. Je reconnais en lui le créateur qui innove et transmet des choses qui *a priori* intéresseraient peu de monde, et tout à coup, parce que c'est lui, il rend ça passionnant. C'est une bibitte inclassable, mais c'est d'abord un créateur. D'ailleurs, sur le plan de la scène de théâtre, on reconnaît enfin que Jacques Languirand a eu une place prépondérante. Son écriture a toujours été très riche et foisonnante, il fait partie pour moi de la gang des précurseurs, les Loranger, Ferron, Gauvreau, Marchessault, mais aussi des Peter Brook, et en ce sens il est l'ancêtre du théâtre de Robert Lepage, et de tout le théâtre multidisciplinaire qu'on voit aujourd'hui. Sa démarche créatrice est de s'intéresser à l'universel et à l'humain d'abord. En ce sens, on ne peut pas dissocier le créateur et le communicateur. Sa démarche créatrice est de communiquer l'universel, et sa démarche de communicateur est novatrice, c'est celle du créateur. Un créateur et un communicateur généreux. Il est l'homme d'un tout. Il n'y a aucune contradiction, n'en déplaise aux détracteurs et aux critiques. Les critiques témoignent souvent d'un mépris profond pour les créateurs visionnaires ou novateurs, et Jacques me semble avoir été porteur de ce mépris. Il a tellement été méprisé... »

Pourquoi son théâtre a-t-il été moins compris que son émission phare, *Par 4 chemins* ? « Son théâtre est arrivé en pleine période de théâtre national, sinon nationaliste. On s'est mis à patauger dans la quête identitaire. Son théâtre à lui venait d'ailleurs, parlait de l'universel. Il ne rentrait pas dans le moule de l'époque illustrée par le passage de Marcel Dubé à Michel Tremblay, qui a cassé le moule, et ça correspondait à ce qu'on attendait à cette époque-là. Mais on est revenu du théâtre nationaliste, ça n'a pas duré. Au moment où Jacques a présenté ses pièces ici, on cultivait un certain recul, un certain regard contre l'Europe et contre la France en particulier, et ça c'est reporté contre Jacques. On ne reconnaît que rarement le talent d'un artiste au moment où il s'exprime, car quand on le reconnaît, il est déjà ailleurs. Il reste que la valeur d'un artiste se définit par la valeur de son travail, c'est tout. Et il y a des gens qui ont aimé son théâtre. À l'étranger surtout, mais ici aussi. À la fin de sa vie, son apport majeur au théâtre québécois a été souligné par plusieurs distinctions. Mais je peux comprendre qu'il puisse être frustré par un discours critique et universitaire. Néanmoins, je me rallie à l'artiste qu'il est d'abord. »

Pourtant, Jacques Languirand est le premier à avoir acheté les droits des *Belles-Sœurs*. « Parce qu'il était novateur, poursuit Winston McQuade. Il a reconnu Tremblay parce que lui-même était un créateur. Il a sans doute mieux compris le théâtre de l'époque que l'époque n'a compris son théâtre. »

Que pense-t-il du comédien ? « C'est un comédien assez formidable ! Je me souviens de *La Tempête* de Lepage, c'était puissant. Mais de toute façon, il est un personnage théâtral, à la radio il était en représentation. Il est son meilleur personnage. De *Par 4 chemins*, que j'ai écoutée dès les années 1970, je retiens son humanisme, sa pensée universelle, qui voit plus loin que la majorité, sa curiosité sans bornes. Les projets se bousculaient dans sa tête, l'un n'attendant pas l'autre... C'est ça, le créateur. On parle toujours de son rire, c'est du théâtre, oui, mais moi je ne retiens pas son rire, qui est un masque. Je retiens le sous-titre du rire, ce qu'il y a en dessous. Il y a un homme, un communicateur et un artiste, avec un discours plus ouvert et permissif, moins encarcané, plus près aussi de la réalité du peuple. C'est pour ça que les gens l'ont aimé et qu'ils l'ont suivi *par quatre chemins...* »

Que pense-t-il, enfin, de la fin du parcours de Jacques Languirand à Radio-Canada ? « Jacques a défini la boîte, affirme Winston McQuade, depuis le début des années 1950. L'attitude de Radio-Canada à son égard est de se tirer dans le pied. C'est scandaleux, la façon dont ils ont déjà voulu le mettre à la porte, il y a quelques années. Ils l'ont visé au cœur, ils ont cassé le bonhomme. » C'est la réaction massive du public qui a fait revenir *Par 4 chemins* en ondes, bien que l'émission fût réduite à une heure hebdomadaire. « Oui, parce que c'est ça, maintenant, Radio-Canada. Ils répondent au public. Il n'y a pas de direction, de vision d'ensemble et de long terme, il n'y·a que des réponses au public. Comment faire de la cote d'écoute. Et ça ne marche pas. Ça ne peut pas fonctionner comme ça. Jacques est parti, maintenant. Mais c'est ce que je retiens : il a défini Radio-Canada. Je l'ai toujours écouté, je l'ai toujours aimé. Et je l'aime toujours. »

Yvan Asselin a plus de quarante ans d'expérience dans le domaine des communications au Canada. Il a commencé sa carrière à la fin des années 1970 comme reporter dans plusieurs stations régionales de Radio-Canada, assumant la direction de salles de nouvelles et de stations, avant de revenir à Montréal, où il a participé à la création de la Chaîne culturelle en 1995, puis assuré, à compter de 1998, la direction générale de la Première chaîne et de la Chaîne culturelle jusqu'en 2002. De 2005 à 2009, il a été directeur de l'intégration des services télé, radio et Internet de la SRC. Actuellement consultant en gestion média, il travaille à implanter la première télé Web en Côte d'Ivoire et s'apprête à publier son premier roman.

Jacques Languirand tient une place importante dans sa vie, pour avoir longtemps travaillé avec lui, et être resté son ami : « Jacques et moi partageons la même déception à l'égard de Radio-Canada, dit-il d'emblée. Nous sommes parmi les derniers à avoir la même vision de ce qu'est la mission d'un diffuseur public. Et ça ne date pas d'aujourd'hui. Déjà en 1998, j'avais cette discussion-là avec lui. À cette époque, Jacques était mis à l'écart de la Chaîne culturelle parce que les gens qui produisaient le contenu le considéraient comme trop "grand public". Les intellectuels créaient des émissions qui souvent n'étaient destinées qu'à leur clientèle d'universitaires, or ce n'était pas la vocation de la Chaîne culturelle, pas plus que celle de l'ensemble du service public qu'est Radio-Canada. À partir de 1994, j'ai eu des discussions avec des acteurs importants de la chaîne qui appartenaient au monde de la philosophie et de la littérature, mais il y avait aussi des historiens, des sociologues, etc. Moi, je n'étais pas un littéraire, j'étais un journaliste avant tout, et j'étais un directeur curieux de tout savoir, de tout connaître. Je leur disais que le public, tout comme moi, avait le droit de comprendre ce qui se disait dans leurs émissions. »

Yvan Asselin veut-il dire que Jacques Languirand aurait dû être transféré de la Première chaîne à la Chaîne culturelle ? « Je le souhaitais. J'imaginais qu'on pourrait aménager les choses pour qu'il soit à la fois sur les deux chaînes, avec des contenus différents. Ça n'a pas pu se faire, mais je le souhaitais, car son approche correspondait à notre volonté de transmettre encore davantage de connaissances au moyen de la radio publique. Pour moi, comme pour Jacques, c'était ça, la bonne définition de la mission du service public. Jacques donnait des cours à l'université McGill, mais quand il était en ondes, il rendait accessible les philosophes, les sociologues, les historiens. Il aurait pu aller plus loin à la Chaîne culturelle, les faire débattre entre eux. Quand aujourd'hui les autorités de Radio-Canada disent — ce qui prouve qu'on peut dire n'importe quoi — que le mandat du diffuseur public est demeuré celui d'"informer, renseigner et divertir", on parle totalement d'autre chose. À Radio-Canada, tout est à redéfinir, à commencer par la mission inscrite dans la loi pour en resserrer le sens et l'application. »

Yvan Asselin ajoute : « Ce à quoi on assiste à Radio-Canada ne tient pas juste à la diminution du budget. Il reste encore un milliard d'argent public pour les deux réseaux. Ce n'est pas rien. Mais il y une faillite du sens qui rend l'institution vulnérable à toutes les attaques. La qualité s'y trouve encore, mais la distinctivité s'estompe chaque jour davantage. »

Yvan Asselin semble dire que le départ de Jacques Languirand n'est pas dû qu'à son âge ou à sa maladie, mais plutôt au fait que le type d'émissions qu'il a présenté si longtemps n'a plus sa place dans la grille radiophonique, et encore moins dans la grille télévisuelle. Les attentes du grand public pour ce type d'émissions ont-elles pour autant disparu avec lui ? Rien n'est moins sûr. La question ne serait-elle pas plutôt : qui aurait à la fois l'érudition, l'éclectisme et la capacité de vulgarisation pour assumer une telle émission ?

Une autre question se pose : si Jacques Languirand a incarné, durant soixante-cinq ans, une vision du service public, son départ signifie-t-il vraiment la fin de cette mission, ou seulement la fin de sa conception ? *Par 4 chemins* a parlé à quatre générations d'auditeurs, ce qui en soi demeure exceptionnel, sinon impossible à refaire. Dans un monde médiatique en pleine révolution, qui concerne tout autant la presse écrite que la radio et la télévision, et autant le Canada que les autres pays du monde, Radio-Canada doit chercher et trouver une nouvelle place, et sans doute pour cela, une nouvelle façon de remplir sa mission de service public. Celle-ci doit-elle demeurer telle que la décrit Yvan Asselin? En totalité, en partie, et pour des publics, des priorités aussi, eux-mêmes très différents? Toutes ces questions, parmi d'autres, sont posées. La notion de service public est aujourd'hui un vaste chantier. Conformément d'ailleurs à la consultation publique lancée en avril 2014 par la direction francophone de Radio-Canada sur l'avenir du radiodiffuseur public[54].

Revenons au témoignage d'Yvan Asselin. Il rappelle que Jacques Languirand a été un précurseur dans la complémentarité entre contenu radiophonique et contenu Internet. « Dès 1996, dit-il, nous avons voulu aller plus loin dans notre vision d'une mise à disposition populaire. On a ainsi été les premiers à utiliser l'Internet pour ça. Jacques a toujours été passionné par les possibilités des nouvelles technologies, il l'a prouvé dans son théâtre avant-gardiste, alors quand je lui ai proposé que le public puisse réagir en direct sur Internet sur les sujets traités pendant l'émission, il a embarqué tout de suite. Mais on a dû stopper l'expérience, parce que ça fonctionnait tellement bien que les auditeurs discutaient sur Internet entre eux, devenant moins attentifs à l'émission. On a alors compris que l'interaction avec le public pour ce genre d'émission pouvait se faire autrement qu'en direct. »

Il enchaîne: «Les points de vue divergeaient au sein de la direction quant à l'arrivée du site de Jacques Languirand sur Internet. C'était normal, l'avenir d'Internet n'était pas défini clairement. Jacques croyait qu'Internet était un formidable outil de références. Il a d'ailleurs poursuivi la mise à jour des *Repères de Languirand*, une véritable encyclopédie virtuelle, malgré le manque d'appui financier de la SRC. À ce moment, la priorité allait du côté de l'instantanéité des informations. Finalement, avec un recul de presque vingt ans, les infos et les

---

54. Transformer CBC/Radio-Canada pour l'avenir: http://www.cbc.radio-canada.ca/fr/decouvrez/strategies/sondage/

sites de référence et de réflexion ont trouvé chacun leur place sur le Web, mais ce sont les réseaux sociaux, inconnus à l'époque, qui ont détrôné tout le monde au plan de la fréquentation. Depuis qu'il a créé *Par 4 chemins*, Jacques a suivi l'évolution des mentalités, mais aussi des possibilités technologiques de la radio elle-même, et il l'a fait avant tout le monde. » Jacques a donc été un précurseur quant à l'utilisation des médias sociaux, mais en même temps, comme nous l'avons vu, il a toujours mis en garde le public contre les dérives possibles de ces médias.

Donc, l'émission a toujours été populaire. « Ah oui, confirme Yvan Asselin. Peu importe où on le plaçait dans la grille, quelques dizaines de milliers de personnes le suivaient. Peu importe le format ou l'heure, les gens étaient là. » Des dizaines de milliers d'auditeurs pendant quarante ans ? « Au début des années soixante-dix, je n'en sais rien, mais quand l'émission a pris sa dimension de réflexion approfondie, à la fin des années quatre-vingt et dans les années quatre-vingt-dix, sa cote d'écoute est restée stable. » Cela ne conforte-t-il pas la mission de service public, telle qu'il l'incarnait ? « Absolument. Il n'a jamais dérogé à cette mission-là. »

Le 1er mai 1991, pour souligner à la fois le soixantième anniversaire de Jacques et le vingtième anniversaire de *Par 4 chemins*, toute la radio se mobilise pour célébrer dignement l'événement. Jacques est l'invité spécial à l'antenne, toute la journée, tandis qu'une grande fête est organisée par la maison.

Cette préoccupation viscérale pour une radio populaire, il faut la comprendre chez Jacques Languirand en regard de sa formation première auprès de Pierre Emmanuel à la RTF, mais aussi du théâtre populaire de Jean Vilar incarné par le Festival d'Avignon, que Jacques a découvert dès la deuxième édition de 1949 en faisant sa « tournée des poulaillers ». Il n'a jamais démordu de cette vision. Olivier Py, nouveau directeur du Festival d'Avignon, déclare en juin 2014 : « Mais je ne suis pas sûr que le divertissement fasse partie de la mission de ce Festival. Sa mission première est le théâtre populaire et je compte bien la poursuivre[55]. » Théâtre populaire, tel que défini dans le chapitre que nous lui avons consacré : répertoire classique, pièces exigeantes, théâtre multimédia, théâtre pour jeune public, créations d'avant-garde, mais toujours destiné au plus large public possible. « Exactement, approuve Yvan Asselin. L'erreur vient de confondre le populaire et le divertissement. Jacques n'a jamais fait cette confusion-là. »

L'émission *Par 4 chemins* aura donc mobilisé la curiosité, les forces et la fabuleuse capacité de travail et de vulgarisation de Jacques Languirand pendant quarante-trois ans. « Si j'ai réussi quelque chose dans ma vie, c'est cette émission », dit-il, mais il lui en reste surtout aujourd'hui de l'amertume. Il en parle peu et évite absolument de se poser en victime. Mais Nicole, lorsqu'il n'est pas là, dit que sa peine est beaucoup plus profonde qu'il ne l'exprime.

Retirée des ondes en 2012, l'émission revient, concentrée sur une heure hebdomadaire, grâce à une mobilisation du public : « Quand on lui a annoncé le retrait, témoigne Nicole Dumais, j'ai regardé Jacques et j'ai vu qu'on était en train de le tuer. Mais nous, on n'a pas bougé. Ce sont les gens qui ont protesté et organisé des pétitions. Alors, on a repris. » Jacques s'est contenté d'adresser un doigt d'honneur à ceux qui lui annonçaient son renvoi lors du lancement de la saison.

Au cours des deux dernières années, malade, Jacques a eu de plus en plus de mal à faire son émission, surtout ce qui constituait sa marque de fabrique : improviser des liens personnels entre les différents livres et sujets présentés. Pendant quarante ans, il a su incuber ses lectures et, grâce à son savoir éclectique, se lancer sans filet dans des commentaires, des explications et une vision personnelle.

---

55. *Paris Match*, juin 2014.

Puis est arrivé le mois de janvier 2014. Après avoir entendu du bruit dans la chambre de Jacques, Nicole descend et trouve son mari fin habillé et chaussé, prêt à aller enregistrer l'émission. Or, il est trois heures du matin. Mais Jacques ne veut rien savoir. « J'ai compris que c'était fini, dit Nicole. Ce n'était plus possible. »

Jusqu'à la fin de 2013, il aura néanmoins enregistré deux émissions par semaine. Jusqu'à la toute fin, du fond de son oubli et de sa parasomnie, il n'a pas oublié de se lever, même au milieu de la nuit, pour aller travailler. Ne plus pouvoir le faire constitue sans doute le choc ultime. « C'est triste à dire, dit Yvan Asselin, mais je suis presque certain que si la maladie ne l'avait pas obligé à s'arrêter, on l'aurait mis dehors dans pas longtemps. » Jacques, lui-même, en juillet 2013, m'avait prédit : « C'est ma dernière année à Radio-Canada. Soixante ans et puis s'en vont. »

Cette fin aurait pu être différente. La maison de Radio-Canada n'avait-elle pas organisé une grande fête pour Jacques, toute la journée du 1er mai 1991 ? Aujourd'hui, à 83 ans, son départ définitif se conclut dans un climat délétère, comme en témoigne cette lettre de Nicole Dumais datée du 4 juillet 2014 :

Monsieur Hubert T. Lacroix, président
Monsieur Louis Lalande, vice-président Principal
Société Radio-Canada/CBC

Monsieur,
   Vous recevez cette lettre privément et non publiquement, parce que nous devons garder toute notre énergie pour prendre soin de Jacques Languirand.
   Et j'ai besoin de vous. J'ai besoin que vous fassiez un geste généreux et humanitaire envers celui qui l'a été pendant plus de 60 ans pour la société d'État.
   Vous nous avez fait donner toutes sortes d'arguments plus légaux les uns que les autres, auxquels il

nous faudrait une armée d'avocats et surtout beaucoup de temps pour répondre. Et nous n'avons ni les uns ni l'autre.

Jacques a besoin de vivre sa fin de vie en paix avec celle qu'il a toujours considérée comme sa mère. Il est très difficile pour lui de vivre ce rejet de la part de la maison à laquelle il a consacré toute sa vie. À chaque fois qu'il rencontre quelqu'un dans la rue qui lui dit « Merci, monsieur Languirand », il me répète : « Eux, oui, mais pas Radio-Canada. » Et, comme moi, vous direz qu'il a raison.

Vos avocats et administrateurs vous donneront toutes sortes de raisons pour vous expliquer qu'il ne « mérite » rien. Je vous en donnerai quelques-unes pour justifier le contraire :

– Il n'a jamais reçu, lors de son passage de l'état de pigiste à l'état de compagnie, la prime de départ qui aurait dû lui être versée. Elle devrait être là à l'attendre maintenant pour les 50 années précédant ce changement.

– Vous savez comme moi que tous « ces vieux » ont travaillé longtemps pour des salaires de misère. Souvenez-vous de Maurice Richard et de bien d'autres.

– Il gagnait bien sa vie dans les dernières années me direz-vous, oui, mais il devait payer pour toute la recherche, les magazines, les livres, etc., pour son émission de 4 heures par semaine.

– Et en plus, il a tâté de toutes les sortes de communication pour en faire profiter ses auditeurs à la radio et à la télé. Il a tâté du théâtre, de l'Internet, de la webtélé, de la télé, du professorat, de la conférence, et beaucoup de radio. Tout ça, en prenant obligatoirement beaucoup de risques. Pour pouvoir être à l'avant-garde et pour pouvoir dire à ses auditeurs ce qui allait venir.

– Et il a eu ce geste déshonorant, il y a quelques années, lors du lancement de la saison de la radio. Oui. On le sait tous. Il avait raison, mais il aurait pu le faire différemment. Aujourd'hui, alors qu'on le fait payer encore ce geste, nous savons qu'il est dû à cette démence qui commençait à prendre place. Comment auriez-vous traité votre père, sachant cela ?

– Vous pouvez me parler des coupures budgétaires apportées à Radio-Canada. La démission de Jacques s'est passée avant les coupures et vous avez gardé cette « information privilégiée » lors des négociations, sachant que ça en changeait complètement la teneur.

La Fédération québécoise des Sociétés Alzheimer juge que de prendre soin d'une personne souffrant d'Alzheimer coûte 220 000 $ par année. Et « l'espérance de vie » après l'annonce du diagnostic serait de huit années. Nous vous demandons de collaborer aux soins de monsieur Languirand pour une période de six mois à une année.

Et nous aimerions que ce geste soit privé, mais palpable pour lui, afin de marquer une réconciliation. Je vous inviterais, l'un d'entre vous, à venir lui donner la réponse à la maison. Il pourra ainsi s'endormir réconcilié avec sa maison.

En vous remerciant de l'effort que vous ferez.

NICOLE DUMAIS
Conjointe de Jacques Languirand
Inspiration de l'émission *Par 4 chemins* pendant
16 ans

Et voici la réponse de Louis Lalande, vice-président principal des services français de la SRC, datée du 6 juillet 2014 :

Madame,

Le président-directeur général de Radio-Canada, Hubert T. Lacroix, m'a prié de répondre à la demande de soutien financier que vous formulez pour votre conjoint, Jacques Languirand.

M. Languirand a en effet connu une grande carrière à Radio-Canada et son émission *Par 4 chemins* a fait le bonheur de nos auditeurs pendant plus de quarante ans. Comme eux tous, nous sommes touchés par le malheur qui le frappe.

Cependant, nous ne pouvons envisager de vous offrir un soutien financier, non seulement parce que nous devons rendre compte à la population de la gestion de nos ressources, mais aussi par esprit d'équité envers l'ensemble de nos employés et collaborateurs.

Soyez assurée qu'à l'instar de tous les admirateurs de M. Languirand, nous sommes reconnaissants de sa contribution remarquable à l'éveil des consciences de plus d'une génération. Notre décision n'a rien à voir avec certains malentendus auxquels vous faites allusion[56]. C'est que rien ne nous autorise, administrativement ou autrement, à consentir à un tel traitement de faveur.

Nous sommes désolés de ne pouvoir vous venir en aide et vous souhaitons la meilleure des chances dans cette épreuve.

LOUIS LALANDE

De septembre 1949 à février 2014 : ainsi s'achève le parcours professionnel de Jacques Languirand à Radio-Canada.

---

56. Le doigt d'honneur de Jacques à la direction lors du lancement de la saison 2012-2013.

CHAPITRE 15

Un homme libre

À la fin des années 1970, *Par 4 chemins* est bien installée sur les ondes de Radio-Canada. Il ne faut pas s'attendre pour autant à ce que Jacques Languirand ne se consacre qu'à cela. Au contraire, il advient ce qui logiquement devait en découler : l'émission fait des petits.

Et d'abord des publications. En 1972, paraît l'édifiant dictionnaire de la communication, *De McLuhan à Pythagore*, auquel Jacques a travaillé pendant plusieurs années et sur lequel il s'appuie en partie pour son enseignement à l'université McGill. En 1978, il publie *La Voie initiatique* qui la même année remporte le prix des Libraires. Ayant lancé à la télévision de Radio-Canada, en parallèle symbiotique avec *Par 4 chemins*, l'émission *Vivre sa vie* (à laquelle travaille son fils Pascal), il publiera deux livres éponymes, *Vivre sa vie* (1979) et *Vivre ici et maintenant* (1981). En 1973, Jacques rencontre Placide Gaboury, qui deviendra un ami indéfectible tant sur plan intime que spirituel, et ensemble ils publient *Réincarnation et Karma* en 1984, trois ans après *Mater Materia*, hommage personnel et érudit sur les mythes de la déesse-mère et sur le principe féminin universel — livre qui donnera son nom au centre de développement personnel ouvert par Jacques et Placide en 1980. Dans les années 1990, Jacques s'attellera à réunir et à publier des ouvrages qui sont des prolongements de son émission, les trois tomes de *Par 4 chemins*, dans lesquels il peut approfondir la réflexion entreprise à la radio.

Extensions de son travail de communicateur, tous ces ouvrages privilégient le contenu au détriment parfois de la forme littéraire, mais ils sont de grands succès de librairie. Et, surtout, conformément à la vision défendue par Jacques, ils assurent le complément écrit, média fondamental, à la seule transmission par la parole et par les médias électroniques.

La parole de Jacques elle-même s'étend. Grâce au succès de ses émissions de radio et de télé, il est de plus en plus sollicité comme conférencier et il entreprend une fructueuse carrière dans ce domaine dès la fin des années 1970. Même Radio-Canada l'invite à s'exprimer lors d'un colloque de réflexion et de formation organisé pour les cadres de la société d'État. Intitulé « Le cadre créateur, une réalité nouvelle », ce colloque permet à Jacques d'exposer son analyse pour l'édification d'une société nouvelle, la société québécoise, mais aussi, il faut le comprendre ainsi, la SRC elle-même. Lui qui, déjà dans les années 1970, critiquait la dérive du diffuseur public vers le pur divertissement, même dans les émissions d'information, développe sa vision sur les aptitudes et les attitudes propices à la créativité et à la vulgarisation de la connaissance.

Au Québec et au Canada, ses conférences se multiplient et attirent un large public, populaire ou érudit. Pour lui, aucun problème : il s'adapte à son public pour exprimer sa pensée. Il le fait toujours comme professeur à l'École nationale de théâtre et à l'université McGill, puis, étonnamment selon certains, il démissionne de ces deux postes pourtant prestigieux. C'est que l'année 1980 marquera un nouveau tournant. Comme toujours, plusieurs éléments se conjuguent, et des difficultés d'ordre personnel secoueront Jacques sur ses bases, mais comme à son habitude il répondra par la résistance, dirigeant ses forces vers un surcroît de créativité, d'adaptabilité et de besogne.

À la fin des années 1970 et au début des années 1980, les entailles se multiplient, profondes : le suicide d'Hubert Aquin le 15 mars 1977 ; la mort, en juin 1980, de sa tante Hermine, qui fut si importante durant son adolescence à Acton Vale ;

puis la mort de Clément, le 29 août 1980. De ces morts, nous reparlerons plus loin. Jacques mesure l'impact de ces événements, sans avoir véritablement le temps de faire un travail de deuil. Mais cela le rattrapera quelques années plus tard, au moment où s'achèvera l'aventure du centre de développement personnel Mater Materia.

En 1980, Jacques songe depuis quelque temps à fonder un lieu sur le modèle de ceux qui fleurissent déjà aux États-Unis, en particulier en Californie, et qui commencent à apparaître en Europe. Ce lieu serait dédié à la connaissance de soi ; on y donnerait des ateliers de développement personnel, des conférences, des enseignements dans diverses disciplines. Les participants pourraient vivre sur place, au cœur de la nature inspirante, des expériences physiques et psychiques, mais aussi plus ésotériques, comme la visualisation ou la canalisation. Un tel projet exige la constitution d'une équipe de spécialistes dans chacun des domaines proposés. Jacques y travaillerait aussi, avec son ami et complice Placide Gaboury. Depuis le milieu des années 1970, les deux hommes ont expérimenté ensemble des voyages astraux, se convainquant de plus en plus de la vérité de la réincarnation. L'administration d'un tel centre requiert aussi une équipe administrative compétente, et cette tâche reviendra à son épouse Yolande, qui sera directrice générale, et à leur ami commun Yvon Brunelle, responsable financier.

Ainsi, de 1980 à 1985, le couple Languirand et ses enfants vivront entre le centre Mater Materia, rebaptisé Le Sentier du Dragon et situé dans les Cantons-de-l'Est, à proximité de Cowansville, et leur immense demeure victorienne achetée en 1972, sise à l'angle de l'avenue Victoria et du chemin de la Côte-Saint-Antoine à Westmount. Cette maison rose, en briques, que jouxte une petite dépendance, restera la préférée de Jacques parmi toutes celles où il a vécu. Le Sentier du Dragon n'est «pas mal non plus», dit-il aujourd'hui ; toutefois il n'offre qu'un confort correct, mais restreint. Et si Pascal se moque du nom qui, selon lui, « fait restaurant chinois », Jacques en est très content. Le Sentier du Dragon renvoie en effet, dans son acception ésotérique, à la nécessité d'apprendre à dompter l'énergie en soi pour parvenir à dominer la matière. Il s'agit donc d'une promesse affichée d'évolution intérieure personnelle.

Jacques veut vouer le lieu au mieux-être, à la vie en communauté, saine, où dominent les médecines douces, l'alimentation végétarienne ou même macrobiotique. Comme à son habitude, il ne s'occupera pas vraiment des aspects concrets et matériels de la gestion du lieu, mais se consacrera au développement du contenu et aux ateliers qu'il animera lui-même, principalement le yoga, la méditation et la réincarnation. Ayant grossi avec les années, c'est en 1980 qu'il devient végétarien et impose cette conversion à Yolande qui, du coup, doit réapprendre à cuisiner.

Jacques gagne bien sa vie. Lorsqu'il achète le terrain sur lequel il fait construire le bâtiment principal du centre Mater Materia, il n'a pas dans l'idée de gagner de l'argent avec ces activités qu'aujourd'hui, avec un certain sourire, on qualifie de « granola ». Il y voit plutôt l'occasion d'appliquer dans la réalité quotidienne la vie et les idées nouvelles qu'il véhicule depuis dix ans dans ses émissions. Pour respecter la Loi sur le zonage agricole, les Languirand ne peuvent vendre des parcelles de leur terre, mais doivent les louer. Sur celles-ci, des groupes s'installent. Ainsi voit-on apparaître une maison solaire, la première au Québec, et une maison communautaire qui tente de reproduire les ashrams que certains ont visités en Inde, au Maroc, sur la côte ouest américaine ou dans le sud de la France.

Dès qu'il arrive sur les lieux, Jacques revêt une djellaba, laisse pousser ses cheveux et sa barbe plus que d'habitude. Il change, lui si élégant, aimant depuis toujours les beaux habits et les beaux tissus bien coupés. Dans le contexte, toutefois, il n'est que conforme à la majorité.

La vie saine prônée signifie que durant les ateliers, ni tabac, ni alcool, ni drogues ne sont permis. Après ses expériences avec le LSD, Jacques a complètement arrêté toute consommation de stupéfiants, devenant presque un militant anti-tabac et anti-drogue, du moins au centre Mater Materia. Il reviendra à la pipe, puis à la marijuana avec les années. D'ailleurs, jusqu'en 2011, Nicole et lui ont eu une «coop de *pot*» dans leur jardin, à l'arrière de leur maison de la rue de Maisonneuve. Jacques a dû arrêter, car le mélange avec ses médicaments contre les problèmes cardiaques ne faisait pas bon ménage et lui a causé des malaises vagaux. Destinée à leur consommation personnelle et à celle de leurs amis proches, la plantation a dû être arrachée. «Un jour, raconte Nicole, un policier est venu sonner à la porte et m'a dit que ce n'était plus possible de continuer ainsi, parce que ça sentait le *pot* jusqu'en haut de la rue!»

Cela dit, le centre Mater Materia n'était absolument pas un repère pour activités vaguement amorales ou illicites. Jacques prenait extrêmement au sérieux cet idéal de vie nouvelle, à une époque de mutation de la conscience universelle. En cinq ans, quelque quatre mille personnes suivront des ateliers au Sentier du Dragon, transiteront par le centre ou habiteront sur place, en permanence ou par intermittence.

Pourquoi alors l'aventure n'a-t-elle duré que cinq ans? De l'enthousiasme des débuts jusqu'à l'écœurement et à la déception de la fin, sans compter les importants déboires financiers, l'expérience sera pénible pour Jacques, à cause de la gestion très lourde de ce type de lieu. Peu à peu, en effet, lui, mais surtout sa femme Yolande et leur ami Yvon Brunelle, se laisseront accaparer par l'élaboration des cours et par l'organisation matérielle, réservations, annulations, rappels des inscrits, etc., sachant qu'à moins de douze participants, les activités devenaient déficitaires.

Outre le gouffre financier que Le Sentier du Dragon est devenu après seulement trois ans de fonctionnement, les objectifs premiers ont été détournés par des personnes malveillantes, malhonnêtes et, pour tout dire, profiteuses. Fin 1985, le couple décide de fermer le centre et de tout vendre, terrain et maison. « Je suis content d'avoir fait ça, analyse Jacques aujourd'hui. C'était quelque chose à vivre et ça roulait très bien. Ça reste majeur dans mon parcours. Mais j'aurais dû me méfier, parce que au bout du compte, une fois de plus, d'autres en auront plus profité que moi. Ça m'a amené à la faillite, j'ai dû vendre. Aujourd'hui, je le regrette. J'aurais dû trouver une autre solution, je n'aurais pas dû me séparer de ce terrain qui vaut de l'or aujourd'hui. Arrêter les activités, oui, mais vendre le lieu, non. »

Que s'est-il donc passé au Sentier du Dragon ? Le témoignage d'Yvon Brunelle se révèle précieux. Actuellement à la retraite, il garde un souvenir vif, reconnaissant et enthousiaste du centre Mater Materia, même si, ayant bénévolement assuré le poste de secrétaire-comptable durant trois ans, il sait très exactement ce qui a causé la faillite. Trente ans après, il est sans doute un des rares à pouvoir faire la part des choses.

« J'ai suivi mon premier atelier au centre Mater Materia en juin 1982, se souvient-il. J'étais en pleine crise de la mi-temps, comme on disait à l'époque, je ne savais pas comment aborder la quarantaine. J'avais un petit commerce, mais je n'étais quasiment plus capable de travailler tellement j'étais paralysé par la peur, envahi par l'anxiété et l'angoisse. J'ai pris une année sabbatique et je me suis rendu au centre Mater Materia. »

Où en avait-il entendu parler ? « À *Par 4 chemins* que j'écoutais, comme tout le monde, depuis des années. Dans les années soixante-dix, les deux premières heures de l'émission quotidienne étaient plus généralistes. Les deux dernières heures abordaient des sujets psycho-spirituels plus pointus.

Jacques faisait un suivi de ces sujets sur plusieurs années, en faisant tranquillement évoluer le niveau. L'émission nous apprenait à moins souffrir, et la même démarche était poursuivie au centre Mater Materia. D'ailleurs, *Par 4 chemins* drainait le public vers le centre, c'était le principal canal de publicisation. C'est comme ça que j'ai entendu parler du Sentier du Dragon et que je m'y suis rendu, comme la plupart des autres.»

Qu'a-t-il appris au Sentier du Dragon? «Jacques et Placide se considéraient comme des instructeurs. L'objectif de Jacques était de partager ses propres expériences et de les vivre en groupe. Par exemple, il méditait lui-même, donc il nous initiait à la méditation. Il souhaitait avoir des personnes qui l'accompagnent dans sa démarche. Placide, lui, était plus un professeur, avec une approche plus rhétorique, bien dans sa tradition d'ancien jésuite. Jacques était dans la pratique, Placide plus dans la théorie. Tous deux nous enseignaient ce qu'au fond on aurait dû apprendre dès le plus jeune âge: savoir se recentrer, être plus conscient qu'on existe, se concentrer sur le moment présent. Jacques et Placide apportaient des solutions efficaces. Très efficaces. Je dois dire d'ailleurs que je connaissais ces conseils. Mon père était alcoolique et avait fréquenté les Alcooliques Anonymes. Les AA enseignaient les mêmes principes depuis des années. Ç'a aidé mon père, et finalement ça m'a aidé moi aussi, même si lui et moi n'avons pas été au même endroit.»

Comment l'enseignement pratique, à Mater Materia, l'a-t-il aidé? «Je me suis mis à la méditation intensive. Sur les conseils de Jacques, j'ai commencé à associer la méditation au jogging, et ç'a été très bon pour moi. En peu de temps à Mater Materia, j'ai arrêté d'avoir peur et mon anxiété a disparu. Ma capacité de travail et ma forme physique se sont considérablement améliorées. Moi, ça m'a tout apporté. Ç'a complètement transformé ma vie, pour le reste de mes jours, bien au-delà de la quarantaine. Je retiens surtout l'honnêteté de leur démarche. Il y avait là des intervenants de très grande envergure, comme Marc de Smedt qui animait des ateliers sur le bouddhisme zen, Hubert Reeves sur l'astrophysique, le jeune Guy Corneau sur la psychanalyse jungienne, le jeune François Tanguay sur l'écologie. Tous ces gens-là, qui sont devenus très célèbres par la suite, n'étaient pas connus à l'époque, ils débutaient. Une fois de plus, Jacques a donc été un précurseur, un allumeur de réverbères. Ni Placide ni lui n'ont jamais voulu être des gourous. Ils refusaient clairement de jouer ce rôle-là. S'ils l'avaient accepté, ils auraient pu faire beaucoup d'argent ! Mais c'était aux antipodes de leur façon de voir. »

Guy Corneau renchérit sur l'honnêteté de la démarche du centre : « Quand je suis revenu de ma formation à l'Institut Jung de Zurich, où j'ai étudié de 1977 à 1982, Jacques m'a contacté et m'a proposé d'animer des ateliers au centre Mater Materia. J'en garde un souvenir ému. C'était un lieu extraordinaire, une fabrique de conférences plus passionnantes les unes que les autres, un athanor où on brassait des idées nouvelles et dont beaucoup d'idées novatrices sont issues, et où beaucoup de personnes ont fait leurs marques. Jacques a toujours été un guide formidable, il poursuivait au centre Mater Materia le travail d'éveilleur qu'il menait à la radio depuis plus de dix ans. Il était un lecteur assidu de Jung, qu'il connaissait assez bien, et nous en parlions longuement. Selon moi, Mater Materia était dans la très bonne ligne du mouvement. Ne pas être un gourou, c'était exactement la bonne attitude à avoir. Ça a tout de suite cliqué, non seulement entre Jacques et moi, mais entre le centre et moi. Je tiens beaucoup à dire que Jacques Languirand m'a fait toute la place. Il m'a fait confiance dès le début, et ç'a été essentiel dans ma vie. Oui, c'est mon père spirituel, et c'est aussi mon ami. »

De simple participant, Yvon Brunelle est devenu secrétaire-comptable dès 1983, à titre bénévole. Il peut parler de la gestion du centre : « Jacques m'a proposé la direction générale du centre peu de temps après mon arrivée, que j'ai refusée et qui est revenue à Yolande. Jacques Aubin était le président du conseil d'administration, et moi j'ai accepté de m'occuper de la comptabilité. C'était vraiment une nécessité, parce que, de 1982 à 1984, c'est devenu très gros. Il venait jusqu'à soixante-quinze personnes par fin de semaine. Placide vivait sur place, il avait construit sa maison sur le terrain, comme d'autres personnes. Jacques et Yolande, eux, se partageaient entre la ville et la campagne. Généralement, ils arrivaient pour la fin de semaine. Jacques s'occupait aussi des réservations et des intervenants. »

Il poursuit : « Le bureau de Jacques à Montréal était envahi par les affaires du Centre. Yolande, elle, devait venir plus souvent à Cowansville pour assurer la gestion. C'est paradoxal, parce qu'elle détestait Mater Materia. Ce n'est pas que les sujets abordés ne l'intéressaient pas, au contraire, mais elle a haï de plus en plus les gens qui venaient là, la lourdeur administrative, le fait aussi que Jacques ne s'occupait pas du tout des aspects matériels. En plus, elle a dû réapprendre à cuisiner, parce que Jacques est devenu végétarien. Martine Languirand, qui tout comme sa mère haïssait le lieu, était néanmoins contrainte de donner un coup de main. Pascal connaissait la première vague de son succès international et il était donc occupé ailleurs. « Et puis, Jacques écrivait une chronique dans chaque numéro du *Guide Ressources*[57], ce qui alimentait le centre, alors ça a fait encore plus de travail. C'est devenu une grosse affaire. C'est là que ça s'est mis à dérailler. » Dérailler, dans quel sens ? « Le succès a vite créé la panique, parce que l'infrastructure n'était pas suffisante pour suivre l'évolution. Il aurait fallu que le centre devienne à la fois une auberge, un

---

57. Fondé par Christian Lamontagne en 1984, le *Guide Ressources* a disparu en 1996.

restaurant, une agence de location de terrains, un centre de formation et de conférences, un centre d'ateliers pratiques… On n'avait ni la place ni l'équipe adéquate pour faire face à tout ça. »

Rapidement, aux problèmes financiers liés à l'inadéquation de l'infrastructure, s'est ajouté un dérapage du contenu des ateliers. Si Jacques et Placide suivaient scrupuleusement la voie de l'honnêteté, ce ne fut pas le cas de tous les intervenants. « Il y a eu beaucoup de profiteurs, dit Yvon Brunelle. Ils organisaient un atelier et l'annulaient le jour même, mais en vérité ils appelaient les inscrits et faisaient l'atelier chez eux. Et puis, il y a eu des sujets vraiment pas sérieux, et même carrément des escroqueries. Les gens proposaient n'importe quoi et utilisaient Mater Materia pour se faire leur propre clientèle. Jacques s'est honteusement fait piller ses idées et sa clientèle. Le centre est devenu déficitaire dès 1984. Yolande et moi le savions, mais Jacques ne voulait rien savoir, ça ne l'intéressait pas. Il était plus préoccupé par les contenus frauduleux et l'attitude malhonnête de beaucoup d'intervenants, qui discréditaient le centre. Il ne voulait pas entendre parler des finances. Il était très colérique, alors on n'osait pas trop le contredire. Mais les finances allaient très mal, on allait à la faillite. »

Puis, Yvon Brunelle dit : « Un jour, Yolande et moi avons pris la décision de fermer le centre. Elle et Jacques sont allés marcher et elle lui a annoncé la nouvelle. Il a très mal réagi. Il l'a vécu comme un échec majeur. Il était furieux contre cette clique de gens malhonnêtes qui, eux, se comportaient comme des gourous avec leur discours sur le Nouvel Âge. Mais il était surtout furieux contre lui-même. Il en a été très affecté. On dirait que Jacques est toujours en avance sur son temps. C'est un visionnaire qui défriche et s'en prend finalement plein la figure. »

Qu'en était-il de Yolande ? A-t-elle été soulagée lorsque le centre Mater Materia (que Martine appelait, rappelons-le, le

« centre Enterre-ta-mère-là ») a enfin fermé ? « Elle a eu à gérer la faillite, la vente du lieu, etc. Je l'ai aidée pour que tout soit en ordre. Mais elle préférait ça que de continuer comme c'était. »

Yvon Brunelle a repris ses propres activités, mais est resté ami avec le couple, surtout avec Yolande. Son témoignage confirme les propos de Marielle Fleury, l'amie d'enfance de Yolande. « Pendant tout le temps où j'ai été à Mater Materia, les relations entre Yolande et Jacques étaient très mauvaises. J'étais souvent coincé entre eux, dans leurs disputes. Yolande haïssait le centre, elle était triste et me racontait tout, mais elle continuait à se dévouer. Jacques avait aussi ses maîtresses au centre et ça faisait des crises fréquentes. Un jour, Jacques Aubin a osé lui faire des reproches et Jacques l'a renvoyé aussitôt. Il ne tolérait pas qu'on lui dise quoi que ce soit sur sa façon de vivre ou de penser. Nous étions très dévoués à Jacques de toute façon, et moi je suis resté très admiratif de lui. C'est un être exceptionnel qui a changé ma vie, qui m'a fait réfléchir sur le sens de la vie et de la mort, et de notre présence sur terre, sur la relation au mental. »

Comment se fait-il que Yolande, qui pratiquait pourtant la méditation et participait à des exercices de visualisation et de canalisation, n'en ait pas tiré profit pour elle-même ? « Yolande est restée très amoureuse de Jacques malgré tout, même s'ils vivaient leurs histoires chacun de leur côté. Jusqu'à sa mort, j'ai continué à la voir. On se donnait régulièrement rendez-vous et on allait manger ensemble. Elle était de plus en plus dépressive. Elle prenait des pilules et buvait en même temps. Elle buvait beaucoup. Souvent, après le repas, je la ramenais chez elle. On a entretenu une très belle relation d'amitié. Finalement, un ou deux ans avant sa mort, elle s'est décidée à entrer dans les AA. Je lui avais souvent recommandé de le faire. Elle s'est désintoxiquée et puis Jacques lui a acheté un condo en Floride. Elle a eu une très belle période à la toute fin de sa vie. Yolande allait en Floride, elle s'est remise à peindre et elle s'est fait des amis là-bas. Elle était sereine, détachée, ça allait bien. Et là, elle est morte. Elle est partie très vite. Elle a eu une rupture d'anévrisme et elle est partie comme ça. »

Selon lui, Jacques a-t-il intégré pour lui-même tout ce qu'il a réussi à transmettre aux autres, par le biais de *Par 4 chemins* ou du centre Mater Materia ? « Je sais que Jacques a l'impression d'avoir raté sa vie, et ça m'attriste de savoir ça, parce qu'il a tellement fait pour les autres. Je sais qu'il voulait surtout réussir dans le théâtre. D'ailleurs, après Mater Materia, il y est retourné. Ce que l'on sait, on parvient généralement mieux à le transmettre qu'à l'appliquer à soi-même. » Il conclut : « Autrement dit, la loi de la transmission, c'est précisément de donner à autrui, c'est-à-dire s'adresser à l'altérité et à la collectivité. On ne peut se donner à soi-même individuellement. On ne reçoit pas de soi-même. Mais moi, de tout ça, je veux garder le positif. Ça aura été une grande aventure positive pour énormément de gens. Jacques devrait être heureux d'avoir fait tant de choses pour tant de monde. »

Guy Corneau corrobore cette analyse qu'il résume en me racontant une histoire : « Un jour, le sage Ramakrishna entend deux disciples qui parlent de leur maître. Ils disent qu'il est comme ceci, comme cela, qu'il a telle qualité, tel défaut, etc. Ramakrishna leur dit alors : "Pourquoi parler de l'huître quand vous avez la perle ?" Jacques, c'est ça. Il a donné des perles au Québec. C'est un legs considérable et c'est ça qu'il faut retenir. »

* * *

Néanmoins, la fermeture de Mater Materia plonge Jacques dans ce qu'il appelle « une période de mou ». Ce n'est pas une dépression majeure, comme celle dont il a souffert de 1968 à 1971, mais une période de doutes et de remise en question, où il éprouve un sentiment d'échec. La tristesse liée aux deuils qu'il n'a pas eu le temps de faire à la fin des années 1970 le rattrape, d'autant que d'autres amis proches, qui ont été importants dans sa vie, disparaissent successivement : Pierre Emmanuel le 24 septembre 1984, René Lévesque le 1er novembre 1987. Et, peu de temps après, son chien Platon.

À nouveau, Jacques tremble sur ses bases, profondément atteint. Il poursuit son émission à la radio, mais pense déjà à lui donner une autre dimension, une profondeur et un niveau beaucoup plus exigeant. Lorsqu'il publie en 1987 *Prévenir le burn-out*, il parle de lui-même, mais il explique aussi à ses lecteurs que le burn-out n'est pas qu'un épuisement dû au travail. « C'est une perte de sens, écrit-il. C'est l'âme qui est brûlée, et c'est sur ce vide qu'il faut se pencher. »

Perte de sens. Vide existentiel. N'a-t-il pas tenté d'y remédier, pour lui-même et encore plus pour les autres, depuis plus de quinze ans ? Pour redevenir un homme libre, libre de toute classification et de toute forme d'enfermement — cette liberté intérieure inaltérable qui constitue sans doute le fil rouge de toute son existence —, il doit faire un travail de deuil. Le deuil des êtres chers et importants, le deuil de certains aspects de sa vie personnelle autant que professionnelle. De 1985 à 1991, à l'aube de sa soixantième année, il réévalue à nouveau les fondations de son être.

Les effets ne tardent pas et sont fulgurants. En 1991, il revient à la télévision dans un magazine d'affaires publiques, *Virages*, qu'il co-anime avec la jeune Michaëlle Jean. Une sorte de retour aux sources du journalisme et aux reportages de ses débuts, pour se couper de sa réputation de chantre du Nouvel Âge qui lui pèse. Dans le même temps, *Par 4 chemins* se métamorphose aussi et Jacques se consacrera désormais à la transmission vulgarisée d'une connaissance éclectique, dont parle Yvan Asselin. Dans sa vie privée apparaît une nouvelle femme, Olivia, avec laquelle il vivra une belle relation pendant dix ans, jusqu'à la mort de Yolande en juin 1997.

Et puis, en mars 1992, pour rompre définitivement tous les liens avec le Nouvel Âge, dont il a toujours refusé de suivre les méandres et les égarements, il publie un article sans merci et sans ambiguïté.

« Je défroque !

Trop c'est trop... Maintenant ma décision est prise. Je souhaite ne plus être associé au Nouvel Âge. Je défroque ! J'aurais peut-être dû le faire plus tôt. Il y a déjà un bon moment, en effet, que le vocable de Nouvel Âge recouvre des croyances que je ne partage pas, des comportements qui m'irritent, des activités qui m'inquiètent. Mais il était bien commode d'en disposer pour parler du phénomène que représente de nos jours le changement de paradigme.

Le Nouvel Âge, jusqu'ici, recouvrait à mes yeux toutes les tentatives, les initiatives qui me paraissaient témoigner de ce changement. J'ai même commencé un essai, qui va demeurer à l'état d'ébauche — à moins que je ne parvienne à le chapeauter autrement —, dans lequel je me proposais de définir, d'expliquer la nouvelle vision de la réalité que suggère la science, plus particulièrement les percées dans le domaine de la physique et de l'astrophysique. Car le fondement sur lequel repose ce que j'entendais par le Nouvel Âge est à proprement parler scientifique.

Depuis plus de vingt ans, j'ai souvent évoqué cette nouvelle vision de la réalité dans mes émissions radiophoniques, mes conférences et mes écrits. Il s'agit ici de ce que certains scientifiques appellent « la seconde révolution copernicienne ». Nous nous trouvons à notre époque de transition comme suspendus entre deux modèles : celui suggéré par Copernic, le modèle mécaniste, qui a prévalu jusqu'à aujourd'hui et qui prévaut encore dans une large mesure, et le modèle holiste. Selon le modèle holiste, l'univers n'est pas une structure hiérarchisée fonctionnant comme une machine, mais plutôt une structure d'éléments interreliés et interdépendants. Depuis, la vision holiste s'impose de plus en plus dans la plupart des disciplines et des activités humaines : l'écologie, la nouvelle économie avec la mondialisation des marchés, les télécommunications, etc. Et, petit à petit, cette vision imprègne les mentalités. Ce qui, pourtant, ne va pas sans ratés. La crise actuelle me paraît justement traduire la tension entre les deux paradigmes, mécaniste et holiste, je dirais même leur incompatibilité. Mais on ne change pas de paradigme... comme on change de chemise. Celui que suggère Copernic a mis plus de deux siècles à s'imposer.

Cette transformation des mentalités sera donc progressive, procédant par essais et erreurs. C'est de ce processus que sont issues, me semble-t-il, un nombre de plus en plus grand d'entreprises éclatées, de démarches stupéfiantes, de croyances délirantes que l'on regroupe sous le vocable de Nouvel Âge. Et c'est à propos de ces entreprises, de ces démarches, de ces croyances que je dis : trop c'est trop ! Car je ne remets pas en question pour autant le fondement sur lequel prend appui ce processus de transformation. Je ne renonce donc pas à transmettre des informations concernant le changement de paradigme, mais je ne crois plus pertinent d'associer cette démarche au Nouvel Âge.

Je ne veux plus que l'on me dise : «Vous qui croyez à tout ça, ces affaires-là» ! Ce sont précisément ces affaires-là auxquelles je ne veux plus être identifié. Car malgré une grande curiosité pour l'inexpliqué, ce qui n'est jamais sans risque, je pense avoir gardé jusqu'ici les pieds sur terre. Déjà, à l'époque du Centre Languirand (Mater Materia), cette curiosité m'a valu, de même qu'à Madame Languirand, de bien pénibles expériences. Je ne suis pas près d'oublier cet atelier d'une journée animé par un jeune médium qui — nous devions le découvrir après coup — prétendait ouvrir les chakras de ses « fans » entre 10 h 00 et midi, tel un plombier cosmique ! Je ne suis pas près d'oublier non plus l'offre qui nous a été faite de proposer un atelier de yoga aquatique… Comme je faisais remarquer qu'il n'y avait au Centre ni lac, ni piscine, ni le moindre trou d'eau, mon interlocutrice dont rien ne pouvait ébranler les convictions m'a répondu : « Ça n'a pas d'importance, je peux aussi enseigner le yoga aquatique sans eau… »

De tels incidents, on s'en doute, ont contribué à la fermeture du Centre. Un ami à qui je confiais mes doutes m'a fait cadeau, faute de mieux, d'une explication du phénomène actuel, que paraît recouvrir une observation de la marquise du Deffand : « Une grande idée lorsqu'elle tombe dans un petit esprit, elle en prend le contour. »

J'ai pensé à l'époque qu'il devait s'agir d'erreurs de parcours et j'ai continué malgré tout de brandir l'oriflamme du Nouvel Âge. Mais depuis, je vois bien que les erreurs de parcours sont devenues le parcours lui-même[58].

Cette phrase, Madame du Deffand l'a écrite à propos du détournement des idées des Lumières et des encyclopédistes. Elle annonce l'odieuse déviation des principes républicains durant la boucherie de la Terreur, mais elle peut tout aussi bien convenir aux mises en garde d'Einstein quant à l'utilisa-

58. *Guide Ressources*, vol. 7, n° 6, mars 1992.

tion de l'énergie nucléaire, à l'application des théories marxistes dans les pays communistes, etc. La liste est longue. Le problème ne réside pas dans une discipline en soi, mais dans la façon qu'on l'applique. Une idée, une pensée, une religion, une analyse, n'existent pas en soi. N'existe que leur application, par des êtres humains forcément imparfaits.

Le théâtre, alors, n'est-il pas le lieu où peut se jouer l'éternel drame entre les grands desseins de l'humanité et la turpide petitesse des «hommeries»? Alors que Jacques y avait renoncé, c'est le théâtre qui revient frapper à sa porte. Trois coups comme un destin. En 1993, à l'homme redevenu libre après avoir «défroqué» et fait ses deuils, Robert Lepage vient proposer de jouer Shakespeare: Prospero et Ménénius, des «vieillards magnifiques» dont Jacques a la stature, comme le lui avait prédit Michel Vitold. Celui-ci meurt en 1994 à l'âge de 79 ans, sans avoir vu son ancien élève sur les scènes internationales où il triomphe dans *La Tempête*.

Bien qu'il ait pris plusieurs détours, Jacques aura finalement tenu ses promesses.

CHAPITRE 16

Les mythes et les morts

Le 23 avril 2014, Montréal. Une personne m'écrit sur Facebook: «Je vous ai vue aujourd'hui à la terrasse du Winston Churchill avec notre Languirand. Comme nous ne sommes pas à Paris, par discrétion je n'ai pas pris de photos. Mais ça m'a fait de la peine de le voir dans cet état.»

L'état de Jacques, aujourd'hui... Certes, il a du mal à marcher, ses jambes lui font mal, surtout son pied gauche, ce fameux talon d'Achille qui impose désormais sa loi insidieuse. Il a du mal à se caler dans la voiture et encore plus à en sortir. Je le laisse deux minutes sur le trottoir, le temps de faire une manœuvre, et je m'inquiète du fait qu'il pourrait sans crier gare décider de traverser la rue. Monter des marches est pour lui un calvaire et, une fois notre repas fini, j'ai eu du mal à le remettre debout et encore plus à l'aider à redescendre les marches. Bien sûr, il ne peut plus sortir seul. De toute façon il a oublié ses NIP, ne sait plus où est son portefeuille ni même sa pipe. Pourtant, la dernière fois que nous sommes allés au cinéma, il a été heureux comme si c'était la première fois.

Malgré tout, ce jour-là, sur la terrasse du pub Sir Winston Churchill — choisi parce qu'on passait devant et que, soudain, il a dit en anglais: «*I've been there before*» —, enfin installés face à face en attendant le repas, Jacques fumant des cigarettes à défaut de pipe, nous avons eu une conversation passionnante. État physique, état mental, lequel prime l'autre? En un an, c'est vrai, la progression de la maladie est flagrante. Nicole le sait mieux que personne, elle qui la vit au quotidien, heure par heure. Avec chagrin et colère, fuyant de temps en temps dans sa peinture, chez des amis ou au Bota Bota, le spa du Vieux-Port. Les autres, même proches et attentionnés, ne sont que de passage. Tous profitent tout de même encore des fenêtres qui s'ouvrent d'un coup dans l'esprit de Jacques, des fenêtres ensoleillées, radieuses. Même si ces fenêtres deviennent des lucarnes qui s'ouvrent de plus en plus rarement et se referment de plus en plus vite.

Ce jour-là, le soleil est au rendez-vous. On peut manger sur une terrasse et l'esprit de Jacques est alerte. Il commence par s'excuser : « Je suis tellement désolé d'imposer mon état. Je me sens tellement encombré par mon corps. » Cette phrase... Il ajoute : « J'ai déjà été fringuant, j'avais tellement d'allant et de souplesse. » Et ça se voit encore. Je le lui dis. Mais il n'attend pas qu'on le rassure et certainement pas qu'on le prenne en pitié.

Il annonce vouloir parler des mythes. Quels mythes ? Les mythes grecs, mésopotamiens ? « Non, dit-il, les mythes modernes. » Les mythes selon Roland Barthes, alors ? « Ça revient à ça, dit-il, mais je pense plutôt aux mythes d'aujourd'hui. J'ai réfléchi à ça ces derniers temps. Le mythe est extrêmement important dans la vie. Je veux qu'on en parle aujourd'hui. » La fenêtre s'est ouverte. Conversation fulgurante.

« C'est quoi, alors, le mythe, pour toi ?

— Ce sont des histoires qu'on met en rapport avec notre vie personnelle et professionnelle, répond Jacques.

— Toutes les versions du mythe font sens, disait Lévi-Strauss...

— Oui, parce que chacun rapporte une version du mythe à lui-même et l'interprète pour en faire le sens dont il a besoin.

— Mais le mythe précède l'Histoire. L'Histoire se fonde strictement sur des traces, des preuves, des écrits, des objets... Avant l'Histoire, on se servait des mythes pour faire du sens.

— Les mythes faisaient aussi bien le travail. Ils répondaient au besoin d'ordre sans lequel personne ne peut vivre sur terre. On ne peut pas vivre sans trouver le sens de notre vie sur la terre.

— On a besoin de comprendre. Et de croire. Foi veut dire "croire sans preuve". La foi commence là où s'arrête l'Histoire.

— Ça, c'est bon.

— Ce n'est pas de moi... C'est une des premières choses qu'on apprend en Histoire à l'université. Avant l'apparition de l'Histoire, avant les traces tangibles, il y avait le mythe. Mais malgré l'Histoire, le mythe reste, il comble les trous. Et après l'Histoire, il reste la foi, de toute façon. La religion, toutes les formes de religions sont-elles des mythes pour toi?

— Oui, parce qu'elles font sens. Je me suis éloigné de la religion catholique de mon enfance, mais je ne me suis pas éloigné pour autant de toute foi. J'ai bâti ma vision propre de la présence sur terre à partir de beaucoup d'autres choses que la seule religion catholique.

— Quand on perd le sens de la religion comme un mythe fondateur nécessaire, on tombe dans le dogme. Quelqu'un te dit "crois ça" et tu crois ça. C'est valable pour tout. L'intégrisme autant que la politique, tu ne penses pas?

— La politique, c'est aussi un dogme. Brecht, par exemple, a été pour moi un mythe, pourtant je me fous du communisme.

— Tu es retourné sur les traces de Brecht l'été dernier [juin 2013], à Berlin. Comment l'as-tu vécu?

— C'était très émouvant... »

Il dit cela, pourtant je doute qu'il ait vraiment le souvenir de ce voyage. Il fronce les sourcils, le regard dubitatif. Je poursuis :

« Qu'est-ce que tu n'aimes pas dans le communisme?

— Le communisme comme système collectiviste, je m'en fous. Mais je suis sensible au fait que les pièces de Brecht sont inspirées par la misère sociale. J'ai toujours été de gauche.

— Dirais-tu alors que tu es de gauche, mais sans t'enfermer dans un système politique ni un parti ?

— Je ne crois plus en aucun parti politique.

— As-tu voté aux dernières élections[59] ? »

Il réfléchit, à nouveau hésitant.

« Est-ce que j'ai voté... Je n'ai aucun souvenir de ça. Je ne crois pas. Je n'ai plus voté après René [Lévesque].

— Plus jamais ?

— Non. Ça ne m'intéresse pas.

— Alors, tu crois à quoi ? Quels sont tes mythes fondateurs à toi ?

— J'ai réfléchi récemment à tous ces mythes qui ont traversé le vingtième siècle. Le communisme, le féminisme, l'égalité sociale et les acquis sociaux, la psychanalyse, les découvertes scientifiques et médicales, les inventions technologiques... Tous ces mythes sociaux. Ils ont tous conduit au désenchantement.

— Ce ne sont pas que des mythes. C'est l'Histoire.

— Ce sont aussi des mythes, parce qu'on y a cru et que tout s'est cassé la figure. Pourtant, il faut se rappeler la base, les fondamentaux.

— Tous ces idéaux dont tu parles, ils ont apporté énormément de choses. La pensée a énormément évolué.

— Les idées sont valables, mais comment les appliquer collectivement ?

— C'est la grande question, mais quand même, ce n'est pas une idée nouvelle de dire que quand on applique une idée, on la dénature.

— Il y a les mythes sociaux et les mythes personnels. Brecht est un mythe personnel. J'en ai d'autres. Certaines personnes importantes que j'ai rencontrées dans ma vie sont mes mythes fondateurs. Je suis né de ces mythes-là, je les ai inté-

---

59. Élections provinciales du 7 avril 2014.

grés et endossés. Ce sont mes racines. On ne peut pas vivre sans fondations. Au Québec, plus personne n'a de vue d'ensemble ni de recul. On a vécu quarante ans tourné vers l'ici et maintenant. On efface les références.

— Est-ce pour ça que tu es devenu un mythe pour tellement de gens ? Un rendez-vous récurrent et rassurant…

— C'est que je n'ai pas perdu mes racines, moi. Je prends conscience que j'ai gardé ça. Dans mes propos, j'ai toujours eu le souci de transmettre un certain ordre et, surtout, une continuité.

— Beaucoup de personnes t'ont considéré comme un "repère", un père idéal. Tu es devenu un mythe toi-même. Es-tu d'accord avec ça ?

— Je me demande bien ce qu'ils me trouvent. J'ai juste essayé de donner des références, c'est tout.

— L'année dernière, Nicole et toi vouliez organiser un grand événement en 2017, pour le cinquantenaire de l'Expo 67. Qu'est-ce que tu voudrais dire à la jeunesse québécoise ?

— Je voudrais leur dire que c'est plus important d'avoir les pieds solides que la tête enflée. Si tu n'as pas de références, tu flottes.

— Pas de racines, pas d'ailes !…

— C'est ça ! Et puis, un père… non. Le père, c'est celui qui transmet le sens des valeurs dans la continuité, qui n'est valable que si tu as des racines.

— Donc, tu as bien été un re-père collectif. »

Il balaie la remarque de la main, le regard fixe, puis dit :

« C'est douloureux pour moi de voir cette société-montgolfière qui flotte dans le vent. Si tu n'as pas de racines ou que tu les as oubliées, tu ne vas nulle part. Je suis bien pessimiste en vérité sur mon pouvoir. Qu'est-ce que les gens peuvent bien voir en moi, je me le demande…

— Quels sont tes mythes fondateurs personnels, alors ? Qui ?

— J'ai beaucoup écouté mes maîtres. Toujours des professeurs de vie plus âgés. J'en ai pris conscience il y a longtemps. En 1972[60], *Par 4 chemins* est née de la perte de mes fondations et de mes valeurs profondes. Je pensais que je les avais perdues. Puis je me suis rendu compte que je ne les avais pas perdues. Je me suis remémoré mes valeurs fiables, j'ai eu besoin de me le remémorer à moi-même à travers les auditeurs.

— Tu t'es soigné en soignant les autres?

— Ce sont les fondations du fait d'être utile socialement. Le sens de ma vie est d'avoir retrouvé ces valeurs et d'avoir rendu service en les transmettant.

— Par contre, tu n'as pas eu de racine-mère…

— Non. Je me la suis fabriquée en la fournissant aux autres. Je me suis fabriqué des parents que je n'avais pas eus.

— Comment?

— J'ai réussi, très jeune, à intéresser des gens intéressants. Ç'a été ma plus grande habileté dans la vie. Je me suis inconsciemment intéressé à ceux qui avaient quelque chose à m'apprendre à l'extérieur de chez moi, où personne ne me parlait.

— C'est un instinct de survie. Quand on examine ta vie, on dirait que tu t'es jeté dedans avec avidité.

— Oui, c'est vrai. Je pensais que je n'avais aucune racine. Puis je me suis rendu compte, avec le recul, que j'en avais. Je me suis reconstruit en retrouvant le souvenir de mes ancêtres paysans et leur mentalité de fourmi bâtisseuse. J'ai retrouvé ça en moi. Ç'a été mon mythe fondateur. Jeune, j'ai été proche des gens âgés, ça m'a amené à inventer ma vie. J'ai découvert qu'il fallait bâtir et être utile. Cette habileté que j'ai en moi, je l'ai éveillée pour intéresser les plus âgés. Dès douze ans, j'ai vécu comme ça. C'est mon secret. Je n'ai rien fait d'autre de toute ma vie, au fond. J'ai bâti mes racines pour moi, puis j'ai essayé de le faire pour les autres.

---

60. En fait, c'est en 1971.

— C'est ce que tu voudrais dire aux jeunes ?

— Oui. Les convaincre de l'importance de s'engager dans le monde, d'être utiles et agréables, d'intervenir dans la société.

— Mais tu dis que tu ne t'intéresses pas à la politique. Tu dis qu'en appliquant des idées collectivement, on les dénature...

— L'engagement n'est pas que politique. Il faut s'engager humainement. Il faut bâtir. Et, pour bâtir, il faut retrouver ses racines. Il y a une chose à savoir du Québec : c'est un pays sans mémoire où on ne se rappelle pas qui a fait quoi, et alors on oublie, on efface et on recommence sans cesse à zéro.

— "Je me souviens", est-ce un vœu pieux ? »

Il éclate de rire.

« Très pieux ! lance-t-il en se penchant sur sa salade grecque.

— Donc, tu t'es bâti des racines que tu n'avais pas.

— Non, je me suis souvenu que j'avais des racines. Ensuite, j'ai voulu en avoir d'autres, de plus en plus, pour fortifier mes racines premières. En les transmettant aux autres, j'ai construit les miennes.

— Bon. Et le théâtre ?

— Je me suis habitué à être un comédien raté.

— Franchement !...

— Mon théâtre n'a pas été compris. »

Il dit ces mots avec une moue malicieuse, en se moquant un peu de lui-même, mimant l'artiste incompris.

« Mais, quand même, le théâtre fait partie de tes fondations.

— Le théâtre est le fondement de tout. Pas seulement pour moi, mais pour la civilisation.

— Le théâtre est la mise en scène des mythes et des racines, des références. Vas-tu toujours au théâtre ?

— Plus maintenant. Mais j'allais partout voir des pièces[61].

— Ça te manque ?

— Un peu. Je regarde des films chez moi, maintenant[62]. »

Arrivent les cafés. Et une autre cigarette.

« Alors, quels sont tes mythes fondateurs ? Si tu devais me citer des noms, sans réfléchir, qui nommerais-tu ?

— Le frère Hilaire, Pierre Emmanuel, Hubert Aquin. Hubert me manque beaucoup. Ça fait tellement longtemps qu'il me manque. Il m'était bien supérieur. La seule chose que je pouvais lui enseigner, c'était de mieux vivre heureux. J'ai essayé, surtout que, après sa deuxième tentative de suicide, il s'est intéressé aux questions spirituelles. Mais il se brûlait. J'étais un bon père pour lui et lui était un professeur pour moi. Son père était un spécialiste des fusils et des carabines. Quand on allait le voir, son père avait toujours une carabine, il ne lui parlait que de sa quarante-deux. Et le fils d'Hubert ne vient au Québec que pour chasser l'orignal, finalement... J'ai beaucoup donné à Hubert, car j'étais habile, mais lui était plus fort, plus intelligent, plus instruit. Moi, j'étais plus truqué. Il nous a trompés, finalement.

— Hubert vous a trompés ?

— Oui. On croyait tous qu'il allait mieux à un moment donné. J'ai voulu y croire. J'étais dans l'action, alors je n'ai pas vu que ça n'allait pas. Il est mort pour moi, au sens où l'exemple de son suicide m'a guéri définitivement de l'envie de me suicider. Au cours d'une méditation, j'ai clairement vu Hubert en train de se suicider à l'époque du Bas-Empire romain. Je ne le lui ai jamais dit, puis un jour il m'a appris qu'il s'intéressait beaucoup à cette période historique et

---

61. Nicole et Jacques sont allés à New York voir *Parsifal* mis en scène par François Girard à l'automne 2012 au Metropolitan Opera.
62. En mai 2013, avec l'aide de Nicole, il citait ses films préférés : *The Razor's Edge, All That Jazz, Zorba le Grec.*

qu'il faisait des recherches là-dessus. J'y ai vu la confirma-
tion de ce que je croyais alors : si on se suicide dans une vie,
on revient dans une autre vie en tant que suicidaire. Mais
j'ai évolué. Aujourd'hui, je ne vois plus les choses ainsi. Je
comprends. Je n'ai pas envie de me suicider, je ne le ferai
pas, mais je comprends. Toujours est-il que le suicide de
Hubert m'a fait faire tout ce cheminement intérieur. À
l'époque, j'essayais de l'aider. Je lui disais que, pour moi,
Par 4 chemins avait été un instrument de guérison. Il affir-
mait que c'était le cas pour lui aussi. Il aimait l'émission,
on en parlait après. Il avait un côté mystique qu'il n'a pas
développé. Et puis, je n'étais pas là ce jour-là...

— Le jour de son suicide ?

— Je m'en veux encore. Je l'avais vu le matin même, chez
lui. Il avait cette relation folle avec sa femme. Elle était colérique et lui, malade. Il était suicidaire de tempérament. Les
rumeurs ont dit qu'elle lui aurait mis une carabine dans les
mains en disant : "Tu veux te tuer ? Alors, vas-y !" Je crois que
la meilleure façon de la détester était de se détruire lui-même.
C'est ce qu'il a fait. Et moi, au lieu de rester, je suis parti.

— Pourtant, il a laissé une lettre, des lettres. Il semblait
avoir organisé cela bien avant.

— Oui, mais il aurait fallu rester là, ce jour-là. Je ne m'en
suis jamais remis, de toute façon. Là, je me suis dit que je ne
pouvais pas penser au suicide, que je devais aider les autres.
Ça m'a conforté dans la volonté d'être utile aux autres, pour
les instruire et les guérir.

— Pour revenir à ce que tu disais tout à l'heure, dirais-tu
qu'Hubert Aquin n'avait pas de racines ?

— Il n'avait pas de racines intérieures. Il avait une très
mauvaise relation avec sa mère. Son père... Ses femmes...
Pourtant, il a essayé.

— Tu m'as déjà dit que la politique ne l'a pas sauvé.

— Non.

— La littérature non plus, apparemment. Pourtant, écrire, c'est récrire ses racines, les reconstruire, non ?

— C'est le plus grand écrivain qu'on a eu au Québec. C'est majeur.

— Donc, tu as mis tout ça dans ton émission.

— Il n'y avait rien d'autre à faire[63]…

— Considères-tu Hubert Aquin comme un de tes maîtres à penser ?

— Certainement. Il l'est resté.

— Qui d'autre ?

— Jung. Lui est inégalable, intouchable. Freud, c'est trop carré. J'ai lu tout Jung, je l'ai beaucoup étudié. C'est majeur pour moi.

— Et McLuhan ?

— Oui. Mais il a un peu pâli. J'en ai fait beaucoup avec McLuhan, mais lui-même était trop dans l'action et les médias. Ça m'a beaucoup intéressé, j'ai absorbé sa pensée et c'est tout… Dans les derniers temps, j'ai beaucoup lu Servan-Schreiber, c'est très fort.

— David Servan-Schreiber ?

— Oui. Un grand bonhomme. Le père était intéressant aussi. Tout comme Arnaud Desjardins. Mais avant tout et tous, il reste Edgar Morin[64]. Ça reste l'essentiel pour moi. Et c'est le drame de ma vie : je suis allé à Paris pour l'interviewer. J'avais lu tous ses livres, je m'étais préparé pour ça plus que pour tout. Il donnait des interviews à propos de son dernier livre. J'étais le dernier sur sa liste. Quand mon tour est enfin arrivé, il m'a dit : "Je suis fatigué, je ne peux plus parler." J'ai dit : "Je comprends." Je n'ai pas osé lui dire "J'ai couché avec tous vos livres", mais j'étais désespéré. S'il ne devait y en avoir qu'un,

---

63. En mai 2013, il a énuméré les termes qui, selon lui, définissent *Par 4 chemins* : aider, stimuler, consoler, conseiller, instruire, ordonner les choses, transmettre des racines et des idées utiles, applicables pour améliorer la vie.

64. Sociologue et philosophe français.

ce serait Edgar Morin. Il est encore sur mon chemin. Je garde une phrase majeure de lui : "Tout ce qui ne se régénère pas dégénère." C'est la clef. »

Je le regarde, interloquée :

« Je crois que c'est la devise de Berlin : *Qui n'avance pas recule*. Le guide nous l'a dit quand j'ai visité la ville…

— Ah bon ? Ça ne m'étonne pas !

— On revient à Berlin, et à Brecht… Qui compte encore parmi tes mythes fondateurs ?

— René [Lévesque], bien sûr. C'est une douleur, aussi. Je n'ai pas osé m'engager à ses côtés.

— Mais tu ne voulais pas faire de politique…

— J'aurais pu l'aider. Je n'ai pas osé. Je pensais que je n'avais rien à faire là. Et je ne l'ai pas fait, je l'ai regretté. J'ai laissé tomber un ami. Et il est mort. Je l'ai vu pour lui dire que je refusais sa proposition, et quand je l'ai revu, il était dans son cercueil.

— Tu penses encore à cela ?

— J'y pense et je me dis qu'il ne serait pas content.

— Pas content ?

— Pas content du Québec.

— René Lévesque, en voilà, un mythe fondateur. En France, c'est Jean Jaurès. Tout le monde se réfère à lui, tous partis confondus. Mais, finalement, on mange les mythes fondateurs à toutes les sauces. Cela nous renvoie à la phrase de Lévi-Strauss. Chacun comprend et utilise les mythes selon ses besoins. »

Il ne répond pas.

« Pour Clément non plus, tu n'étais pas là.

— Non plus. Il a choisi cette fin-là. Il a fini en chambreur, tout seul.

— Vous étiez fâchés à cause de l'héritage, non ?

— Non, pas à cause de l'héritage… C'est plutôt que j'ai mis très longtemps à le comprendre et à lui pardonner. Son influence a été majeure.

« — Tu n'étais pas là non plus quand Yolande est décédée.

— Personne ne s'y attendait. Elle a fait un AVC[65].

— Ç'a été difficile...

— Je suis resté *stoned* pendant des semaines, je ne suis pas sorti de ma chambre. C'était une artiste. Une maquilleuse fabuleuse, hors-norme. Peintre. Très douée en cuisine.

— Tu y penses encore?

— Non, pas vraiment.

— Penses-tu souvent à Placide [Gaboury]?

— Tous les jours. Je suis tout le temps avec lui, d'une certaine façon. Mais, pour lui, j'étais là. Il est mort dans mes bras[66]. On va se revoir bientôt.

— Tu penses que tu vas revoir Placide et Marguerite? Ce sont les deux seuls?

— C'est ce que je pense... Les autres, je ne sais pas. Je pense à ma mort. Il me vient des images d'avant ma naissance, ces temps-ci.

— Ça ressemble à quoi?

— C'est plutôt un état.

— C'est quoi, pour toi, la mort?

— La perte de conscience.

— Tu n'es donc pas mort, alors...

— Pas tout à fait!... »

À nouveau, se confronter aux contraintes physiques. Se lever. Descendre les marches. Marcher. Rouler jusqu'à la maison. Lorsque nous arrivons, Nicole est rentrée. Elle a apporté du tabac pour sa pipe. Elle lui sourit. Lui aussi. Puis il annonce qu'il va faire une sieste. Il est fatigué. Ouverte pendant deux heures, la lucarne s'est refermée.

---

65. Ce 23 juin 1997, Jacques était aux funérailles du caricaturiste Robert LaPalme.
66. À Louiseville, le 27 mai 2012.

CHAPITRE 17

Voulez-vous être ma veuve ?

Le 2 février 1998. En ce lundi soir, Nicole Dumais se trouve dans un train. Après avoir passé la fin de semaine dans son appartement montréalais, dans le Vieux-Port, elle retourne à Québec et à son poste d'attachée ministérielle de Rita Dionne-Marsolais[67], poste qu'elle occupe depuis dix-huit mois. Un homme l'aborde. « On se connaît, n'est-ce pas ? » Elle le regarde, agacée. Pas original, comme tentative. Imperturbable, elle répond du tac au tac : « Si vous me demandez si je vous connais, Monsieur Languirand, oui, je vous connais. » Échec et mat.

Jacques va se rasseoir à sa place. Il se concentre sur l'émission *Par 4 chemins* qu'il fera en direct à son arrivée à Québec. Le lendemain, le 3 février 1998, il participera à une conférence de presse au cours de laquelle il annoncera l'émission de musique actuelle qu'il animera une fois par mois[68], en direct de La Caserne, où est installée Ex Machina, la compagnie de Robert Lepage. Nicole se ravise au cours du voyage et va rejoindre Jacques. Une conversation s'amorce. Arrivés dans la capitale provinciale, au moment où ils se séparent sur le quai, Jacques l'invite à venir le voir le samedi soir suivant, chez lui à Montréal, précisant qu'il ne sera pas seul et qu'il vit avec ses enfants. « J'ai été marié quarante-trois ans et demi, lui avoue-t-il, et je suis veuf depuis huit mois. » Pour une rare fois dans sa vie, Jacques n'a aucune liaison. Yolande est décédée en

---

67. Ministre de l'Industrie et du Commerce, puis ministre du Revenu dans le gouvernement de Lucien Bouchard.

68. *Leonardo, ingénieur et musicien*, Chaîne culturelle de Radio-Canada, 1998-1999.

juin 1997. Olivia, sa maîtresse des dix dernières années, vient de rompre. À bientôt 67 ans, il est seul.

Nicole, quant à elle, ne l'est pas tout à fait. Depuis quinze ans, elle a une liaison avec un homme marié, de beaucoup son aîné. Il a déjà voulu divorcer de sa femme pour l'épouser, mais elle a toujours refusé. Pas de mariage, pas de relation à plein temps, pas d'enfants. Ce sont ses choix. Avec son tempérament volontaire et lucide, son besoin de liberté et de latitude, l'éloignement qu'elle entretient avec sa famille originaire du Lac-Saint-Jean, elle s'y tient. Le 23 mai 1998, elle aura 45 ans. Elle sait ce qu'elle veut. Et ce qu'elle ne veut plus.

En 1996, elle est revenue au Québec après avoir travaillé cinq ans pour Roche Consumer Health, filiale de Hoffmann -La Roche, entreprise pharmaceutique internationale dont le siège social est situé à Bâle, en Suisse. Elle n'avait pas hésité à contracter un mariage blanc pour obtenir ce poste administratif dans une société extrêmement machiste, où quasiment aucune femme n'occupe de poste de direction. Elle y a fait ses armes et s'est durcie, choquée par l'implacable hiérarchie au sein de laquelle elle ne se sent pas toujours respectée et à laquelle son caractère résiste. Au Québec, après des études en administration, elle avait occupé d'autres postes dans ce domaine, accumulant ainsi de l'expérience et mettant parfois sa détermination à rude épreuve. Comprendre des systèmes, les faire fonctionner et les gérer, elle sait très bien le faire. « J'ai toujours été un clerc[69], analyse-t-elle aujourd'hui. Un très bon clerc, mais un clerc quand même. »

Lorsqu'elle rentre au Québec en 1996, à l'âge de 43 ans, elle se sent forte, les paramètres sont clairs dans sa tête. « Je revenais au Québec pour être en pleine possession de mes moyens. Je me sentais parfaitement équilibrée, parfaitement

---

69. Employé de bureau.

bien avec moi-même. Si j'avais rencontré Jacques avant, ça n'aurait pas pu marcher, j'aurais été trop impressionnée par sa stature et j'aurais eu peur de lui, d'une relation avec lui. J'ai toujours été à l'aise dans des gangs de gars, j'étais plus proche de mon père et de mon frère que de mes sœurs, mais je me suis toujours sentie femme et affirmée comme telle. Quand j'ai vu comment les choses se passaient dans cette société suisse, j'ai compris que je n'avais pas d'avenir là, pour ce que je voulais faire. »

En ce mois de février 1998, elle se sent donc « en pleine possession de ses moyens ». Dès sa rencontre avec Jacques dans le train, dès les premiers mots, elle a posé ses jalons. Leur relation s'est engagée sur des bases d'équilibre et d'égalité, qui ne se sont jamais démenties, et leur histoire intime deviendra un véritable partenariat, voire une petite entreprise. Jacques et Nicole, avec toute une équipe autour d'eux, seront deux piliers égaux et complémentaires.

Le samedi suivant leur rencontre, Nicole se rend donc chez Jacques. À la fin des années 1980, la famille Languirand a quitté les hauteurs du chemin de la Côte-Saint-Antoine à la demande de Yolande, qui s'est progressivement mise à détester cette pourtant magnifique demeure victorienne, pour s'installer dans le sud de Westmount, au coin du boulevard de Maisonneuve et de l'avenue Prince Albert. Jacques et ses enfants habitent ensemble dans cette maison d'architecte, toute en étages et recoins, originale et imposante, bien que très différente de la précédente.

Huit mois après la mort de Yolande, les trois membres de la famille Languirand se trouvent à une croisée de leurs chemins respectifs. Jacques est seul, sinon esseulé; il ne fait que travailler et travailler encore, comme il sait le faire. Pour occuper ses enfants, il se les adjoint à l'émission *Par 4 chemins*. Pascal vit ce qu'il nomme « la pire période de [sa] vie », où il a le plus souffert. Ruiné, en pleine procédure de divorce, il est revenu se réfugier chez son père, bien qu'il ait du mal à communiquer avec quiconque. Martine s'apprête aussi à vivre des moments houleux. Après avoir vécu avec Jacques pour le soutenir à la suite de la mort de Yolande, c'est son couple qui désormais vacille. À 41 ans, elle entre dans une période de révolte et de libération, qui sera déterminante pour elle.

Des amis de Jacques sont souvent là, heureusement. Le samedi soir, en particulier, c'est un rituel : Jacques invite des amis et, aidé par ses enfants, il cuisine toujours la même chose, des asperges mimosa en entrée, puis du saumon avec du riz, le tout bien arrosé. Nicole débarque littéralement dans cet antre. Tous sont dans la cuisine, où l'on aboutit dès l'entrée. Personne à part Jacques ne lui dit bonjour. Pascal lave et relave le riz avant de le mettre enfin à bouillir. Phil, l'ami de Jacques qui soupe là tous les samedis, regarde *Star Trek*. Martine n'est pas là, elle viendra plus tard. « Je me suis vraiment demandé où j'étais tombée ! » raconte Nicole, que ce souvenir rend encore hilare.

Le repas et la soirée se passent finalement mieux que prévu. Et la nuit. Sa première nuit avec Jacques. Le lendemain, Nicole a pris sa décision : elle ne partira plus. Littéralement. Elle ne retournera jamais dans le bel appartement qu'elle louait dans le Vieux-Montréal. N'ira jamais chercher ses vêtements, ni dans cet appartement ni dans celui de Québec où elle vivait la semaine. Ne remettra même plus les pieds à l'Assemblée nationale. Après la fin de la session parlementaire, elle téléphone à la ministre Dionne-Marsolais pour lui annoncer sa démission, immédiate et irrévocable.

L'ami avec lequel elle partageait l'appartement de Montréal finit par s'inquiéter : que doit-il faire de ses meubles, de ses affaires, de ses vêtements ? Nicole envoie une femme de ménage, la chargeant de faire place nette, après quoi elle donnera toutes ses affaires. La femme de ménage trouve un sac de plastique et le jette. « Ce sac contenait toutes mes photos et de l'argent ancien, dit Nicole. Il y en avait pour environ deux cent mille dollars. Tout a été jeté. C'est symboliquement fort. Toute ma vie d'avant n'avait plus de valeur, elle est partie aux poubelles. »

Du jour au lendemain, elle ne reverra plus non plus l'homme marié avec lequel elle a eu une relation durant quinze ans. Cette relation était pourtant importante pour elle. Elle s'était interrompue lorsque Nicole était partie en Suisse, mais elle avait repris à son retour. « J'ai revu cet homme une dernière fois avec Jacques, lors d'un cocktail. J'ai proposé à Jacques de m'accompagner, pour que les choses soient claires. Je ne voulais pas que cet homme apprenne le mariage par les journaux. Il avait toujours été très correct avec moi. Nous avons eu une belle relation, mais je ne la voyais pas aller plus loin. » Dès leur première soirée ensemble, il y aura un avant et un après Jacques. Rien de sa vie d'avant Jacques « n'ira plus loin ». Nicole n'est pas femme de demi-mesure ni d'atermoiements. Et elle est fair-play. Alors, elle fait table rase. Place nette. Espace vacant désormais totalement dévolu à Jacques. Sa vie devient celle de Jacques. Et vice versa.

Un mois plus tard, arrive la demande. « Les autres ont été ma femme, mes amies ou mes maîtresses, voulez-vous être ma veuve ? » Nicole en reste interloquée. Est-ce une demande en mariage ? Elle ne répond pas tout de suite. Elle a besoin de réfléchir. Elle n'a jamais voulu se marier. Jamais même voulu s'encombrer d'un homme au quotidien. Elle se méfie. Jacques a une sacrée réputation de tombeur, elle la connaît. « Josée Blanchette, raconte-t-elle aujourd'hui, m'a dit que Jacques était allé lui parler avant de faire sa demande. Il lui a dit "je vais lui jurer fidélité" et Josée lui a répondu : "Tu as quand même attendu d'avoir soixante-sept ans pour le faire !" Mais, finalement, il me l'a juré et a tenu sa promesse. »

Voulez-vous être ma veuve ? Quelle phrase ! Beaucoup plus qu'une demande en mariage. Plutôt une promesse d'éternité. Voulez-vous me voir mourir, voulez-vous m'aider à vivre, puis-je vous confier ma vie, allez-vous rester avec moi jusqu'à ce que je meure ? Le veuf de 67 ans qui prononce ces mots ne le fait sans doute pas à la légère, ni parce que c'est la tradition. En effet, il a déjà tout eu. Des amours et des drames. Des désirs et des douleurs. Des espoirs et des déceptions. De grands bonheurs et des trahisons. Des rêves qui ont pris corps et d'autres qui se sont évanouis comme des chimères.

Que lui reste-t-il à vivre que le destin goguenard a placé sur sa route, en l'occurrence dans un train, avec une ironie qui s'apparente à un défi ? Une dyade. Cette dyade perdue dans l'enfance. Ce besoin de fusion absolue qu'il éprouve peut-être bien depuis la brusque disparition de Marguerite, morte en couches alors qu'il n'avait que 2 ans et demi — une mort qui, selon la promesse de son père, aurait pu le jeter «en enfer», et qui l'a peut-être fait —, voici que Jacques peut enfin le combler. Voici qu'il est lui-même enfin prêt à vivre cette fusion, à s'en remettre totalement à une femme, sans ménager aucun espace entre eux, aucun espace personnel, jusqu'au bout. Jusqu'à la toute fin. La possibilité d'une dyade retrouvée lui est offerte. Alors, lui, l'homme libre, impossible à enfermer dans aucune forme d'appartenance, il se donne. Il est prêt. *Voulez-vous être ma veuve ?*

Nicole aussi est prête. Depuis très longtemps, et sans doute sans le savoir. Depuis que «la chienne de vie», comme elle le dit souvent, lui a joué des tours pendables qui ont décuplé son autonomie, son indépendance, ses compétences, sa capacité de rebondir, ses qualités intellectuelles et professionnelles, mais qui ont aussi aiguisé sa défiance et sa résistance, qu'elle a érigées comme des barrières pour ne pas risquer d'être trahie, encore une fois.

Elle non plus ne s'est jamais totalement donnée. Plus jamais depuis son frère, son double, sa moitié d'orange, elle qui s'est toujours sentie davantage un garçon qu'une «vraie fille». Seule raison de survivre dans une famille où elle s'est toujours perçue comme une intruse, une étrangère, son frère est mort accidentellement alors qu'elle n'avait que 22 ans. La dyade qu'elle n'a pu vivre avec sa mère ni avec ses sœurs, elle l'a constituée avec son frère. Jusqu'à ce qu'un éboulement de terrain les engloutisse, lui et son véhicule de construction, sur une route du Lac-Saint-Jean. Elle y a difficilement survécu. Puis elle a organisé une stratégie de vie. Une vie professionnelle brillante, des amis, des voyages, des amants, un amant à long terme plus présent que les autres, mais personne avec qui vivre tout, se donner vraiment, avec l'entrain, l'idéal et la confiance qu'elle avait placés dans son frère.

Voulez-vous être ma veuve? Elle reçoit la drôle de demande en mariage, mais qu'est-ce qu'elle y entend? Un engagement sincère et total. Un homme qui se donne vraiment. La promesse d'un nouvel amour absolu que seule la mort pourrait rompre. Elle ne se savait pas prête, mais elle l'est. *Voulez-vous être ma veuve?* Elle accepte. Elle épouse Jacques le 10 octobre 1998 au pavillon japonais du Jardin botanique de Montréal, tout de noir vêtue.

Pour que Nicole fasse table rase de la vie qu'elle avait menée jusque-là, afin d'épouser Jacques, il fallait bien qu'elle y trouvât une compensation. Pour que Jacques se donne à la vie à la mort, selon ses termes, il fallait bien qu'il reçoive en retour un engagement indéfectible de la part de Nicole. Les psychanalystes ne répètent-ils pas que rencontrer quelqu'un, c'est rencontrer son inconscient? Dans le cas de Nicole et de Jacques, cette rencontre résonne comme un coup de tonnerre que l'on n'attendait plus. Est-ce cela qu'ils ont entendu l'un de l'autre? Que s'est-il passé? Qui le sait, et comment le savoir? Comme l'écrivait Marguerite Yourcenar: «Tout grand amour est un jardin entouré de murailles.» Seuls ceux qui sont dans le jardin savent exactement ce qui s'y passe. Et encore ! Le savent-ils vraiment ?

Une chose est certaine : depuis 1998, la vie de Jacques est devenue celle de Nicole, celle de Nicole est devenue celle de Jacques, et depuis seize ans leur dyade fonctionne, remplissant ses promesses. Elle n'en est pas moins un partenariat efficace que Nicole mène avec toute son énergie et son expérience professionnelle. Depuis seize ans, ils sont indissociables dans tous les domaines : intime, familial, socioprofessionnel, juridique, financier, médiatique, artistique. « Pendant tout le temps qu'a duré l'émission *Leonardo*, raconte Nicole, Jacques et moi nous rendions une fois par mois à Québec et descendions à l'hôtel Dominion, juste derrière la Caserne. »

Lorsqu'ils se rencontrent en 1998, Jacques poursuit *Par 4 chemins*, mais on peut aussi le voir depuis 1996 au petit écran dans la série *La boîte à lunch*. Il anime à Québec l'émission de musique actuelle qui leur a permis de se rencontrer. À cela s'ajoute le fait qu'on le redécouvre au grand écran, sans doute dans la foulée du succès de *La Tempête*, dans laquelle il a interprété en 1993 le rôle de Prospero, au Québec et en tournée internationale. Jacques tournera dans cinq films en huit ans, de 1994 à 2002, lui qui n'avait plus joué au cinéma depuis 1968[70]. Il devra néanmoins patienter jusqu'en 2012 pour obtenir son authentique premier rôle, dans *Mars et Avril* de Martin Villeneuve.

Mais il y a plus : Jacques s'est remis à écrire à la suite d'une proposition de Robert Lepage, qui veut monter une pièce de théâtre, *Les Sept branches de la rivière Ota*, basée tout à la fois sur l'improvisation et sur un texte collectif. Finalement, il se retirera du projet collectif, mais fera évoluer le début de texte vers une nouvelle pièce : *Faust et les radicaux libres*.

---

70. Voir la filmographie en annexe.

Nicole raconte : « Quand je l'ai connu, Jacques écrivait cette pièce. Nous allions souvent en Floride, dans l'appartement qu'il avait initialement acheté pour Yolande. » Fin 2000, alors qu'ils s'y trouvent, Jacques éprouve un premier malaise cardiaque, un anévrisme de l'aorte. « Il avait un anévrisme de neuf centimètres, se souvient Nicole, probablement depuis longtemps, mais on ne le savait pas. Il a fallu qu'il s'arrête pendant un bon moment pour se soigner. Jacques était très faible. Mais il a repris l'écriture et a fini le texte. C'est *Faust*. Quand je l'ai lu, j'ai trouvé ce texte génial. C'est le plus grand texte de Jacques, une sorte de concentré de sa pensée et de sa vision du monde. Pour moi, s'il ne devait y avoir qu'un seul texte de Jacques, ce serait celui-là. »

En 2000, un extrait de la pièce fait l'objet d'une lecture publique dans le cadre de la Semaine de la dramaturgie, au Théâtre d'Aujourd'hui. Pour cette lecture, Marc Labrèche, Anne-Marie Cadieux et Alexis Martin unissent leurs voix à celle de Jacques Languirand, sous la direction de François Girard. En 2001, la pièce est complètement achevée. Sans le dire à Jacques, Nicole, subjuguée, la soumet au Concours international de théâtre organisé tous les quatre ans par la Fondation Onassis. « Pour moi, cette pièce devait aller à l'international, dit Nicole, c'est de ce niveau-là. » En effet, le texte de *Faust et les radicaux libres* reçoit le prix spécial du jury. Jacques, stupéfait, fait le voyage avec Nicole pour recevoir son prix assorti d'une somme de 25 000 $. « Il était question qu'il obtienne le premier prix de deux cent cinquante mille dollars, dit Nicole, mais finalement, après diverses tractations à cause d'une erreur dans la traduction grecque, il a eu le prix du jury. »

Revenus à Montréal, Nicole et Jacques veulent faire monter la pièce. « Jacques a envoyé le texte à François Girard, qui est un ami proche. François avait organisé la lecture publique et il était venu à plusieurs reprises parler avec Jacques au moment où il écrivait *Le Violon rouge*. Un matin, il est arrivé à la maison avec Wajdi Mouawad qui venait de reprendre le Théâtre de Quat'Sous. Tous deux étaient décidés à monter *Faust*. François a posé deux questions à Jacques : "Est-ce que tu tiens au titre ?" Jacques a répondu oui. Et : "Est-ce que tu tiens à faire la mise en scène ?" Jacques a encore une fois répondu oui. Or, François et Wajdi pensaient qu'il fallait confier la mise en scène à quelqu'un d'autre. Ça ne s'est donc pas fait. » *Faust et les radicaux libres* n'a jamais été jouée. « La plus grande frustration de Jacques par rapport au théâtre tient à ce qu'il voulait être reconnu comme metteur en scène encore plus que comme comédien, dit Nicole. Le texte a donc été publié[71], mais jamais monté. Mais ça demeure un grand texte. »

L'aventure inaboutie de cette nouvelle pièce réveille néanmoins le désir de théâtre de Jacques. En 2003, il décide donc de remonter sa pièce *Man Inc.*, qui n'avait été jouée qu'en anglais à Toronto et dans les théâtres anglophones du Québec, mais jamais dans sa version originale. « Un jour, raconte Nicole, il s'est arrêté au Monument-National et a loué une salle pour mars 2003, déterminé à monter sa pièce. On a travaillé là-dessus comme des fous, distribution, mise en scène, décors, éclairages, publicité… et tous les cachets qui allaient avec ça. Malheureusement, le soir de la première du 19 mars 2003, la guerre a commencé en Irak. Personne n'est venu. Ç'a été un total échec. Nous avons dû prendre une hypothèque de cent quatre-vingt-cinq mille dollars sur la maison pour tout payer. Onze ans plus tard, nous n'avons toujours pas remboursé cette dette. »

Après ces deux ultimes aventures, *Faust* et *Man Inc.*, Jacques fait une croix définitive sur le théâtre. Le succès qu'il a toujours espéré dans ce domaine essentiel à son être — à son âme, comme il dit — est désormais renvoyé à sa pro-

---

71. *Faust et les radicaux libres,* Éditions Alain Stanké, 2002.

chaine vie. Un jour, plaisantant sur la réincarnation, je dis : « Moi, si jamais je me réincarne, je veux être une baleine franche : juste manger et faire l'amour dans l'eau, ça me va bien. » Nicole renchérit : « Et moi, je veux me réincarner en brin d'herbe. » Jacques ne dit rien. Nicole éclate de rire : « Pas Jacques ! Lui, il se voit être quelqu'un d'important. » À ces mots, Jacques tourne la tête, mais ne répond toujours pas.

Nicole a rencontré quelqu'un d'important. Quelqu'un qui s'est créé de toutes pièces, à la force du poignet et surtout de son talent, de sa curiosité et de son habileté. Un bel homme séduisant et élégant, mûr et accompli dans l'automne de sa vie. Un homme sans doute impressionnant, sinon intimidant. Nicole n'a pas été effrayée, mais attirée. Parce que, comme elle l'a expliqué, elle avait roulé sa propre pierre de Sisyphe, blindé son caractère, éprouvé ses limites et ses compétences. L'amour, pour le vivre, il faut le reconnaître, quelle que soit la forme sous laquelle il se présente. Sa féminité et sa personnalité fondées, Nicole a reconnu en Jacques un homme à sa mesure.

Derrière chaque grand homme, il y a une grande femme, dit-on. Du haut de son mètre soixante, avec sa blondeur douce et sa peau diaphane, son magnifique sourire, Nicole a sans doute toujours été le pilier du couple Dumais-Languirand autant que celui de l'entreprise qu'ils forment ensemble et qu'elle gère avec sa vision et ses compétences, mais toujours conformément à la direction et aux objectifs de celui qu'elle appelle « mon *chum* » ou « mon amoureux ».

Dans leurs corbeilles de mariage respectives, ils ont apporté des éléments indubitablement et redoutablement complémentaires. Jacques a apporté ses avoirs, ses projets, sa célébrité, son carnet d'adresses, sa famille, mais surtout son talent, son érudition, sa créativité et sa vision du monde stimulante et communicative, son exigence dans la réalisation de soi ; sans doute aussi sa tendresse et sa fragilité fondamentale, sa sensualité et son attention à autrui. Nicole a apporté sa jeunesse, son admiration lucide, son extraordinaire capacité d'analyse, de perception et d'assimilation, son ambition, son sens de l'organisation et sa rigueur, son engagement indéfectible envers les causes de Jacques, mais aussi envers les siennes propres, ainsi qu'une protection et une tendresse infinies pour celui qui a remis toute sa vie entre ses mains jusqu'à son dernier souffle. Ils sont donc à égalité, ce que tous confirment, de Marielle Fleury à Pascal et à Martine Languirand. Engagés ensemble pour une attitude écoresponsable envers la planète, Nicole et Jacques sont d'abord échoresponsables dans le bon fonctionnement de leur univers propre.

Jacques est bien conscient de cette relation d'égalité : « Le vouvoiement entre nous, je l'ai souhaité, comme une marque de respect, explique-t-il. À cause de la grande différence d'âge [vingt-deux ans], c'est une façon de montrer mon respect et d'une certaine façon, mon allégeance. » Mais ne vouvoyait-il pas aussi sa première épouse, Yolande, avec laquelle la relation et l'équilibre des forces étaient pourtant bien différents ? « Non, je ne vouvoyais pas Yolande tout le temps. » Ce « tout le temps » évoque des moments dont il ne parlera pas. Mais le vouvoiement entre Yolande et Jacques était, semble-t-il d'après les témoins, circonstanciel, une sorte de masque social davantage destiné à l'extérieur qu'à leur relation intime. Le vouvoiement entre Nicole et lui prend aujourd'hui une tout autre dimension. La dimension d'un homme vaste et puissant qui, parvenu dans le dernier tiers de sa vie, n'a plus besoin de dévorer l'autre pour exister. De toute façon, Nicole ne se serait pas laissé faire.

Que répond-elle alors aux médisants qui estiment qu'elle souffre du « complexe de la secrétaire de star[72] » ? Cela l'agace.

---

72. Vivre au travers de la célébrité de son compagnon, être bien en faisant en sorte qu'il aille bien, se consacrer à la vie d'un être qui apporte sa propre célébrité.

« Le complexe de la secrétaire de star, je n'en dis absolument rien, rétorque-t-elle. C'est n'importe quoi. Je ne consacre pas ma vie à quelqu'un : je fais ce que j'ai à faire et j'apprends ce que j'ai à apprendre. "Fais ce que dois." Et j'utilise ce temps pour faire grandir les causes auxquelles je crois. Mon œil, le syndrome de la secrétaire de star ! Je suis mariée avec Jacques, je ne suis pas sa secrétaire. C'est drôle, parce qu'il m'est arrivé très souvent, dépendamment de ce qui me servait le mieux, pas personnellement mais dans mon travail, de me présenter comme son adjointe ou sa conjointe. Ça fait que le syndrome... »

Quelques jours plus tard, elle revient sur le sujet : « J'ai réfléchi à ça cette nuit, m'écrit-elle, et je me suis dit que je n'ai jamais cru que ce que l'on fait nous définisse. » Sa phrase semble stipuler d'emblée un espace de liberté. Mais la définition même de l'être humain ne dit-elle pas qu'il n'est pas que ce qu'on voit de lui, à partir de sa seule apparence et de ses seuls actes ? Tandis que quelque chose s'exprime visiblement, à l'intérieur, en un mouvement ininterrompu, nous évoluons déjà, nous bougeons, nous devenons déjà autres, glissant invisiblement vers un ailleurs. Ainsi, par-delà ce que l'on perçoit d'elle, malgré cette vie somme toute assez contraignante, et qui forcément l'est de plus en plus à cause de la maladie de Jacques, Nicole demeure une femme libre. Au début de leur relation, Jacques était peut-être le plus libre des deux. Au bout de ces seize années, il se pourrait bien que Nicole soit maintenant plus libre que lui.

Elle avait commencé néanmoins, ayant fait table rase de sa vie propre, par intégrer complètement son univers à lui. En mode immersion. Elle n'avait pas écouté ses émissions et ne s'intéressait pas du tout aux sujets dont traitait Jacques. Autant dire qu'elle partait de loin. Mais être avec Jacques impliquait sans dérogation de pénétrer sa vision du monde. Et donc son impressionnante bibliothèque...

« Je me souviens très bien de ce jour où je me suis assise devant la bibliothèque, raconte Nicole. J'avais l'impression d'être au pied d'une montagne à gravir. Six mille livres, à l'époque. Dix mille, maintenant. Je me suis dit que si je voulais partager la vie de Jacques, j'allais devoir dominer cette montagne et ne plus en redescendre. » Elle s'y met sans *a priori*, partant d'un point neutre. Elle lit et lit encore, tant et plus. Et se présente à elle un monde immense, vaste et profond comme l'océan qui attire tellement Jacques et qu'il a, réellement et symboliquement, traversé tant de fois sans s'y noyer. Elle non plus ne se noie pas. Elle nage, trouve un rythme de croisière.

« Ça m'a complètement transformée, dit-elle. J'ai découvert tout un monde insoupçonnable et j'ai appris plus que je n'aurais jamais pensé apprendre. »

Toute sa conception du monde en est chamboulée.

* * *

Nicole sait organiser les choses, l'aménagement de leur maison du boulevard de Maisonneuve en témoigne. Au troisième étage domine le bureau de Jacques, une forge d'Héphaïstos tapissé de livres, de photos, de distinctions, où il lit, réfléchit, écrit, reçoit, face à la terrasse. Depuis quelques années, il y monte en ascenseur, sur lequel Charlie, le petit caniche roux, voyage avec lui. Isis[73], elle, la grande chienne au poil blanc immaculé assorti à la chevelure et à la barbe de son maître, va sur ses pattes, du sous-sol au troisième étage.

Au deuxième étage, la chambre des maîtres, et en face un très grand bureau parfaitement agencé, pour qu'y travaille toute l'équipe que Nicole a constituée et qu'elle dirige. En 2002, en effet, elle décide de relancer la société de production

---

73. Platon, Horus, Cybèle, et maintenant Isis et Charlie, sans oublier le chien que, enfant, il retrouvait quand il allait dans la famille de sa mère. Dans la vie de Jacques, les chiens sont mythiques…

que Jacques avait fondée en 1980 et dont elle devient la cheville ouvrière. Les Productions Minos prodúiront *Par 4 chemins*, changeant le statut de Jacques au sein de la Société Radio-Canada, mais aussi la webtélé *Les Repères de Languirand*, et les sites de *Par 4 chemins* et des *Repères de Languirand* à la construction, à l'alimentation et au suivi desquels Nicole veille minutieusement. Elle devient la patronne de la *holding* Languirand. Toute la vie quotidienne du couple, tous les aspects de la vie personnelle autant que professionnelle — les deux étant inextricablement imbriquées —, les projets et les contrats passent entre ses mains, tout comme la gestion financière et la comptabilité.

Elle est exactement ce que Yahvé a fait d'Ève : la femme de la côte, comprendre la femme d'à côté. Toujours aux côtés de Jacques. Dans son lit autant que dans les studios de radio et de télévision, sur les plateaux de tournage, lors des remises de distinction. Car les quinze dernières années ont apporté à Jacques de nombreuses preuves de reconnaissances majeures pour sa contribution à la vie médiatique et artistique québécoise et canadienne[74]. À ses côtés, Nicole l'est lors de leurs nombreux voyages, aux fourneaux comme chez le médecin, la nuit et le jour, et à l'heure de l'apéritif pour déguster un bon verre de rouge qu'elle sait choisir et partager.

À mesure qu'elle lit et intègre les livres de la bibliothèque, Nicole fait aussi du triage et se met à conseiller Jacques. Depuis 2002, *Par 4 chemins* est signée à deux. La part d'influence de Nicole est réelle dans l'évolution de l'émission vers un contenu plus pointu, tout en restant tournée vers les auditeurs. « Il ne te le dira jamais, mais moi je vais te le dire, révèle-t-elle. Jacques est toujours resté très, très à l'écoute de ses auditeurs. Il lisait tous les courriels, les commentaires, les messages, les critiques. C'est ce qui lui a permis de toujours

---

74. Voir la liste des distinctions en annexe.

s'ajuster exactement à leurs besoins. Quand il disait "j'ai travaillé pour vous", c'était strictement exact.» Elle sait tout ça, forcément, elle sait tout de son *chum*.

À la fin de chaque émission, Jacques remercie toujours «madame Dumais, inspiratrice de cette émission». Inspiratrice… Joli mot qui n'exprime pas la vérité et la réalité du rôle de Nicole. Pour être exact, il aurait fallu dire secrétaire particulière, assistante, lectrice, contradictrice, orientatrice, productrice, chef recherchiste et assistante réalisatrice, attachée de presse, comptable, organisatrice, conseillère, œil intérieur et extérieur, infirmière, gouvernante et garde-fou. Amante. Amoureuse. Conjointe. Au sein du couple, Nicole est tout cela. Sans distance, mais avec un accompagnement de tous les instants. Il faut dire aussi qu'ils mènent une vie vraiment intéressante. Passionnante. À la dimension de Jacques, et de Nicole.

Un jour, au début de nos rencontres, alors que nous savourons un bon repas — nous en partagerons beaucoup de février 2013 à août 2014 —, je leur demande: «Que serait-il arrivé si vous ne vous étiez pas rencontrés?» Jacques répond aussitôt: «Je serais mort.» Nicole ne dit rien. Je reformule la question: «Comment expliques-tu que tu aies rencontré Jacques?» Elle répond: «Je suis en thérapie pour le savoir. Alors, quand je le saurai, je te le dirai.»

Nous reparlons de cette question au printemps 2014. Finalement, Nicole a abandonné la thérapie et ne répond toujours pas à la question. Pour le moment, elle a trop à faire. «Envisager la vie sans Jacques, c'est pas possible, dit-elle les yeux noyés de larmes. C'est pas pensable. Je n'en suis pas là.» Jacques renchérit: «Madame Dumais contrôle tout. À bien des égards, elle se pense meilleure que moi. Mais je laisse faire. De toute façon, c'est elle l'élément masculin du couple.» Qui a mis Nicole dans ce rôle? Il sait bien que c'est lui. Alors, il ajoute: «J'ai confiance en elle, elle a tout fait pour moi, et sans elle je ne serais même pas là. Je lui dois beaucoup, et d'ailleurs je lui laisse tout.» Lors d'un autre repas, il précise même : «Vous n'avez pas de souci à vous faire. La maison est à vous. La voiture aussi. Vous ne manquerez de rien.» Nicole sourit, dans les larmes à nouveau.

Elle pleure beaucoup ces dernières années. Souvent et longtemps, et sans doute de plus en plus. Elle est en colère : «Je me fous de l'argent, et il n'a pas d'argent de toute façon. Du fric, il n'en a pas, il n'en a jamais eu! On ne pourra même pas vivre dans cette maison plus longtemps. On devra la vendre pour trouver quelque chose de plus petit. Sinon, on n'aura pas les moyens de le soigner et encore moins de le placer.»

Nicole n'en est donc pas à envisager la vie sans Jacques. La vie, pourtant, ne lui laisse pas le choix. Depuis quatre ans, la santé de Jacques n'a cessé de se dégrader, mais sans Nicole, comme il le dit lui-même, son état se serait détérioré encore plus vite. Les années 2011 et 2012 ont été terribles. «J'ai vraiment pensé le perdre, se souvient Nicole. Il était comme mort. Absent, confus, éteint, et en plus très malade. Son pied gauche s'était infecté.» Récidive du fameux talon d'Achille.

D'un médecin à l'autre, d'un hôpital à l'autre, d'un service d'urgence à l'autre, Nicole se bat avec l'énergie et l'obstination de celle qui ne veut pas se résoudre à accepter les diagnostics. «Son talon gauche suppurait. Le problème vasculaire récurrent ne guérissait pas. Jacques avait le pied enflé et sanguinolent. Il le tenait toujours hors du lit, tourné vers le bas, et dans cette position la circulation était encore plus mauvaise. Et puis, un jour, miracle! Je parviens à joindre l'un de ses anciens médecins qui le fait entrer à l'hôpital. En visitant tous ces hôpitaux, Jacques a finalement contracté le C. difficile. Mais c'est ce qui l'a sauvé.» Et de quelle manière? «Comme il était couché sur une civière, il a dû mettre son pied à plat, il ne pouvait plus le laisser pendre dans le vide. La circulation s'est rétablie et c'est comme ça qu'il a guéri.»

Mais le problème vasculaire du pied mène à un autre. Jacques est tellement confus que Nicole décide de faire faire des investigations. À l'automne 2012, le diagnostic tombe, comme un triple couperet : démence fronto-temporale dans la zone du langage, de la mémoire et de l'agressivité ; démence vasculaire, la même que celle qui provoque le problème du pied gauche depuis sa prime jeunesse ; et Alzheimer. « L'Alzheimer, rappelle Nicole, ne se confirme formellement qu'après le décès du malade et l'autopsie du cerveau. Mais les spécialistes savent le diagnostiquer d'après les symptômes. »

D'abord, Nicole n'y croit pas : « J'ai entendu, mais c'est comme si on m'avait donné des coups de massue. Je n'ai pas réalisé. J'ai mis plus d'un an à le réaliser. » Car, bien sûr, pendant tout ce temps, ils poursuivent vaillamment l'enregistrement de *Par 4 chemins*, réduite à une heure hebdomadaire. « Les rapports avec Radio-Canada étaient devenus horribles, se remémore Nicole. On nous changeait sans cesse de réalisateur. Celle qu'on a eue, finalement, avait l'air de s'emmerder pendant l'émission, ça ne l'intéressait pas du tout. Ils ont quand même renouvelé le contrat pour la saison 2013-2014, mais on avait vraiment l'impression de gêner. Jacques en a été très affecté. Surtout lorsque la direction a voulu nous attribuer trois réalisateurs différents en trois semaines... »

À l'automne 2012, Nicole n'a pas accepté le lourd diagnostic, d'autant moins que Jacques allait bien mieux, après deux ans d'un marasme total. Après l'implantation d'un stimulateur cardiaque, il récupère de l'énergie. Et puis Nicole, après de multiples recherches, trouve sur Internet, aux États-Unis, un médicament naturel pour stimuler le cerveau : l'huile de noix de coco. Elle la commande à leur adresse en Floride, puis la fait expédier à Montréal. Les effets, pendant un temps du moins, sont spectaculaires. C'est alors qu'elle accepte au nom de Jacques le projet de biographie : « Il fallait le faire, maintenant ou jamais. C'est la dernière biographie de Jacques. Il n'y en aura pas d'autre. »

De février à août 2013, la vivacité d'esprit de Jacques a été exceptionnelle. S'accrocher à l'enregistrement hebdomadaire de *Par 4 chemins*, le mercredi, l'obligeait à se préparer, donc à lire, à construire, à analyser, et cela, selon Nicole, l'a aidé à se maintenir. De même que le projet de livre pour lequel nous nous voyions chaque lundi, et parfois plusieurs fois par semaine.

En juin 2013, le couple a fait un beau voyage à Paris, puis à Berlin, ce qui a stimulé Jacques.

Lorsque nous nous sommes revus à l'automne 2013, l'état de Jacques déclinait, manifestement. Le diagnostic avait pris une cruelle réalité. « Il y a eu deux épisodes violents, raconte Nicole, très émue. En pleine nuit, il a voulu me tuer. Il n'en était pas conscient, bien sûr. Ces épisodes sont arrivés alors qu'il était en phase parasomniaque. » Lorsqu'il a appris ce qui était arrivé, Jacques a pleuré. Et Nicole avec lui. Et puis elle a dû se résoudre à aller dormir dans ce qui était le bureau de Jacques et qui est maintenant devenu, vidé de ses livres et de ses dossiers, l'atelier de peinture de Nicole.

En janvier 2014, une nuit, elle a entendu du bruit dans la chambre de Jacques et s'est levée pour aller voir. Habillé, lavé et chaussé, prêt à aller enregistrer *Par 4 chemins*, il ne comprenait pas qu'il était trois heures du matin. C'est à ce moment que Nicole a jeté l'éponge.

Le 29 janvier 2014, les circonstances contraignent Jacques à annoncer qu'il se retire de la vie publique. Le 1er février, il donne sa dernière entrevue à son complice de toujours, Joël Le Bigot, et le soir même il anime la dernière de *Par 4 chemins*. Pendant cette dernière heure, il parle de la maladie d'Alzheimer. 13 septembre 1971 – 1er février 2014 : la plus longue durée d'une émission dans l'histoire de Radio-Canada. La plus grosse cote d'écoute, aussi. «C'est drôle, ai-je fait remarquer à Jacques, ton premier mariage a duré quarante-trois ans et demi et *Par 4 chemins* aussi.» Il fronce ses célèbres sourcils : «Oui, c'est donc curieux…»

Nicole et moi sommes attablées au restaurant. Elle a souhaité y aller, car elle est, dit-elle «devenue allergique aux légumes». Si elle en cuisine tous les jours pour Jacques et en mange avec lui, elle ne s'est jamais crue obligée de devenir végétarienne. La commande passée, elle exprime sa profonde colère contre «la chienne de vie». Seize ans avec Jacques, ça lui paraît bien court, et bien injuste. Même si Jacques l'avait prévenue dès le départ, elle n'est pas prête à être veuve. «C'est pas beaucoup, seize ans, rage-t-elle. Je n'arrive pas à ne pas être en colère.» Et puis sa vie est devenue ce qu'elle appelle «une garde parentale», avec deux jours de sortie par semaine, le mardi et le mercredi, quand Martine vient prendre le relais auprès de son père.

Jusqu'à quand envisage-t-elle de garder Jacques à la maison? «Je l'ai annoncé à Jacques, dit-elle. La limite, c'est quand il sera inconscient et incontinent. Là, il faudra le placer.» Mais il n'en est pas encore là. Il y a encore de très belles fenêtres ensoleillées et joyeuses qui s'ouvrent, dont tous profitent. En mai 2014, Nicole, Jacques et Alexis (le fils de Martine) ont passé trois semaines au bord du lac Kénogami. À la fin août, selon le souhait de Jacques, ils feront une croisière de Londres jusqu'en Islande. «Je veux le faire pour elle, surtout, dit Jacques. Pour vivre encore quelque chose ensemble. On ne sait pas. Peut-être que c'est la dernière chose que nous vivrons ensemble.» Nicole, ravie malgré toute l'organisation que cela demande, ajoute : «On veut voir Reykjavik, quand même…»

En attendant ce voyage, elle ne peint plus. Elle fait une pause. «Il y a quelques années, raconte-t-elle, j'ai commencé un roman. J'ai écrit quelques chapitres, mais quand

Jacques l'a su, il m'a dit que notre gagne-pain c'était *Par 4 chemins* et que je devais donc me concentrer sur l'émission. Pareil avec un projet d'émission sur lequel j'ai travaillé pas mal de temps. Je voulais l'appeler L'Athanor. Ça consistait à discuter d'un thème avec trois cercles d'interlocuteurs, du néophyte aux plus grands spécialistes sur le sujet. Jacques m'a dit : "Arrêtez de perdre du temps, concentrez-vous sur *Par 4 chemins*." »

Elle ajoute : « Ce n'est même pas qu'il est contrôlant. Au contraire, il est très bon pour stimuler la créativité des autres, les encourager et leur faire confiance. Mais mes projets l'excluaient, alors il a réagi comme ça. C'était juste normal pour lui de réagir ainsi. Pourtant, si je n'étais pas avec lui, c'est certain que je n'aurais jamais pensé à créer quelque chose. C'est auprès de lui que s'est développée ma créativité, c'est sûr ! Mais ma peinture, là, c'est certain que je vais continuer. Personne ne pourra m'en empêcher. Je pense que si j'ai quelque chose à faire désormais, c'est dans le domaine de la peinture que je me réaliserai. » Charlie, c'est le nom d'artiste-peintre qu'elle s'est choisi. C'est sous ce pseudonyme qu'elle a fait sa première exposition à l'hiver 2014.

Et puis est arrivé ce que Nicole redoutait le plus. Le 25 juillet 2014, elle écrit sur Facebook :

> *Ce matin :*
> *Vous êtes qui, vous ?*
> *Je suis votre épouse !*
>
> *Grands rires.*
>
> *Depuis 16 ans.*
> *Ah ! Je me disais aussi que vous étiez la personne la*
> *plus importante.*

Le 28 juillet, elle raconte la suite :

> *Sans se souvenir qu'il était déjà marié avec moi (comme*
> *je l'avais deviné depuis des semaines où je sentais ce point*
> *d'interrogation au fond de ses yeux : Mais, qui est-elle ?), il*
> *me demande ce soir en mariage. Je l'intéresse. Je lui plais.*
> *Il aime certaines de mes qualités. Il s'approche pour me*
> *séduire.*

> *Vive l'Alzheimer.*

> *Je lui dis OUIIIIIIIIII ! Beaucoup plus rapidement que la*
> *première fois.*

Cette croisière prend alors tout son sens. Depuis l'Angle-terre vers Le Havre, où Jacques avait débarqué lors de sa première traversée en France en juin 1949, puis l'Irlande qu'il a toujours aimée, et enfin l'Islande encore inconnue. Une sorte de pèlerinage du cœur. Un second voyage de noces.

Épilogue

En juin 2013, on fêtait le 300ᵉ anniversaire de naissance de Jean-Jacques Rousseau. N'ayant plus lu le nomade panthéiste depuis le lycée, je décide de m'y replonger. Au début des *Confessions*, son autobiographie posthume, je m'arrête sur cette phrase : « Je veux montrer à mes semblables un homme dans toute la vérité de la nature ; et cet homme, ce sera moi. » Immédiatement, je pense à Jacques et à la biographie qui occupe alors mon esprit.

J'ai tenté ici de montrer un homme dans toutes les facettes de sa vie à nulle autre comparable. Mais j'ai surtout tenté de donner à sentir et à comprendre l'être humain, son moteur intérieur plutôt que les manifestations de celui-ci, fussent-elles, comme souvent dans son cas, spectaculaires.

Lui n'a cessé de m'y encourager et de me dire combien il en était heureux, tant il semblait souhaiter converser, dire, tout dire, et surtout ce qu'on ne savait pas de lui, ce qu'il n'a jamais voulu que l'on sache, ou, plus exactement, ce que peut-être il n'avait jamais analysé avant la fin de sa vie. « Je souhaite que ce livre soit celui de la réconciliation et de la sincérité », et je comprends que cet homme exigeant, peu content de lui-même, parle d'abord de réconciliation profonde avec lui-même. Il ajoute : « Le plus important, pour moi, ç'a été nos conversations. Ça m'a permis de revoir toute ma vie, j'ai repensé à tellement de choses auxquelles je n'avais plus pensé depuis très, très longtemps. Et à bien des égards, ça m'a permis d'en avoir une nouvelle interprétation. » Pour lui, c'est donc une sorte de bilan, et plus encore : une restitution. J'ai reçu. Je donne. Au revoir.

Il l'a écrit lui-même, au tournant de sa soixante-dixième année, dans les pages de sa dernière pièce, *Faust et les radicaux libres*, sorte de testament de son être et de sa vie littéraire. Vers la fin de cette pièce, qui met en scène une version renouvelée du mythe faustien, Faust et Marguerite parlent ensemble, alors que le temps est venu pour Faust de mourir.

Faust : […] Il faut bien faire une fin… / Dans le no man's land de moi-même, les murs, les plafonds — tout est drabe / et toutes les parties des choses confondues les unes avec les autres / […] et toutes les parties de moi confondues de même / et tous les êtres en moi dans le maelström drabe de la lassitude et de l'ennui / […] avec derrière moi une ombre à peine visible / mais que pourtant je sens très bien / car elle devient de plus en plus lourde / lourde de tous les regrets que je traîne derrière moi / de tous les remords, de tout ce qui n'a pas abouti dans ma vie / que j'ai laissé en plan / que je n'ai pas su mener à bien / par lassitude… / Et c'est ce que j'éprouve maintenant… / … une profonde lassitude / qui m'ouvre à la paix / une profonde lassitude que je ressens / dans mon corps et dans mon âme… / une lassitude de tout et de moi-même avec / qui m'ouvre à la paix… […] C'est ça, voyez-vous, qui est difficile en fin de parcours : de régler ses comptes avec soi-même et avec les autres dans sa tête… C'est peut-être ça qui me retient… / Savez-vous quoi ? J'ai trouvé ! C'est l'espoir qui me retient. L'habitude de l'espoir qui me colle à la peau… C'est ça, oui… Au fond, je me dis : tant qu'il y a de l'espoir, il y a de la vie !

L'espoir, durant ces deux dernières années, a pris pour lui de multiples visages. Beaucoup de vie encore, malgré les circonstances. Maintenant, c'est ce dernier voyage en Islande avec Nicole, puisque ce livre est fini. C'est aussi leur futur appartement qu'ils intégreront après avoir été contraints de vendre leur maison du boulevard de Maisonneuve. Malgré la maladie qui progresse, malgré le deuil de Radio-Canada et de la vie publique qu'il a fallu faire, c'est une forme de renaissance. En pleine quatre-vingt-quatrième année.

Pour moi, il était important de montrer l'homme de l'intérieur avec ses multiples facettes, par-delà l'image qui forcément fait écran. De montrer un être humain, en somme. Car pour moi, Jacques Languirand est un concentré de l'humain, une allégorie vivante. Que serait un être humain sans aspérités ni zones d'ombre, lisse comme une poupée? Le moins que l'on puisse dire, c'est que Jacques n'est ni lisse, ni plat, ni pire, ni meilleur, mais tout cela à la fois, à une dimension telle que l'on ne peut, le côtoyant de si près et si longtemps en continu, éviter de se questionner sur l'humain, et donc sur soi-même. Comme humaine, souvent il m'a donc amenée à me questionner. Comme écrivaine et communicatrice, aussi, sinon encore plus. J'ai l'impression d'avoir suivi un cours en communication pendant deux ans et n'imagine pas que mes confrères ne soient pas interpellés.

De plus, pendant quatre-vingts ans, la vie de Jacques et la vie du Québec ont cheminé en parallèle de façon si intime, en miroir l'une de l'autre, que c'en est troublant. Mais aura-t-il tout dit, en définitive, ainsi qu'il le souhaitait au départ? Il a sans doute parlé de tout, tout ce qui lui tenait à cœur et aussi ce qui lui restait sur le cœur. Il a suivi ce cinquième chemin avec l'honnêteté que lui-même avait posée comme postulat. «J'avais des choses à dire, dit-il, c'était une chose que je voulais faire, qui me tenait vraiment à cœur. Maintenant c'est fait, je suis enfin tranquille, libéré, et je peux enfin prendre du recul.» Mais tout dire? On revient à l'ineffable de Jankélévitch: «Et l'ineffable, tout à l'inverse, est inexprimable parce qu'il y a sur lui infiniment, interminablement à dire[75] […].» Tout dire: est-ce seulement entreprise humaine?

Alors, en réfléchissant à ces deux années passées à côtoyer Jacques Languirand, j'ai trouvé ma réponse. Cette biographie à laquelle rien, apparemment, ne me préparait, et que je n'aurais jamais pensé écrire si Nicole et Jacques ne m'avaient choisie pour le faire, était bien un cadeau. Un cadeau pour moi et, je l'espère, un cadeau pour chaque lecteur, qu'il ait ou non écouté les émissions de Jacques.

Il me dit: «Bon, maintenant que le livre est fini, je suis fini, moi aussi. Je suis complet. Je me sens parfaitement bien. Mais on ne va pas arrêter de se voir? On va continuer notre conversation? On va être amis?»

Oui. Bien sûr. Moi, je ne l'oublierai pas.

Montréal
2 janvier 2013 – 27 juillet 2014

---

75. Vladimir Jankélévitch. *La Musique et l'Ineffable,* Paris, Éditions du Seuil, 1983, p. 93.

Parcours et bibliographie de Jacques Languirand

Parcours complet de l'animateur et du comédien

Hamlet, adaptation de *La Tragédie espagnole* de Thomas Kyd, Radio-Canada, 1956.

Une lettre perdue, adaptation de la comédie de Ion Luca Caragiale, 1956.

Pièces radiophoniques

Le Roi ivre, CKAC, 1950.

Noël sur ruine, CKAC, 1950.

Les Tourmentés, 1952.

Naissance des personnages ou Tout leur est aquilon, CBF, 1955.

L'Entonnoir, CBF, 1955.

Mine de rien, CBF, 1955.

Émission spéciale, CBF, 1955.

Croyez-vous que je suis un cow-boy ?, CBF, 1955.

L'Éternel féminin, CBF, 1955.

Feedback, Société Radio-Canada, 1971.

Opéra

Louis Riel (collaboration au livret), opéra d'Harry Somers, 1966.

Multimédia

L'Homme dans la cité (concepteur-designer de diverses installations), Exposition universelle de Montréal, 1967.

Alouette (designer d'exposition), installation multimédia pour le 10ᵉ anniversaire du lancement du satellite Alouette, 1972.

Feux sacrés (scénario et rédaction), fresque historique multimédia présentée à la basilique-cathédrale de Québec, 1993.

La Machine à voyager dans le temps (scénario et rédaction), spectacle multimédia retraçant l'histoire de l'astronomie, Cosmodôme, 1994.

Le Grand Hôtel des étrangers (collaboration à la conception), où il interprète aussi un personnage virtuel, Montréal, 1995.

La Cité de l'énergie (rédaction des dialogues de l'exposition multimédia), Shawinigan, 1997.

Orféo (préconception du multimédia), Montréal, 1998.

Animations à la radio

Au lendemain de la veille, Société Radio-Canada, env. 1955.

Le Dictionnaire insolite, Société Radio-Canada, env. 1960.

Les Carnets de Monsieur Perplex, Société Radio-Canada, env. 1960.

Du soleil plein la tête, Société Radio-Canada, env. 1960.

Contrastes, Société Radio-Canada, env. 1960.

Entre vous et moi, Société Radio-Canada, env. 1960.

Passe-partout, Société Radio-Canada, env. 1960.

Jus d'orange et café, Société Radio-Canada, env. 1960.

En direct de Paris, RDF, env. 1960.

Herbe tendre et macadam, Société Radio-Canada, env. 1960.

Par 4 chemins, Première chaîne de Radio-Canada, 1971 à 2014.

Le Journal de Prospero, Première chaîne de Radio-Canada, 1995.

Léonardo, ingénieur et musicien, Chaîne culturelle de Radio-Canada, 1998-1999.

À la recherche du Dieu d'Einstein, Première chaîne de Radio-Canada, 2005.

Animations à la télévision

Carrefour, Société Radio-Canada, 1955.

Dernière édition, Société Radio-Canada, env. 1960.

Reportage, Société Radio-Canada, env. 1960.

Défense de stationner, Société Radio-Canada, env. 1960.

Plein ciel, Société Radio-Canada, env. 1960.

Pour une chanson, Société Radio-Canada, env. 1960.

Attachez vos ceintures, Société Radio-Canada, env. 1960.

Visite à nos cousins, Société Radio-Canada, env. 1960.

Aujourd'hui, Société Radio-Canada, 1963-1965.

Vivre sa vie, Société Radio-Canada, 1978-1980.

Vivre ici maintenant, Société Radio-Canada, 1981.

Virages, Société Radio-Canada, 1990-1991.

La Bande des six (chroniqueur), Société Radio-Canada, 1991-1993.

Les Artisans du Rebut Global (narrateur-philosophe), Télé-Québec, 2004-2005.

Les Citadins du Rebut Global (narrateur-philosophe), Télé-Québec, 2005-2006.

Habitat 07 : Les Compagnons du Rebut Global (narrateur-philosophe), Télé-Québec, 2006-2007.

Comédien

Le Colombier (rôle du maire), série télévisée diffusée à Radio-Canada, 1957.

Yul 871, film de Jacques Godbout, 1966.

Kid Sentiment, film de Jacques Godbout, 1968.

Coriolan (rôle de Ménénius), pièce de Shakespeare montée par le Théâtre Repère, 1993.

Macbeth (rôles de Duncan, du docteur et du portier), pièce de Shakespeare montée par le Théâtre Repère, 1993.

La Tempête (rôle de Prospero), pièce de Shakespeare montée par le Théâtre Repère, 1993.

La Vie d'un héros (rôle du juge), film de Micheline Lanctôt, 1994.

J'en suis! (rôle d'Igor de Lonsdale), film de Claude Fournier, 1997.

Le Lépidoptère (voix de la radio), 1998.

Le Grand Serpent du monde, film d'Yves Dion, 1999.

L'Odyssée d'Alice Tremblay (rôle du Père Noël), film de Denise Filiatrault, 2002.

Mars et Avril, photo-roman publié aux Éditions de la Pastèque, 2006.

Mars et Avril (rôle de Jacob Obus), film de Martin Villeneuve, 2012.

Mises en scène

Crime et Châtiment, pièce de Dostoïevski, Théâtre de la Poudrière, 1961.

Le Gibet, Comédie-Canadienne, 1958.

Narrations

Le Livre des morts tibétain (version francophone), ONF, 1996.

Le Grand Réchauffement, Canal D, 2005.

Le Porteur d'eau, film de Pascal Gélinas, 2007.

Jacques en hiver, film de Marc Fafard pour la SAT, 2014.

Bibliographie complète de Jacques Languirand

Romans

Tout compte fait, Denoël, 1963 ; Stanké, 1984.

Pièces de théâtre

Les Insolites, 1956.

Le Roi ivre, 1956.

Les Grands Départs, 1957.

Diogène, 1958.

L'École du rire, 1958.

Le Gibet, 1957.

Les Violons de l'automne, 1960.

Les Cloisons, 1962.
Klondyke, 1963.
Man Inc., 1966.
Faust et les radicaux libres, 2001.

Essais

J'ai découvert Tahiti et les îles du «bonheur», Les Éditions de
l'Homme, 1961.
Le Dictionnaire insolite, Éditions du Jour, 1962.
De McLuhan à Pythagore, R. Ferron éditeur, 1972 ; Éditions de
Mortagne et Productions Minos, 1982.
La Voie initiatique. Le Sens caché de la vie, R. Ferron éditeur,
1978 ; Productions Minos, 1981.
Vivre sa vie (adaptation des textes tirés de la série télévisée),
Éditions de Mortagne et Productions Minos, 1979.
Mater Materia, Productions Minos, 1980.
Vivre ici maintenant (adaptation des textes tirés de la série
télévisée), Productions Minos et Société Radio-Canada, 1981.
Réincarnation et Karma (en collaboration avec Placide
Gaboury), Productions Minos, 1984.
Prévenir le burn-out (coffret livre et cassette), Éditions Héritage,
1987.
Vaincre le mal-être (édition française de *Prévenir le burn-out*),
Albin Michel, 1989.
A comme aubergine. 108 recettes sans viande (en collaboration
avec Yolande Languirand), Éditions de Mortagne, 1989.
Par 4 chemins nº 1 (adaptation des textes tirés de la série
radiophonique), Éditions de Mortagne, 1989.
Par 4 chemins nº 2 (adaptation des textes tirés de la série
radiophonique), Éditions de Mortagne, 1990.
Par 4 chemins nº 3 (adaptation des textes tirés de la série
radiophonique), Éditions de Mortagne, 1991.
Les Voyages de Languirand ou le journal de Prospéro, Éditions
Alain Stanké, 1998.
Presque tout Languirand. Théâtre, Éditions Alain Stanké, 2001.

Prix et distinctions

1956 : Trophée Sir Barry Jackson pour *Les Insolites*.

1956 : Trophée Laflèche pour *Le Dictionnaire insolite*.

1962 : Prix du Gouverneur général du Canada pour *Les Insolites* et *Les Violons de l'automne*.

1968 : Médaille du Commonwealth Arts Festival pour *Klondyke*.

1978 : Prix du Libraire pour *La Voie initiatique*.

1987 : Membre de l'Ordre du Canada.

1998 : Prix Hommage de la Compagnie des philosophes du Québec.

1998 : Prix du communicateur de l'année de l'Association internationale des professionnels de la communication.

2001 : Prix spécial du jury du Concours international de théâtre de la Fondation Onassis pour *Faust et les radicaux libres*.

2002 : Doctorat *honoris causa* de l'université McGill.

2003 : Officier de l'Ordre du Canada.

2004 : Chevalier de l'Ordre national du Québec.

2004 : Prix Georges-Émile-Lapalme pour la qualité et le rayonnement de la langue française.

2006 : 31e membre du Cercle des Phénix de l'environnement.

2006 : Prix du Gouverneur général pour les Arts de la scène.

2008 : Chevalier de l'Ordre de la Pléiade, Ordre de la Francophonie et du Dialogue des cultures.

2009 : Membre du Cercle Monique-Fitz-back.

2012 : Prix Guy-Mauffette pour sa carrière dans les domaines de la radio et de la télévision (Prix du Québec).

Œuvres du même auteur

Romans et récits

Les Larmes de Lumir, Paris, Mots d'Homme, 1986.
Lettre à mes fils qui ne verront jamais la Yougoslavie, Paris, Isoète, 1997 ; Montréal, Leméac, 2000.
Les Grandes Aventurières, Montréal, Stanké/Radio-Canada, 2000.
Tourmente, Montréal, Leméac, 2000.
L'Homme de ma vie, Montréal, Québec Amérique, 2003.
Neretva, Montréal, Québec Amérique, 2005 ; Paris, Isoète, 2008.
Ailleurs si j'y suis, Montréal, Leméac, 2007.
Fleur de cerisier, Montréal, VLB, 2014.

Poésie

Au joli mois de mai, Montréal, VLB, 2001.

Jeunesse

La Treizième lune, avec Raphaël Weyland, Paris, Bastberg, 1996.
Maître du Jeu, Montréal, Québec Amérique, 2004.
Les Voisins pourquoi, avec Louis Weyland, Montréal, Québec Amérique, 2006.
Les Jeux olympiques de la ruelle, avec Louis Weyland, Montréal, Québec Amérique, 2008.

Un été d'amour et de cendres, Montréal, Leméac, 2012. (Prix
    littéraire du Gouverneur général du Canada 2012)
Neuf bonnes nouvelles d'ici et une bonne nouvelle d'ailleurs (recueil
    de nouvelles collectif), Montréal, Éditions de la Bagnole,
    2014.
Collection «C'est quoi l'rapport», Montréal, Les Éditions de
l'Homme (avec Marie-Josée Mercier)
    Oublie-le Marjo !, tome 1, mars 2013.
    De quoi j'ai l'air ?, tome 2, mars 2013. (Prix IMAGE/in
2014, Coup de cœur Jury Jeunesse)
    Je fais ce que je veux !, tome 3, octobre 2013.
    Je veux que ça arrête, tome 4, février 2014.

Livre d'artiste

De ma nuit naît ton jour, avec le photographe Bernard Gast,
    Montréal, Éditions Roselin, 2001.
Un Québec quatre éléments, photos Yves Marcoux, textes Aline
    Apostolska et Pierre Samson, Montréal, Les Éditions de
    l'Homme, avril 2013.

Essais

Étoile-moi, Paris, Calmann-Lévy, 1987.
Sous le signe des étoiles, Paris, Balland, 1989.
Mille et mille lunes, Paris, Mercure de France, 1992.
Le Zodiaque ou le Cheminement vers soi-même, Saint-
    Jean-de-Braye, Dangles, 1994 (série de 12).

Index

Crédits photographiques

Les photos sont tirées de la collection de Monsieur Jacques Languirand sauf :

5.1 : Harcourt Studio
7.1 : Clément Dandurand (Autopublication, Montréal, 1954)
8.1, 8.2, 8.3, 9.2, 9.3, 10.1, 10.3, 11.3 : Archives Radio Canada
9.1 : Tous droits réservés
12.3 : Martine Doucet
13.1 : Magazine 7 jours
14 : Jocelyn Michel / leconsulat.ca
15.1 : ECOterre Cindy Diane Rhéault
15.2 : Jacques Nadeau
15.3 : Martin Villeneuve
15.4 : Archives Ville de Montréal
16 : André Roy

Remerciements

Mille mercis à tous ceux qui m'ont fait confiance et m'ont encouragée, m'ont offert leur vision, leur amitié, leurs compétences, m'ont donné de leur temps, confié leurs souvenirs, leurs références, leurs écrits, leurs dossiers, et secondée par leurs relectures, leurs conseils, leur rigueur autant que par leur enthousiasme stimulant. Sans vous tous, ce livre n'existerait pas…

Merci à Erwan Leseul, Pierre Bourdon, Liette Mercier, Sylvain Trudel, Judith Landry, Jacinthe Lemay, Laurène Guillemin, Sylvie Tremblay, Fabienne Boucher, Roxane Vaillant et toute la *dream team* des Éditions de l'Homme…

À Martine et à Pascal Languirand, à Marielle Fleury, Yvon Brunelle, François Moreau, Guy Corneau, Winston McQuade, Martin Villeneuve, Naïm Kattan, Yvan Asselin, parmi les nombreuses personnes qui, au cours de ces dix-huit derniers mois, m'ont parlé de Jacques Languirand d'une manière ou d'une autre…

Merci surtout à Nicole et à Jacques, chers à mon cœur, sur ce cinquième chemin arpenté ensemble…

Table des matières

Suivez-nous sur le Web

Consultez nos sites Internet et inscrivez-vous à l'infolettre pour rester informé en tout temps de nos publications et de nos concours en ligne. Et croisez aussi vos auteurs préférés et notre équipe sur nos blogues!

EDITIONS-HOMME.COM
EDITIONS-JOUR.COM
EDITIONS-PETITHOMME.COM
EDITIONS-LAGRIFFE.COM

Achevé d'imprimer au Canada
sur papier Enviro 100% recyclé